Helden wohnen nebenan

Hans Mendl

Helden wohnen nebenan

Lernen an fremden Biografien

Matthias Grünewald Verlag

VERLAGSGRUPPE PATMOS

PATMOS
ESCHBACH
GRÜNEWALD
THORBECKE
SCHWABEN
VER SACRUM

Die Verlagsgruppe
mit Sinn für das Leben

MIX
Papier aus verantwortungsvollen Quellen
FSC www.fsc.org FSC® C083411

Klimaneutral
Druckprodukt
ClimatePartner.com/14549-2003-1001

Für die Verlagsgruppe Patmos ist Nachhaltigkeit ein wichtiger Maßstab ihres Handelns. Wir achten daher auf den Einsatz umweltschonender Ressourcen und Materialien.

Bibliografische Information der Deutschen Nationalbibliothek
Die Deutsche Nationalbibliothek verzeichnet diese Publikation in der Deutschen Nationalbibliografie; detaillierte bibliografische Daten sind im Internet über http://dnb.d-nb.de abrufbar.

Verlagsgruppe Patmos in der Schwabenverlag AG, Ostfildern
www.gruenewaldverlag.de

Umschlaggestaltung: Finken & Bumiller, Stuttgart
Umschlagabbildung: © antonina bukowska/unsplash.com
Gestaltung, Satz und Repro: Schwabenverlag AG, Ostfildern
Druck: CPI books GmbH, Leck
Hergestellt in Deutschland
ISBN 978-3-7867-3177-1

Inhalt

Vorwort 7

A. Was zu klären wäre 13

1. Besteht unsere Gesellschaft nur aus Ichlingen oder ist Altruismus angeboren? 15
2. Braucht die Gesellschaft Helden? 25
3. Was macht Menschen zu Helden? 33
4. Wie werden Helden bezahlt? 45

B. Helden wohnen nebenan – die Beispiele 53

1. Armut lindern im eigenen Land 55
2. Ehrlichkeit 69
3. Fairplay 79
4. Friedensarbeit 86
5. Geflohenen helfen 99
6. Generationenübergreifend helfen 109
7. Handicaps aushebeln 115
8. Hilfsprojekte für andere Länder und im Ausland 125
9. Jung und engagiert – auch kirchlich! 140
10. Kranke und Sterbende begleiten 152
11. Leben retten 167
12. Nachbarschaftshilfe 175
13. Not im eigenen Land 183
14. Organe spenden 193
15. Sich um Trauernde kümmern 200
16. Soziales Jahr – Freiwilligendienst 210
17. Sportlich aktiv 221
18. Zivilcouragiert handeln 230

C. Das Altruismusgen weitergeben – wie geht das? . 237

1. Werte weitergeben – das geht nicht! 239
2. Der Vorteil der Local heroes 246
3. Bestpractice-Projekte an Schulen – Projektideen 253
4. Leuchttürme für die Zukunft: jugendliche Helden von nebenan und global 261
5. Zitate zum Thema Vorbild 266

D. Epilog: Helden in den Zeiten von Corona 273

Literaturverzeichnis 277
Internetadressen 280

Vorwort

»Wozu sind wir auf Erden?« So lautet die erste Frage im Katholischen Katechismus aus dem Jahre 1955. Die Antwort: »Wir sind auf Erden, um Gott zu erkennen, ihn zu lieben, ihm zu dienen und einst ewig bei ihm zu leben.« Mich befriedigt die Antwort nur bedingt. Der darauffolgende Impuls im Katechismus unter der Überschrift »Für mein Leben« führt schon eher in die von mir bevorzugte Richtung: »Ich will mich oft fragen: ›Was will Gott von mir?‹« Was will Gott von mir? Ja, vielleicht, dass durch mein Leben und Wirken die Welt ein wenig besser wird …

Man mag diese Haltung als (theologischen) Minimalismus bezeichnen, ich empfinde sie als realistisch. Seit vielen Jahren bin ich auf einer Spurensuche nach den Helden des Alltags. Die großen Heiligen sind mir, bei aller Wertschätzung, vor allem in pädagogischen Zusammenhängen suspekt geworden (siehe dazu Kap. C 2): zu weit zeitlich weg, zu zölibatär, zu viel Patina, zu sehr entrückt, zu tot. Auf eine neue Spur brachte mich Romano Guardini mit seiner schönen Formulierung »Heilige der Unscheinbarkeit«: Entscheidend sei nicht, dass ein Mensch etwas Außergewöhnliches plane; er müsse nur das tun »was von Mal zu Mal die Stunde von ihm verlange« (Guardini 1977, 677). Der Fokus richtet sich also auf den Alltagsmenschen, der den rechten Zeitpunkt fürs richtige Handeln erkennen soll. Schön, dass auch Papst Franziskus in seiner Enzyklika »Gaudete et exsultate« dieser Spur folgt: »Wir sind alle berufen, heilig zu sein, indem wir in der Liebe leben und im alltäglichen Tun unser persönliches Zeugnis ablegen, jeder an seinem Platz, an dem er sich befindet« (Gaudete et exsultate 14).

»Einfach die Welt verändern«, lautet der Titel eines internationalen Projekts (Einfach die Welt verändern 2006). Den Heiligen der Unscheinbarkeit, Helden des Alltags oder Local heroes gelingt dies. Man braucht nicht weit reisen, um sie zu finden: Helden wohnen nebenan!

Seit zwanzig Jahren ist die Homepage Local heroes freigeschaltet; sie ist ein zentrales didaktisches Element meiner wissenschaftlichen Forschung zum Thema eines Lernens an Biografien. Lehrerinnen und Lehrer, Katechetinnen und Katecheten, Pädagoginnen und Pädagogen können sich frei bedienen, aber auch die Sammlung mit eigenen Beiträgen bereichern. Viele Schulprojekte sind dokumentiert, zahlreiche Aufsätze und

einige Bücher zur Thematik wurden verfasst, einige universitäre Qualifikationsschriften, sogar Dissertationen. Greifen Sie zu!
Wer das Gute sucht, dessen Weltsicht verändert sich: Ich bin immer wieder erstaunt, wie viele Beispiele für ein altruistisches Handeln in der Tagespresse zu finden sind. Diese ist nämlich mein Hauptfundort. Ohne den Rückgriff auf diese Porträts wäre das Projekt bei weitem nicht so umfangreich; denn wir verfügen an unserem Lehrstuhl leider über keine Ressourcen, um auf breiter Basis eigene Recherchen anzustellen. Manchmal gelingt es uns, Seminare mit unseren Studierenden synergetisch so anzulegen, dass nicht nur die jungen Leute Kompetenzen im Umgang mit einem orientierenden Lernen erwerben, sondern selbst Porträts und didaktische Entwürfe zu Helden des Alltags gestalten. Diese bereichern dann die Datenbank. Gerade für dieses Buch habe ich viele weitere Interviews geführt und weiß von daher umso mehr die Arbeit der Journalistinnen und Journalisten zu schätzen! Aber die Mehrzahl der Funde stammt aus der Tagespresse.
An dieser Stelle danke ich allen Presseorganen, Journalisten und Fotografen für ihre Unterstützung. Denn von der Logik des Projekts her – eine Suche nach *lokalen* Helden – beginnt meine Recherche vor der Haustüre, genauer gesagt: bei der morgendlichen Lektüre der Heimatzeitung. Dabei werden die rechtlichen Bedingungen für ein solches Projekt immer schwieriger – Datenschutz, Publikationsrecht etc. spielen hinein. Vor zwei Jahren haben wir unsere Homepage neu aufstellen müssen. Die Chefredaktion der Passauer Neuen Presse hat uns damals die großzügige Erlaubnis erteilt, rückwirkend und auch zukünftig die Zeitungsberichte der fest angestellten Journalisten und Fotografen unkompliziert für unser Non-Profit-Unternehmen zu verwenden – das ist nicht selbstverständlich angesichts der Tatsache, dass die Printmedien unter Druck stehen und viele Archive von Zeitungen nur noch kostenpflichtig zugänglich sind. Ein herzliches Vergelt's Gott an dieser Stelle an die Passauer Neue Presse! Die Porträts in diesem Buch gehen teilweise auf Artikel aus der PNP zurück; man findet die Originalartikel leicht unter derselben Überschrift wie die Kapitelüberschriften auch in unserer Datenbank. Wo umfangreicher auf Beiträge zurückgegriffen und daraus zitiert wurde, erfolgt natürlich ein unmittelbarer Verweis.
Ein solches Projekt ist immer mit Einschränkungen verbunden. Nicht in den Blick kommen Menschen, die sich beispielsweise kulturell, sport-

lich, ökologisch oder politisch engagieren. Auch auf diesen Gebieten leisten Menschen Bewundernswertes. Mein Augenmerk richtet sich nicht primär auf diejenigen, die beruflich im sozialen Bereich tätig sind, und nicht auf die vielen Institutionen und Vereine im Sozialbereich, selbst wenn sich das nicht völlig trennen lässt: Bei vielen Projekten arbeiten hauptamtliche und ehrenamtliche Mitarbeiter Hand in Hand. Auch denjenigen, die sich für einen sozialen oder kirchlichen Beruf entschieden haben, gilt unser Respekt. Der engere Fokus meines Projekts bezieht sich aber auf ein *ehrenamtliches* Engagement von Privatpersonen im sozialen und kirchlichen Bereich, also auf den direkten Umgang mit Menschen, die der Hilfe bedürfen, sowie auf Menschen, die zeigen, wie sie trotz Einschränkungen ein gutes Leben führen. Als Theologen und Religionspädagogen darf man mir gerne eine kirchliche Orientierung unterstellen. Dabei habe ich aber keine Berührungsängste: Beim konkreten gesellschaftlichen Engagement der Kirchen spielt die Frage der Konfession oder Religion (hoffentlich) keine Rolle. Mein Nächster ist der, der Hilfe benötigt, unabhängig von seiner religiösen Herkunft. So deute ich die Beispielerzählung vom barmherzigen Samariter (Lk 10,25–37). Während die Kirche im sakramentalen Bereich exkludierend handelt – geschiedene Wiederverheiratete werden beispielsweise von den Sakramenten ausgeschlossen –, erweist sie sich im diakonischen Bereich tatsächlich als Kirche, wie sie sein soll: Denn Kirche ist nur dann richtig Kirche, wenn sie radikal Kirche für andere ist, so Dietrich Bonhoeffer.

Das »Local-heroes«-Projekt läuft an meinem Lehrstuhl nun schon seit 20 Jahren, und es läuft »nebenher«, ohne zusätzliche finanzielle und personelle Hilfe. Es wäre nicht möglich ohne die Unterstützung meiner Mitarbeiterinnen und Mitarbeiter: Dr. Rudolf Sitzberger, der die technische Seite der Datenbank verantwortet, die vielen studentischen Hilfskräfte der letzten Jahre, die die Beiträge in die Datenbank einpflegen, besonders Milena Cornely für die Mithilfe bei der textlichen Erstellung der Ausstellungstafeln und meine Mitarbeiterinnen, die sich um die Ausstellungsausleihe kümmern. Besonders danken möchte ich neben all diesen und den Studierenden, die in Seminaren an der Bereicherung des Projekts Anteil hatten, meinen Mitarbeiterinnen Sophie Birner, Rebecca Schmid und Barbara Stögbauer sowie meiner Tochter Hannah Kronegger für die Korrekturarbeiten an diesem Buch.

Entschuldigen möchte ich meine eigenen blinden Flecken – unsere Datenbank ist bereits so umfangreich, dass man leicht den Überblick verliert. So ist meine Auswahl immer auch zufällig und in einem gewissen Maße subjektiv – positiv gewendet: exemplarisch. Gemäß dem zugrundeliegenden lokalen Ansatz habe ich mich im Zweifel für die Darstellung von Menschen entschieden, die im Umfeld von Passau und in Niederbayern leben. Sie sollen stellvertretend für Helden auf Augenhöhe stehen, die es überall unter ähnlichen Rubriken gibt. Wie ich immer in meinen anderen Publikationen und bei Vorträgen und Lehrerfortbildungen betone: Unsere Datenbank ist nur ein Sprungbrett: Sie möchte beispielhaft anregen, auch an anderen Orten nach Helden des Alltags zu suchen und damit pädagogisch zu arbeiten.

Wie gehe ich vor? In diesem Buch sollen ausgewählte Helden aus der Nachbarschaft ausführlich und umfassend dargestellt und gewürdigt werden. Dabei bediene ich mich ausgewählter ethischer Kategorien, die in meiner Datenbank zu finden sind. In jedem Kapitel erfolgt eine knappe gesellschaftsbezogene Einführung, in der die Bedeutung des Handlungsfeldes begründet wird, im Anschluss skizziere ich konkrete Beispiele und lasse dies in eine oder mehrere ausführlichere Personendarstellungen münden. Mit Literaturbelegen gehe ich, um den Lesefluss nicht zu sehr zu beeinträchtigen, sehr sparsam um. Wenn nicht anders vermerkt, findet man die ausführlicheren Beispiele unter dem schnell auffindbaren Hauptstichwort in unserer Datenbank. Nicht einfach und letztlich nachrangig ist die Zuordnung verschiedener Personen und Aktionen zu einer bestimmten Kategorie: Denn »Menschen in Not« sind häufig auch von Armut betroffen, zivilcouragierte Menschen sind Lebensretter, wer hilfsbereit ist, macht dies beispielsweise in der Form einer Nachbarschaftshilfe … Auf unserer Homepage sind die Beiträge deshalb zumeist unter verschiedenen Stichworten verlinkt.

Um Geschmack für die Arbeit mit den Helden der Nachbarschaft zu machen, habe ich didaktische Hinweise und weitere Anregungen und Tipps eingefügt, so dass man mit den Beispielen sehr direkt in der Bildungsarbeit arbeiten kann. Wer nicht im Pädagogischen beheimatet ist, kann diese didaktischen Tipps überspringen. Oder er bzw. sie versteht die didaktischen Impulse als Anregung fürs eigene Nachdenken!

Ummantelt wird das Herzstück der Beispiele einleitend mit grundsätzlichen Anfragen zur sozialen Veranlagung des Menschen, zur gesellschaftlichen Bedeutung von Helden, zu den Ursachen und Motiven von Helden und zur Währung, mit der die Helden bezahlt werden, und abschließend mit einigen grundsätzlichen didaktischen Hinweisen zur verantwortlichen Arbeit mit fremden Biografien, den Vorteilen der Helden des Alltags gegenüber den großen Heiligen und einigen Best-Practice-Projekten. All das soll Geschmack machen, sich selbst auf eine Spurensuche zu begeben: Auch neben Ihnen wohnen Helden! Das Buchcover deutet es an: Die »Helden des Alltags« öffnen ihre Türen und geben Einblicke in das, was in ihrem Leben wichtig ist. Stöbern Sie darin und lassen Sie sich inspirieren! Die »Helden des Alltags« sind Türöffner für Sie selber: Vielleicht sind Sie ja selber ein Held oder könnten es sein?

Hans Mendl

Ein herzliches Vergelt's Gott geht an die Sponsoren, die mit ihren großzügigen Druckkostenzuschüssen das Buchprojekt unterstützt haben: an die Micro-Epsilon Messtechnik GmbH & Co. KG in Ortenburg, an den Caritasverband der Diözese Passau und an das Bistum Passau.

A. Was zu klären wäre

1. Besteht unsere Gesellschaft nur aus Ichlingen oder ist Altruismus angeboren?

Sind wir Menschen Ichlinge oder Teamplayer? Ist das Streben nach einem persönlichen Vorteil genetisch grundgelegt oder sind wir von unserer Anlage her sozial ausgerichtet? Für beide Perspektiven gibt es gute Begründungen aus verschiedenen Wissenschaftszweigen.

Individualismus, Selbstbestimmung, Cocooning

Zunächst scheint es viele Indizien dafür zu geben, dass der Mensch ein Einzelkämpfer ist, der dann erfolgreich ist, wenn er seinem individuellen Leben eine je eigene Gestalt gibt: Die aktuelle gesellschaftliche Bestimmung einer Post- oder Spätmoderne wird gerne mit den zentralen Stichworten einer »Pluralisierung« und »Individualisierung« gekennzeichnet. Die »Kinder der Freiheit« (so ein Buchtitel von Ulrich Beck) haben nicht nur die freie Möglichkeit, aus einem Füllhorn von Weltanschauungen, Wertesystemen, Orientierungsmustern und Lebensstilen auszuwählen, sie müssen es sogar: Der Mensch ist zur Wahl gezwungen und in diesem pluralem Gefüge von Deutungsmustern ein zur Suche und Selbstbestimmung Verdammter: »Du bist, was du aus dir machst!«, lautet das Mantra des modernen Menschen, das wie die Wiederauferstehung des existenzialistischen Paradigmas erscheint. Gleichzeitig bedarf das brüchige Subjekt aber einer permanenten Selbstvergewisserung nach sozialer Übereinstimmung: »Ich weiß, wer ich bin, wenn ich im Trend bin!« Der Individualismus schlägt sich beispielsweise in einer wohlüberlegten ästhetischen Gestaltung des Alltags, der Wohnungseinrichtung oder des persönlichen Outfits nieder, wie die diversen Milieu-Studien zeigen. Er zeigt sich in einer zunehmenden Zahl von Singlehaushalten, gerade in Großstädten. Der Zwang zur Entscheidung (für *ein* Hobby, für *einen* Verein, für *einen* Beruf, für *eine* Frau …) bedeutet immer die Absage an viele Alternative (andere Hobbies, andere Vereine, andere Berufe, andere Partner …). Dies hat zur Folge, dass die Bereitschaft, sich zu binden, abnimmt – wie beispielsweise beim Rückgang der Mitgliedschaften in

Parteien, Kirchen und Vereinen abzulesen ist, was weiter unten eigens unter die Lupe genommen wird.

Trendforscher machen eine weitere Tendenz aus, die den Individualismus alltagspraktisch zu bestätigen scheint: den Rückzug ins behagliche Heim der eigenen Familie. Man spinnt sich in sein privates Rückzugsnest ein (»Cocooning«) und geht nicht mehr vor die Tür, ins Gasthaus oder in einen Verein. Die Welt ist auch online auf der Couch verfügbar. Wer so denkt und handelt, kann mit Fug und Recht als »Couch-potato« bezeichnet werden. Es ist tatsächlich im eigenen Umfeld zu beobachten, dass die Tendenz steigt, dem privaten Jahreszeitenrhythmus (z. B. Geburtstagsfeiern der Familienmitglieder) im Zweifel den Vorrang vor gesellschaftlichen Verpflichtungen zu geben. Aber auch das ist verständlich: Wenn die Gesellschaft lokal und global zunehmend als bedrohlich empfunden wird, erscheint die *heilige Familie*, so immer wieder betitelt, als der letzte Ort von Sicherheit: »Gib mir ein kleines bisschen Sicherheit in einer Welt, in der nichts sicher scheint. Gib mir in dieser schweren Zeit irgendwas, das bleibt«, heißt es im bekannten Lied von Silbermond. Und diese Sicherheit bietet eben die eigene Familie in einer ansonsten rauen Welt!

Man findet weitere Belege für einen zunehmenden Individualismus, der von der veränderten Kindheit bis hin zur Kultur des Todes reicht: Statt einer ungezügelten Straßenkindheit inmitten der Vielfalt von Nachbarskindern sprechen wir heute von einer Kinderzimmerkindheit: Kinder treffen sich nicht in der Gruppe der Nachbarschaftskinder auf der Straße, sondern mit passenden Freunden privat. Die Mütter sind die hauptberuflichen Chauffeure. Helikoptereltern ist durch den Tunnelblick aufs eigene Traumkind der Blick auf andere versperrt; sie wollen nur das Beste fürs eigene Kind und unerbittlich und radikal ihre (und häufig nicht deren!) Interessen durchsetzen (Greiner/Padtberg 2017). Auch haben sich die Erziehungsvorstellungen geändert: Die sogenannten Sekundärtugenden wie Pflichterfüllung und Einordnung werden von Eltern als weit weniger wichtig erachtet als die Selbstentfaltungswerte. Stephan Valentin spricht hier von einem »Kult der Autonomie« (Valentin 2012, 121) und vom »Egoismus pur« (ebd. 154). Familie und Freunde sind die wichtigsten Werte für Kinder, so der Geolino-Unicef-Kindermonitor 2014. Aufschlussreich ist aber, dass in derselben Studie deutlich wurde, dass Geld und Besitz für Kinder nicht das Wichtigste im Leben sind; traditionelle Werte wie Bildung, gute Manieren und Toleranz scheinen in den letzten Jahren an Bedeutung gewonnen zu haben – ein erstes Indiz dafür, dass man von einem Schwarz-Weiß-Denken Abstand nehmen sollte; denn Hilfsbereitschaft und Gerechtigkeit liegen weit oben und immerhin vor Durchsetzungsfähigkeit und den materiellen Werten. Tod und Sterben werden auf der einen Seite anonymer, auf der anderen aber auch individueller, wie die Variationsbreite von Todesanzeigen und Grabgestaltungen verdeutlicht (vgl. Benkel/Metzler 2016).

Und natürlich, auch das muss angeführt und weiter unten differenziert werden: der Vorwurf, Jugendliche seien nur noch digital unterwegs und hätten keine Sozialkontakte mehr; die Vorstellung vom Computer-Nerd als einem sozial eingeschränkten, tageslichtscheuen und Fastfood-abhängigen Sonderling.

Abschließend kann noch auf die Potentaten dieser Welt hingewiesen werden, die man gar nicht namentlich nennen muss, die politisch und weltpolitisch als Egoshooter agieren und neben dem Eigeninteresse den Horizont auf die Ebene des nationalen Interesses beschränken. Hier trifft sicher ein Zitat zu, das unter anderem Albert Einstein zugeschrieben wird: »Der Horizont vieler Menschen ist wie ein Kreis mit Radius Null. Und das nennen sie dann ihren Standpunkt.«

Stimmt das tatsächlich?

Aber stimmt das alles tatsächlich? Ist der Mensch ein Ichling, der sich ausschließlich auf Kosten anderer selbstentfalten möchte? Nein, natürlich nicht, zumindest nicht in dieser Eindeutigkeit!

Ein genauerer Blick in die Kinder- und Jugendforschung soll als erste Probebohrung dienen: Alle Kinder- und Jugendstudien belegen, dass für Jugendliche Freundschaft und Beziehung mit Gleichaltrigen nach wie vor ein hohes Gut darstellen. Selbst die Mär vom isolierten Computersüchtigen, so dramatisch sie im Einzelfall sein mag, gehört ins Geschichtenbuch. Der Umgang mit dem PC bedarf in Wirklichkeit einer differenzierteren Betrachtung: Es gibt gerade in digitalen Medien eine Vielfalt neuer Kommunikationsformen und Formen einer weltweiten Vernetzung, die manche quantitativ und qualitativ in der Realwelt nicht erreichen. Singles sind häufig sozial geselliger, als dies Familienväter und -mütter in bestimmten Familienphasen sein können.

Vereinskultur – hopp oder topp?

Dieselbe Frage stellt sich bezüglich der Vereinskultur in Deutschland: Ist sie rückläufig – oder wandelt sie sich nur? Das sollte genauer unter die Lupe genommen werden, weil davon ausgehend viele folgende Praxisbeispiele in einem neuen Licht erscheinen: Was motiviert Menschen denn überhaupt, gemeinschaftlich etwas für andere Menschen zu unternehmen?

Man kann es allerorts beobachten: Sportvereine müssen fusionieren, gerade im Jugendbereich, Trachtenvereine und Chöre lösen sich auf und Vereine mit langer Tradition wie der Katholische Frauenbund haben damit zu kämpfen, dass der Nachwuchs weniger wird. Eine Studie der Zivilgesellschaft im Stifterverband (https://www.ziviz.info/landdigital) hat herausgefunden, dass von 2006 bis 2016 in ländlichen Regionen 15.547 Vereine aufgelöst wurden. Auch das Wirtshaussterben scheint ein Indiz dafür zu sein, dass die skizzierte Individualisierung in der Gesellschaft ihren Preis hat: Der Couch-Potato sitzt lieber vor dem Fernseher als den beschwerlichen Weg ins Vereinsheim anzutreten. Die weiteren Gründe sind vielfältig: In einer Multioptionsgesellschaft bedeutet jede Entscheidung für eine langfristige Bindung an einen Verein den Verzicht auf viele Alternativen. Hinzu kommt die Landflucht – junge Menschen ziehen in die Städte, dies bedeutet vor allem auf dem Land, in dem traditionell die Vereinskultur einen hohen Stellenwert hat, eine Krise bei vielen Vereinen. Immerhin gibt es in ländlichen Regionen noch 125.000 Vereine, die überwiegend ehrenamtlich geführt werden; Vereine sind hier die Motoren des gesellschaftlichen Zusammenhalts. Sicher hat die Kompliziertheit des deutschen Vereinsrechts an der Vereinsmüdigkeit eine Teilschuld – wer selbst einen Verein führt und sich mit Registergericht, Finanzamt und Notaren herumschlagen muss, versteht diese Andeutung. Ob die Digitalisierung die Lösung schlechthin darstellt, wie das der Stifterverband meint und mit anschaulichen Beispielen belegt (z. B. die Ergänzung einer realen Probe einer Musikvereinigung durch eine virtuelle), kann bezweifelt werden.

Deutlich wird aber, dass auch die Vereinskultur ein dynamischer Prozess ist und durchaus Neuaufbrüche festzustellen sind: Einerseits müssen Traditionsvereine (z. B. Vertriebenenvereinigungen, Männergesangsvereine, Kirchenchöre, Sportvereine) aufgelöst werden, andererseits bilden sich neue Vereine mit einem neuen gesellschaftlichen Profil und Zu-

schnitt: Beispielsweise Hilfsvereine vor Ort (siehe Kap. B 12), die Spaß und Hobbies mit einer guten Tat verbinden. Diese Beobachtung befindet sich in der Logik, wie sie in allen neueren Jugendstudien seit langem aufscheint: (Nicht nur) Jugendliche heute sind bereit, sich gesellschaftlich auf Zeit zu engagieren, wenn dies mit Fun, Action und Geselligkeit verbunden ist; und sie behalten diese Einstellung bei, wenn sie erwachsen werden. Was erstaunt: Eine Recherche der Passauer Neuen Presse ergab, dass in den Amtsgerichten Landshut, Passau, Traunstein, Straubing und Deggendorf in den letzten Jahren seit 2011 weit mehr Vereine neu gegründet als aufgelöst wurden. Also doch eher ein Indiz für eine Transformation und für die Bereitschaft, sich in Gemeinschaft zu engagieren (Felix Flesch, Freiwillige voran, in: PNP 293/19.12.2018, 3)?
Immer am Tag des Ehrenamts im Dezember würdigt die Politik die Wichtigkeit des sozialen Engagements: Über 30 Millionen Menschen engagieren sich in Deutschland ehrenamtlich. Diese Zahl ist seit Jahren stabil. Bei einer Gesamtbevölkerungszahl von 80,5 Millionen ist das eine beachtlicher Anteil (siehe auch: http://www.ehrenamt-deutschland.org/).
Sind diese 37 % der Engagierten die Dummen oder die Glücklichen? Die genetisch fehlgeleiteten oder diejenigen, die ihre biologischen Wurzeln ausleben?

Biologische und neurophysiologische Aspekte: Der Mensch – ein soziales Wesen

Man sollte einen biologischen und neurophysiologischen Blick auf die Fragestellung werfen. Der renommierte Hirnforscher Joachim Bauer räumt in seinem Buch »Prinzip Menschlichkeit. Warum wir von Natur aus kooperieren« mit der These Charles Darwins, es gehe evolutionsbiologisch nur um das Überleben der Fittesten (»survival of the fittest«) auf; diese These habe verheerende Folgen bis hinein in die Kriege des 20. Jahrhunderts gehabt; in der Soziobiologie dominierte lange Zeit die These vom »egoistischen Gen«, so der Titel eines Buchs von Richard Dawkins, das im Jahr 1978 in deutscher Fassung erschienen ist. Letztlich erweise sich die These aus genetischer und neurophysiologischer Sicht aber als falsch. Joachim Bauer untermauert seine Thesen mit vielen wissenschaftliche Untersuchungen.

Die Übertragung des Denkens Darwins auf die Entwicklung und Eigenart des Menschen erwies sich als fragwürdig; Begriffe wie »Konkurrenz« und »Überlebenskampf« auf die komplexe Erforschung der Gene zu übertragen, sei schlichtweg falsch. Die Gegenthese lautet: Der Mensch ist wesenhaft dazu motiviert, sich anderen zuzuwenden und mitmenschliche Beziehungen einzugehen (Bauer 2008, 9f). Er ist für gelingende Beziehungen konstruiert. Die im Amerikanischen geläufige wertschätzende Bemerkung, die aus dem Jiddischen stammt, »he is a mensch«, bezieht sich gerade auf die soziale Dimension des Menschseins. Die Antriebsaggregate des Lebens bestehen nach Bauer in den biologisch verankerten körpereigenen Motivationssystemen. Von besonderer Bedeutung ist der Botenstoff Dopamin, welcher ein Gefühl des Wohlbefindens auslöst und den Körper mit Handlungsbereitschaft und Konzentrationsfähigkeit ausstattet. »Kern aller Motivation ist es, zwischenmenschlich Ankerkennung, Zuwendung oder Zuneigung zu finden und zu geben. Wir sind – aus neurobiologischer Sicht – auf soziale Resonanz und Kooperation angelegte Wesen« (Bauer 2008, 36); von Geburt an ist der Mensch auf Zuwendung eingestellt. Letztlich haben alle Ziele, die wir verfolgen, bewusst oder unbewusst den tieferen Sinn, dass wir damit zwischenmenschliche Beziehungen erwerben, erhalten oder vertiefen wollen. Aus den verschiedenen Formen der zwischenmenschlichen Zuwendung ragt eine besonders heraus: die Liebe, die verschiedene Gestalten (elterliche, freundschaftliche, sexuelle) haben kann. Von da aus wird verständlich, welche Dramatik zwischenmenschliche Verlustereignisse auslösen – von der Beendigung von Partnerschaften bis hin zum Tod des geliebten Partners. Es wird nachvollziehbar, welcher Bewährungsprobe Eltern ausgesetzt sind, die die Beziehung zu den Kindern ständig neu definieren müssen und in der Regel mehr als die Kinder darunter leiden, dass diese allmählich selbstständig werden und irgendwann einmal das Familiennest verlassen und ausziehen.

Soziale Resonanz erweist sich als besonders starkes neurobiologisches Motiv; sie konkretisiert sich in ganz basalen Formen wie einem gemeinsamen Lachen. Auch vertiefte soziale Beziehungen, die man psychologisch mit dem Begriff des gegenseitigen Vertrauens zu fassen versucht, haben eine biologische Wurzel: Der Botenstoff Oxytozin, der vermehrt beim Stillen eines Säuglings ausgeschüttet wird, ist sowohl Ursache als auch Wirkung von Bindungserfahrungen; er wird verstärkt, wenn aus

Begegnungen Beziehungen werden, und verstärkt gleichzeitig die Bereitschaft, Vertrauen zu schenken (Bauer 2008, 47). Im Unterschied zur Motivationsdroge Dopamin, die die Basis für alles motivierte Tun und damit für das Knüpfen von Beziehungen ist, dient das Oxytozin dem Aufbau eines sozialen Gedächtnisses. Gleichzeitig erweist sich Oxytozin als Gesundheitsdroge: es sorgt für körperliche und psychische Entspannung, senkt den Blutdruck und dämpft Angstzustände.
Allerdings wäre es falsch, davon ausgehen, dass es so etwas wie ein soziales Gen gäbe: Die genetische Ausstattung des Menschen stellt lediglich die neurobiologischen Werkzeuge für die Entwicklung des Sozialwesens Mensch bereit. Dabei sind für die Ausbildung der Motivationssysteme vor allem gute Beziehungserfahrungen während der Kindheit und Jugend wichtig. In der amerikanischen Gehirnforschung gibt es den Spruch: »use it or lose it« – »benutze es (was die Gene bereitstellen), oder du wirst es verlieren« (Bauer 2008, 55). Das bedeutet, dass das Ausbleiben von Beziehungserfahrungen die spätere Beziehungsfähigkeit massiv negativ beeinflussen kann.

Spiegelneurone: Empathie lernen

An dieser Stelle dient ein Hinweis auf eine weitere Theorie von Joachim Bauer als Vertiefung, nämlich die Theorie der Spiegelneurone (»Warum ich fühle, was du fühlst«, Bauer 2010): Bestimmte Nervenzellen im Gehirn reagieren unmittelbar auf Bewegungen, Gesichtsausdrücke und Laute anderer Menschen. Wird das Verhalten anderer wahrgenommen, so löst dies im Gehirn ein neurobiologisches Programm aus, das die beobachtete Handlung auch bei einem selbst zur Ausführung bringen könnte. »Nervenzellen, die im eigenen Körper ein bestimmtes Programm realisieren können, die aber auch dann aktiv werden, wenn man beobachtet oder auf andere Weise miterlebt, wie ein anderes Individuum dieses Programm in die Tat umsetzt, werden als Spiegelneurone bezeichnet« (Bauer 2010, 23). Solche »Resonanzphänomene des Alltags« (Bauer 2010, 7) kennt jeder: Lachen ist ansteckend; wenn einer gähnt, gähnen alle; Erwachsene öffnen spontan den Mund, wenn sie ein Kind füttern. Was aber besonders bedeutend ist: Die beobachtete oder (durch Erfahrungswissen prognostizierte) vermutete Handlung kann, muss aber nicht vom Beobachter ausgeführt werden. Dadurch, dass wir andere in ihrem Verhalten und in ihrer Emotionalität wahrnehmen, werden im Gehirn Handlungsimpulse aktiviert, ohne dass schon Bewegungsneuronen in Gang gesetzt werden; diese abgespeicherten Informationen ermöglichen dann eigenes Handeln. Die weiterführende These: So lernen wir, andere zu verstehen, und lernen vom anderen. Wie im Titel von Bauers Buch deutlich wird, wirkt sich diese Wahrnehmung des anderen fundamental auf die Entwicklung von Empathie und einer Befähigung zur Perspektivenübernahme aus. Von der Gehirnforschung weiß man über die Bedeutung von Gefühlen, Bildern und personalen Lernebenen: Denn nicht Fakten und Daten treibt die Menschen um, sondern Gefühle, Geschichten und andere Menschen. Die gesamte emotionale Resonanz, Körperempfinden, Schmerz, Mitgefühl, Empathie und Intuition werden auf diese Weise geschult.

Folgen für Erziehung und Bildung

Damit ergibt sich bereits eine Andeutung für das Aufgabenspektrum in Erziehung und Bildung: Wenn gelingende Beziehungen das zentrale Kriterium menschlichen Zusammenlebens sind, müssen Kinder und Jugendliche immer wieder die Möglichkeit erhalten, mit anderen zu kooperieren und Beziehungen einzugehen, und sie müssen ihre Spiegelneuronen schulen; hier wird die wichtige Bedeutung der Lehrenden erkennbar! Die zusammenfassende Bezeichnung von »Kooperation als gesellschaftliches Projekt« (Bauer 2008, 201) kann unmittelbar mit den im Folgenden skizzierten Beispiele der »Helden nebenan« konkretisiert werden. Spielt man diese Personengruppen in unterrichtliche Zusammenhänge ein, so dient dies einer Erziehung zur sozialen Kompetenz: Damit werden Möglichkeitsräume präsentiert, die Optionen für die Ausgestaltung einer eigenen Vorstellung eines guten Lebens und Miteinanders enthalten. Die unmittelbare Wirkung einer zwischenmenschlichen Begegnung kann im Rahmen eines orientierenden Lernens an anderen Biografien gar nicht groß genug eingeschätzt werden; ein interpersonelles Lernen an anderen Menschen ist nicht nur didaktisch, sondern gesamtmenschlich unverzichtbar – in der Familie, im Freundeskreis, in der Schulklasse und in der Öffentlichkeit. Dies wird durch neuere Untersuchungsergebnisse aus der Psychologie bestätigt: Ob Menschen bereit sind, altruistisch zu handeln, hängt massiv vom sozialen Umfeld ab: Ob sie dort genug Altruisten erleben (Blawat 2018).

Im Kontext eines Konzepts von Bildung, das der Emanzipation und Freiheit verpflichtet ist, muss man aber darauf verweisen, dass solche Prozesse nicht deterministisch ablaufen: Die Spiegelneurone stellen dem Individuum einen Raum zur Verfügung, »in dem Vorstellungen über Handlungen, also Handlungsgedanken, erzeugt und in der Schwebe gehalten werden können, ohne dass es notwendigerweise auch zur Umsetzung der entsprechenden Aktion kommen muss« (Bauer 2010, 164). Dieser Planungs-, Vorstellungs- und Gedankenraum gibt den Rahmen vor; ob wir die Vorstellungen nur wahrnehmen oder auch ausführen, können und müssen wir selbst abwägen. Deshalb sind bei den folgenden Beispielen die Anregungen zu einem aktiven, kritischen und konstruktiven Umgang mit den jeweiligen Personen und Handlungsfeldern so bedeutsam!

Didaktisch ergibt sich hieraus die Folgerung, gerade bei konkreten interpersonellen Feldern eines Lernens an fremden Biografien die Reflexivität zu schulen, um das lernende Subjekt zu befähigen, über neuronal gesteuerte Prozesse der Spiegelung an anderen, beeindruckenden Personen, nachzudenken und entscheiden zu lernen. Gleichzeitig gilt es auch bei vermeintlich ausschließlich kognitiven Ebenen des Lernens zu berücksichtigen, dass hier affektive Prozesse eine Rolle spielen, die mit der Abspeicherung von eigenen Lebenserfahrungen zu tun haben; bei der Betrachtung von Entscheidungssituationen anderer Menschen werden eigene Erfahrungen evoziert, die immer auch emotional unterfüttert sind. Insofern erweist sich tatsächlich Empathiefähigkeit als eine Schlüsselkompetenz, die es ermöglicht, sich auf differenzierte Weise mit anderen Biografien zu beschäftigen (Mendl 2015, 78–81). Wer selbst eine höhere Empfindsamkeit in Entscheidungssituationen hat, kann sich besser in die (emotionale) Situation einer fremden Biografie versetzen.

Theologische Deutung: der Mensch als Gottes Ebenbild und Sozialwesen

Es erstaunt an dieser Stelle sicher nicht, dass es zwischen dieser biologischen und neurowissenschaftlichen Sicht und einer theologischen Betrachtung des Menschen markante Parallelen gibt: Es zählt zum Kernbestand der christlichen Anthropologie, den Menschen als gottgewolltes Individuum und soziales Wesen zu beschreiben, das die Aufgabe hat, in Freiheit und Verantwortung nach Sinn zu suchen, seinem Leben eine unverwechselbare Identität zu geben und die Welt zu gestalten. Grundgelegt ist dies in den biblischen Schöpfungserzählungen, die den Menschen als Bild Gottes skizzieren und ihm Verantwortung zuweisen (Gen 1,26–28) und in seiner Beziehungsbedürftigkeit und -fähigkeit als Mann und Frau beschreiben (Gen 2,18–25). Im Neuen Testaments ist zwar nicht die Rede von Dopamin und Oxytozin, die zentralen Texte, in denen sich die Reich-Gottes-Botschaft Jesu konkretisiert, zeigen aber Perspektiven auf, unter denen den Menschen Glück und Heil erlangen können, so beispielsweise die Seligpreisungen der Bergpredigt (Mt 5,3–11) oder die Rede vom Weltgericht (Mt 25,31–46) – Texte, die von einer Logik der Beziehung und des Altruismus geprägt sind.

Letztlich ist die Entscheidung auf die Eingangsfrage, ob der Mensch ein Ichling oder ein soziales Wesen ist, immer auch die Frage des Blickwinkels: Ist das Glas halb voll oder halb leer? Wie die weiteren Ausführungen zeigen, neige ich eher der Perspektive des halbvollen Glases zu. Betrachtet man die vielfältigen Formen des bürgergesellschaftlichen Engagements heute, so kann man zudem schlüssig nachweisen, dass beide gesellschaftlichen Tendenzen durchaus miteinander verbunden werden: Individualisierung, Selbstbestimmung und der Wunsch, Subjekt des eigenen Handelns werden zu wollen, prägen das gesellschaftliche Engagement von Menschen heute (vgl. Keupp 2000). Dies in dieser Differenziertheit wahrzunehmen, erscheint als zentrale Aufgabe, wenn es um die Förderung eines bürgergesellschaftlichen Engagements geht.

LITERATURTIPPS

Bauer, Joachim, Prinzip Menschlichkeit. Warum wir von Natur aus kooperieren, München 2008.

Bauer, Joachim, Warum ich fühle, was du fühlst. Intuitive Kommunikation und das Geheimnis der Spiegelneurone, München 15. A. 2015.

2. Braucht die Gesellschaft Helden?

Herausforderungen einer komplexen Gesellschaft

Auf den ersten Blick wirkt die Überschrift etwas einfach gestrickt; die Antwort kann doch nur »ja« lauten! Aber stimmt das tatsächlich? Müsste es nicht in einem hochspezialisierten Gemeinwesen der Normalfall sein, dass der Rechts- und Sozialstaat alle Bedürfnisse befriedigen kann? Die Beispiele der »Helden nebenan« zeigen, dass dem nicht so ist. Unsere Gesellschaft ist hochkomplex, und auch aus der Perspektive der christlichen Sozialethik konkurrieren verschiedene Prinzipien oder ergänzen sich wechselseitig; da kommt es im Konkreten immer wieder zu Lücken: So soll in einem freiheitlichen Staat jeder Mensch Schmied seines eigenen Glücks sein dürfen: Das Personalitätsprinzip meint, dass jeder eine unantastbare Würde sowie das Recht und die Pflicht hat, sein Leben nach eigenen Vorstellungen, Begabungen und Ressourcen zu entfalten. Unterstützung erhalten sollte er dann, wenn er selbst an die Grenzen des Leistbaren kommt; das meint das Subsidiaritätsprinzip, und hier dockt der Wohlfahrtsstaat an. Dem Prinzip einer ausgleichenden Gerechtigkeit entspricht das Prinzip der Solidarität: Wer Unterstützung benötigt, erhält sie, diejenigen, die keine Hilfe brauchen, finanzieren den gemeinsamen Topf mit, wie dies beispielsweise in der Solidargemeinschaft der Krankenkassen der Fall ist. Und für ein sicheres Leben sorgen Gesetze und die Polizei. Problematisch wird es, wenn man das Gemeinwohlprinzip auf die Weltgemeinschaft anwendet und mit dem Prinzip der Nachhaltigkeit verknüpft: Da zeigen sich erste Risse, die deutlich machen, dass gerade in einer globalisierten Welt die Weltgemeinschaft und die einzelnen Staaten an ihre Grenzen kommen bzw. letztere auf ihre Grenzen pochen. Gerade an den Schnittstellen, an denen die Sozialprinzipien aufeinandertreffen, wird deutlich, dass unser Rechts- und Sozialstaat lückenhaft ist und vielleicht auch sein muss: Wer keinen Polizeistaat will, muss damit leben, dass nicht jeder Winkel unseres Landes mit Kameras erfasst wird und es eine völlige Sicherheit nicht geben kann; also ist es gut, wenn es zivilcouragierte Menschen gibt. Wo hört die Verantwortung des Menschen fürs eigene Leben auf und wo beginnt die Pflicht der Gesellschaft, subsidiär einzugreifen? Von staatlicher Seite gibt es rechtliche Vorgaben, die aber immer im Fluss und von Politik und Mehrheitsmeinungen abhängig sind. Was ist ein angemessener Mindestlohn? Ab wann beginnt Bedürftigkeit? Soll bei einem garantierten Basiseinkommen der redlich erworbene Besitz gegengerechnet werden? Die Menschen, die hinschauen, wenn sich Lücken in unserem Sozialstaat auftun, legen eine postkonventionelle Moral nach dem Modell von Lawrence Kohlberg an den Tag: Sie wissen um die Zeitbedingtheit von Konventionen, Regeln und Gesetzen, schauen über diesen Tellerrand hinaus und handeln nach sozialvertraglichen Gesichtspunkten: Absolute Werte wie Würde, Leben oder Freiheit müssen in jeder Gesellschaft unabhängig von der Mehrheitsmeinung und über gesetzlichen Grundlagen hinaus respektiert werden.

Freilich ist es ein Armutszeugnis für unseren Sozialstaat, wenn das, was manche Menschen für ihr Leben als Grundsicherung erhalten, nicht ausreicht. Hier setzen beispielsweise die Tafel-Projekte an (siehe Kap. B 1). Wo es einerseits nachvollziehbar ist, dass Sozialämter ihre Vorgaben und Regeln konsequent anwenden, sind andererseits die unbürokratischen Unterstützungsmaßnahmen durch Nachbarschaftsvereine (siehe Kap. B 12) unverzichtbar.

Gerechtigkeit und Barmherzigkeit – zwei Seiten einer Medaille

Gerechtigkeit und Barmherzigkeit sind letztlich die zwei Seiten einer Medaille, die man nicht gegeneinander ausspielen darf. Die Beispiele der »Helden nebenan« zeigen, dass sie zunächst in ihrem Alltagshandeln den Wert der Barmherzigkeit leben, gleichzeitig aber auch auf die Missstände in unserer Gesellschaft hinweisen, sich über Bürokratie und enge Regelungen beschweren und auf politischer Ebene für Benachteiligte eintreten. So ärgert sich Peter Stuiber, der Vorsitzende der »Kinderhilfe Holzland« (siehe Kap. B 12) über die Politiker, die sich zu wenig für die Menschen in Not einsetzen, und möchte gerne politisch mehr Druck machen. Beide Perspektiven müssen miteinander verschränkt werden: Bei der unmittelbaren Begegnung mit Menschen in Not wäre es zynisch, Hilfsbedürftige auf die Maschinerie gesetzlicher Optimierungen zu vertrösten; wer in einem Entwicklungsland einen Freiwilligendienst leistet, darf die Augen vor dem durch Diktatoren, Korruption und Clanwirtschaft verschuldeten Leid nicht verschließen. Gleichzeitig ist es legitim, wenn nicht alle alles tun können und sich manche der Alltagshelden für die konkrete Aktion entscheiden.

Zivilgesellschaften brauchen Heroen

Ja, unser Wohlfahrts- und Rechtsstaat braucht Helden, das sehen auch Soziologen und Staatsrechtler so: Gerade moderne Zivilgesellschaften sind auf Heroen angewiesen, meint der Staatstheoretiker Herfried Münkler in einem Interview: »Auch demokratisch verfasste Zivilgesellschaften, die man auch als postheroische Gesellschaften charakterisieren kann, können auf Dauer auf die Vermittlung heroischer Werte nicht verzichten. Ohne Opferbereitschaft funktionieren auch jene gesellschaftlichen Systeme nicht, die Leistung in der Regel nur über Geld belohnen« (Krischer 2002, 68). Gerade in Zeiten der Verunsicherung, die ihre symbolische Verdichtung in den Terroranschlägen vom 11. September 2001 in den USA erhielten, entsteht das Bedürfnis nach Helden: »Die Medienhelden sind nur Ersatzhelden. Sie sind präsent, wenn die reale Welt aus den Fugen gerät«, so der Medienwissenschaftler Norbert Bolz (Focus 9/2002, 64). Die Feuerwehrmänner des 11. Septembers oder die getöteten Passagiere des Flugs 93, United Airlines, die durch ihr mutiges Einschreiten ein größeres Unglück verhinderten, sind Platzhalter für vorbildhafte Verhaltensweisen einer verunsicherten Gesellschaft. Solchen Helden werden Eigenschaften wie Mut, Persönlichkeit, Humanität, Altruismus, Disziplin, weniger Erfolg und Körperkraft zugeschrieben – Eigenschaften, über die die »Helden nebenan« verfügen. Sie dienen dabei nicht als Vorbild zur unmittelbaren Nachahmung, sondern vielmehr der Vergewisserung, dass die Welt nicht aus den Fugen gerät, solange es selbstlose Menschen gibt, die unerhörte Taten für die Gesellschaft bringen. Wenn man alleine nachts in einen U-Bahn-Schacht hinunterfährt, kann es beruhigen, wenn irgendwo im Hinterkopf die Erkenntnis gespeichert ist, dass es Menschen wie Dominik Brunner gibt, die zivilcouragiert handeln, wenn andere in Not geraten.

Der Ersatzheld tut stellvertretend Gutes. Das muss nicht unmittelbar zur Nachahmung motivieren, aber trotzdem trägt es zur Bildung eines moralischen Universums etwas bei. Gleichzeitig sind gerade die Helden des Alltags immer ein Stachel, der am Fleisch der eigenen Behäbigkeit nagt: Sie zeigen, dass es möglich ist, inmitten einer Wohlstandsgesellschaft zu

leben, ein gutes und glückliches Leben zu führen und gleichzeitig in einem gesellschaftlichen Feld für andere aktiv zu sein.
Fazit: Zivilgesellschaften brauchen auf vielfältigen Feldern Helden des Alltags, weil nur so ein buntes Vereins-, Sozial- und Kulturwesen funktionieren kann.

Helden im Spiegel der Presse

Diese Einsicht hat sich in den letzten 20 Jahren zunehmend in der Öffentlichkeit durchgesetzt. So verwundert es nicht, dass sich mit großer Regelmäßigkeit die einschlägigen Journale auf unterschiedliche Weise mit den Themen Helden, Ehrenamt und Zivilcourage beschäftigen – eine kleine Auswahl:
Sowohl dem Zeitgeist-Magazin »Kursbuch« (Heft 146/Dezember 2001: Vorbilder) als auch »Publik Forum« (»Courage: Die sanfte Kraft gelebter Visionen. Menschen, die Mut machen«, Sonderheft 1996) ist das Thema eine Ausgabe wert. Im »Stern« stellt Michael Gleich sein Projekt »Peace Counts« vor (Gleich 2005; siehe dazu auch Kap. B 4): »Die Friedensengel«. Der Geschichtswettbewerb des Bundespräsidenten, durchgeführt von der Körber-Stiftung, widmet sich im Jahr 2008 einer Spurensuche nach »Helden verehrt – verkannt – vergessen«. In der »ZEIT« erscheint im Jahre 2009 eine Sonderbeilage (ZEIT-Geschichte 64, Nr. 47) mit dem Titel »Vordenker, Vorbilder, Visionäre. 50 Deutsche von gestern für die Welt von morgen«, und im Jahr 2017 lautet der Titel: »Was ist heute ein Vorbild? Elf Geschichten von Menschen, die für andere zum Maßstab geworden sind »(DIE ZEIT 2/5.1.2017). Die »Süddeutsche Zeitung« publiziert eine Ausgabe ihres Magazins für Kinder den »Helden. Ein Heft über Superkräfte, Eigensinn und Wagemut« (Süddeutsche Zeitung für Kinder 5/2011). Birgit Schreiber fragt in »Psychologie heute« (Schreiber 2011): »Was macht Menschen zu Helfern?«. Und der Stern wendet die Fragestellung ganz konkret mit dem Titel von Heft 6/2006: »Der neue Trend: Einfach die Welt verändern. Wie wir mit kleinen Ideen Großes bewirken können. 55 Tipps für eine bessere Welt« – und bezieht sich dabei auf die gleichnamige Aktionsplattform. Der Spiegel denkt in Heft 11/2013 über »Die Mutigen« nach: »Warum manche Menschen Leben retten. Und andere nicht.« »Mobil. Das Magazin der Deutschen Bahn« titelt die Ausgabe 11/2015 so: »Ihr Einsatz, bitte! Alles auf Grün: Warum

sich diese Promis für Natur und Mitmenschen einsetzen – und was wir selbst tun können. Ein ganzes Heft für eine bessere Welt.« Die Zeitschrift von »Bürgern in sozialen Schwierigkeiten BISS« widmet den Titel ihrer Ausgabe Juli/August 2010 den »Münchner Helden«: Porträtiert werden zwei Helden des Alltags und der Straße, die für BISS aktiv sind, aber auch stille Helden: eine Hebamme, einen Straßenkabarettisten, einen Krankenhaus-Clown, eine Wirtin, einen Fußballtrainer und einen Lebensretter. Im »Zeit Wissen« 3/2019 werden im Beitrag »Du Held« die Forschungsprojekte des bekannten Psychologen Philip Zimbardo beschrieben; seine Erkenntnis: »Wir alle sind Helden in Warteposition.« »Pressesprecher«, das Magazin für Kommunikation, widmet die Ausgabe 5/2017 dem Thema »Vorbilder. Sie sind mehr, als wir denken«. »Gemeinde creativ«, das Magazin für engagierte Katholiken in Bayern wählte für das Juli-August-Heft 2019 das Schwerpunktthema »Helden« und geht dabei auch auf unser Local-heroes-Projekt ein (S. 16). Das Dezemberheft »Bayerische Schule« des Bayerischen Lehrerinnen- und Lehrerverbands 2019 widmet sich dem Thema »Ehrenamt: Selbstlose Helfer«; der entsprechende Hauptbeitrag ist mit »Die Heiligen der Unscheinbarkeit« (S.22) überschrieben, nicht von ungefähr eine Anlehnung an unser Local-heroes-Projekt, das auch namentlich (S. 30) erwähnt wird.

Veränderung der Heldenkultur

Die Vielfalt des gesellschaftlichen Engagements von Alltagshelden nimmt zu: Das hängt mit der im Kapitel zuvor skizzierten Veränderung von Vereinsstrukturen zusammen. Der Trend geht weg vom regelmäßigen Engagement im Verein hin zu einer überschaubaren Form der Alltagssolidarität (Keupp 2000, 53f). Heiner Keupp sah hier schon vor vielen Jahren ein großes Reservoir an Helfern, die es zu entdecken gilt. Dazu sind die Entwicklung neuerer gesellschaftlicher Aktivierungsfelder und neue Rekrutierungsbemühungen nötig. Die Beispiele in diesem Buch zeigen, dass dieses Postulat in vielen Bereichen bereits umgesetzt wurde, wenn man die vielen Personen und Gruppen sieht, die im Bereich der Nachbarschaftshilfe oder des Engagements durch eine sportliche Betätigung aktiv sind oder die sich landauf landab bei Projekten wie der Tafel engagieren.

Ein Beispiel: Gemeinsam leben und lernen in Europa e. V.

Ein Beispiel für eine lokale Verknüpfungsplattform vieler ehrenamtlicher Initiativen ist der Verein »Gemeinsam leben und lernen in Europa« in Passau. Statt als Bedenkenträger auf gesellschaftliche Missstände aufmerksam zu machen agiert der Verein als Hoffnungsträger und gestaltet einen positiven Gegenentwurf eines zivilgesellschaftlichen Engagementbündnisses. Auf der Homepage (www.gemeinsam-in-europa.de) findet man folgende Selbstbeschreibung:

> »Im Ehrenamt gemeinsam mehr erreichen« ist das Motto unseres Vereins Gemeinsam leben und lernen in Europa. Unsere gemeinnützige Organisation hat einen großen Wirkungskreis. Wir motivieren und unterstützen Menschen, sich ehrenamtlich für unsere Gesellschaft zu engagieren. Unser Ziel ist es, durch Integration und Inklusion jedem Menschen die Möglichkeit zu geben, aktiv am gesellschaftlichen Leben teilzuhaben. Wir entwickeln und setzen Projekte um, mit denen wir Toleranz, Vielfalt und Chancengleichheit fördern. Wir arbeiten regional im ostbayerischen Raum und tauschen uns mit Partnern in ganz Deutschland und Europa aus, um von- und miteinander zu lernen.

Petra Wingerter, die Gründerin und Geschäftsführerin des Vereins äußert sich folgendermaßen zu ihrer Motivation und ihren Zielen:

Porträt: Petra Wingerter, Verein »Gemeinsam leben und lernen in Europa«:

Ich kann dazu beitragen, dass die Welt ein bisschen besser wird!
Was hat mich überhaupt motiviert den Verein zu gründen?
Es war mein Frust darüber, dass gute Arbeit in einem von mir geleiteten EU-Projekt zur beruflichen Integration von benachteiligten Menschen einfach nicht fortgeführt wurde, weil es für diese Arbeit keine Fördergelder der EU mehr gab.

Bild 1: Petra Wingerter; Foto: privat

Dabei waren bei dem Projekt fünf Kommunen und vier Bildungsträger beteiligt gewesen. Es spielte gar keine Rolle, dass die geleistete Arbeit wirklich wichtig, gut, anerkannt und sinnvoll gewesen war, dass wertvolle Netzwerke entstanden sind und sich unheimlich viele Menschen dafür ehrenamtlich engagiert hatten. Außerdem war es immer wieder schwierig, gute Ideen praktisch umzusetzen – oft war das Konkurrenzdenken zu groß.

Und da dachte ich mir: Du kannst jetzt in deinem Zimmer sitzen und rumjammern oder selbst etwas tun. Und so entstand die Idee, selbst eine Organisation zu gründen, wo gute Ideen einfach umgesetzt werden können, weil es möglich ist, wenn engagierte Menschen ihre Zeit und ihr Know-how zur Verfügung stellen. Außerdem war es mir wichtig, dass alle Aktivitäten sich dadurch auszeichnen, dass sie FÜR etwas sind, d. h. zum besseren Miteinander beitragen. Ich will dem Negativen nicht so viel Raum geben, sondern einen positiven Gegenentwurf sichtbar und spürbar machen. Ich will mich nicht damit aufhalten, was alles nicht möglich ist, sondern meine Energie darauf verwenden Positives möglich zu machen. Zusammen mit acht anderen engagierten Menschen gründete ich also vor zehn Jahren den Verein, dessen Name auch Bestimmung ist: es geht darum, gemeinsam von- und miteinander zu lernen und gemeinsam zusammen zu leben – und dies nicht nur lokal, sondern in ganz Europa.

Und was motiviert mich auch dauerhaft – trotz der täglichen Anstrengungen und Mühen und des dauerhaften Risikos und der Unsicherheit?

- Vor allem die Hunderten von Menschen, die sich schon ehrenamtlich für uns und die Projekte engagiert haben. Ich habe so viele wunderbare Menschen kennen und schätzen gelernt.
- Und natürlich auch die Sinnhaftigkeit meines Tuns:
  - zu sehen, wie viel Gutes möglich ist, wenn man Menschen motiviert und unterstützt, sich ehrenamtlich für etwas Positives zu engagieren,
  - zu spüren, dass man wirklich dazu beigetragen hat, dass Menschen offener, toleranter, engagierter, qualifizierter etc. geworden sind,
  - zu erleben, dass Menschen, die oft Ausgrenzung und Diskriminierung erfahren, durch unsere Arbeit Freunde und Kontakte gefunden haben,

- und sich nicht mehr als »Opfer von Umständen« erleben, sondern selbst aktiv werden.
- Und natürlich auch die eigene Selbstwirksamkeit zu erleben: Ich kann dazu beitragen, dass die Welt ein bisschen besser wird.

Leider ist bürgergesellschaftliches Engagement nicht selbstverständlich; viele Vereine und Organisationen, wie noch in den folgenden Kapiteln problematisiert werden muss, leiden an sinkenden Mitgliederzahlen. Es ist anstrengend und aufwändig, Helfer für Projekte und Aktionen zu mobilisieren. Der Verein »Gemeinsam leben und lernen in Europa« organisiert deshalb seit einigen Jahren regelmäßig einen »Jahrmarkt des Ehrenamts«. Rund 30 gemeinnützige Organisationen aus verschiedenen Bereichen – Soziales, Internationales, Sport, Kunst, Natur, Umwelt- und Tierschutz – präsentieren sich mit Infoständen und kulturellen Darbietungen den Bürgern.

LITERATURTIPP

Einfach die Welt verändern. 50 kleine Ideen mit großer Wirkung, München und Zürich 2006.

3. Was macht Menschen zu Helden?

Gegenfolie: Lass das Amt den Dummen!

Selbstverständlich ist es in unserer Gesellschaft nicht, dass sich Menschen sozial engagieren; der Preis scheint hoch zu sein. Heiner Keupp beginnt sein Buch »Eine Gesellschaft der Ichlinge?«(Keupp 2000, 6) mit folgendem Gedicht, das im Internet meist Wilhelm Busch, aber auch Joachim Ringelnatz zugeschrieben wird:

Willst du froh und glücklich leben,
lass kein Ehrenamt dir geben.
Willst du nicht zu früh ins Grab,
lehne jedes Amt gleich ab.
Wieviel Mühe, wie viel Plagen,
wieviel Ärger musst du tragen.
Gibst viel Geld aus, opferst Zeit
und der Lohn? Undankbarkeit!
Drum rat ich dir im Treuen,
willst du Frau und Kind erfreuen,
soll dein Kopf dir nicht mehr brummen,
lass das Amt doch den anderen Dummen!

Was macht also Menschen zu Helden? Biologie und Neuropsychologie legen es nahe, dass es zwar kein Altruismusgen im Menschen gibt, das automatisch wirksam würde, aber die genetische Ausstattung des Menschen doch die neurobiologischen Werkzeuge für die Entwicklung des Sozialwesen Mensch bereitstellt; diese tragen dazu bei, dass Motivationssysteme entwickelt werden (siehe oben, A 1). Welche Mechanismen sind hier wirksam? Wieso greifen diese bei den einen Menschen, bei anderen aber nicht? »Warum manche Menschen Leben retten. Und andere nicht«, so »Der Spiegel« im Untertitel zu »Die Mutigen« (Nr. 11/11.3.2013). Wieso bleibt der eine zeitlebens ein Couch-Potato und der andere ein leidenschaftlicher Netzwerker und Sozialaktivist?

Zerreißt den Mantel der Gleichgültigkeit!

»Zerreißt den Mantel der Gleichgültigkeit, den Ihr um Euer Herz gelegt habt«, lautet der leidenschaftliche Aufruf in der fünften Flugschrift der Weißen Rose (Knab 2018, 231) – wir wissen aus der Zeitgeschichte, dass auch in der Zeit des Nationalsozialismus die Mutigen in der Minderheit waren.

Es sind selten hehre religiöse oder idealistische Ideale, die ein altruistisches Handeln auslösen, es ist häufig sogar umgekehrt – im Handeln entdeckt man ethische Prinzipien. Die bekannte Legende von Martin von Tours kann in diesem Sinne ertragreich für das gesamte »Helden-nebenan«-Projekt ausgewertet werden: In der Nacht nach der Begegnung mit dem Bettler erscheint Christus dem römischen Soldaten, bekleidet mit dem Stück von seinem Mantel. Daraufhin lässt sich der Heide Martin taufen. Das bedeutet: Martin kommt von der Ethik her zum Glauben. Ästhetik, achtsame Wahrnehmung, das ist also die Mutter ethischen Verhaltens; beides steht offen für eine religiöse Deutung. Martin beschenkt den Bettler nicht aus reflektiert christlichen Motiven heraus, zumindest wird das in der Legende mit keinem Wort erwähnt. Nach der Legende ist es erst Christus, der im Traum mit der Anspielung auf Mt 25,38 das Handeln Martins deutet: »Martinus, der noch nicht getauft ist, hat mich bekleidet.« Nach christlichem Verständnis sind Gottes- und Nächstenliebe die zwei Seiten derselben Münze; man sollte beides nicht gegeneinander ausspielen.

Wie oben bereits angemerkt wurde: Unsere Zivilgesellschaft benötigt für ihren inneren Zusammenhalt Personen, die spontan helfen, wo eine Kultur des Wegschauens herrscht. Was motiviert aber die einen zum altruistischen, samaritanischen Helfen und lässt die anderen gemäß dem Beispiel des Leviten und Priesters (Lk 10,25–37) achtlos vorbeigehen? Wie erwirbt man sich überhaupt die nötige Achtsamkeit, um im Alltag die Anforderungen des Augenblicks so aufzugreifen, dass sich ein kurzfristiges oder längerfristiges Engagement entwickelt? Begeben wir uns auf eine Spurensuche nach den Motiven!

Ein ganzes Motivbündel

Es gibt keine eindeutige Antwort auf diese Frage. Selten sind es konkrete Berufungserlebnisse, wie die christliche Legendenbildung häufig suggeriert – von Paulus über Franz von Assisi und Martin Luther bis hin zu Albert Schweitzer (die alle kein punktuelles Berufungserlebnis hatten!). Manchmal sind es Zufälligkeiten: Beispielsweise die Namensgleichheit mit einem Menschen in Not, spontane Begegnungen, eigene Eitelkeiten bei Anfragen für ein Engagement, eine zu erwartende gesellschaftliche Auszeichnung – also durchaus sekundäre Motive, die plötzlich eine neue Interpretation erfahren. Oder die Macht der Umstände – situative Bedingungen und Beziehungen, die ein Hineingleiten in ein engagiertes Handeln ermöglichen. Natürlich müsste man die Motivlage noch bezüglich der unterschiedlichen Herausforderungen unterscheiden, die die verschiedenen Handlungsfelder mit sich bringen: Wenn sich ein anderer Mensch in einer akuten Notsituation befindet, sind Spontanität und Entschiedenheit erforderlich, wenn jemand ein zeitlich kontinuierlich angelegtes Hilfsprojekt in Angriff nimmt, ist ein langer Atem nötig.

Vermutlich spielen mehrere Komponenten zusammen; Sozialforscher belegen, dass sich bei der Motivation für ein zivilcouragiertes Handeln kognitive, habituelle und affektive Aspekte miteinander verbinden. Einige zentrale, die bei den Personenporträts immer wieder aufscheinen, sollen angeführt werden:

• *Eltern und Erziehung*: Helden des Alltags weisen immer wieder darauf hin, dass das familiäre Umfeld und das Vorbild der Eltern von immenser Bedeutung sind. Die Fähigkeit zur Empathie wird durch Menschen im Umfeld geschult, die ein immenses Gerechtigkeits- und Verantwortungsempfinden haben. Diese Beobachtung scheint die Theorie der Spiegelneuronen zu bestätigen; gerade die Haltung der Empathie erwirbt man durch frühkindliche Erfahrungen: Man beobachtet, wie sich die Eltern andern gegenüber verhalten, wie sie reden, welchen Horizont sie haben. Oder ganz konkret: Man engagiert sich im selben Verein wie die Eltern. Aber nicht alle Kinder, deren Eltern sich sozial engagieren, handeln ebenso. »Werte lassen sich ja nicht verordnen«, meint Harald Welzer, »sondern sie vermitteln sich durch gelebte Praxis. So sind Helfer wahrscheinlich in sozialen Zusammenhängen groß geworden, in denen praktische Solidarität geübt worden ist« (Psychologie heute, Juli 2011, 70).

• *Der Anstoß von außen*: Viele Helden des Alltags berichten, dass sie selbst nicht auf die Idee gekommen wären, etwas zu unternehmen. Vielmehr seien sie von Nachbarn, Kollegen, Freunden oder Verwandten angesprochen worden, sich an einer Aktion zu beteiligen. Was hier mitschwingt: das Gefühl, von anderen gebraucht zu werden, und dies auch direkt hören zu können, und der Stolz, dass einem eine bestimmte Aufgabe zugetraut wird. Das deckt sich mit meiner Erfahrung, wenn es um das Anwerben von Studierenden für ein Projekt wie die Lernwerkstatt, die Mitarbeit in der Studierendenvertretung oder eine Exkursion geht: Von flächendeckenden Aufrufen in sozialen Medien an alle, mit denen wir heute tagtäglich überschüttet werden, fühlt sich niemand angesprochen. Ganz anders, wenn man Menschen persönlich motiviert, ihnen in die Augen sieht und sie ermutigt, sich eine Aufgabe zuzutrauen. »Wenn einer sagt, ich mag dich, du, ich find dich wirklich gut. Dann krieg ich eine Gänsehaut und auch ein bisschen Mut«, lautet die erste Strophe des bekannten Kindermutmachlieds von Andreas Ebert aus der Sacropopkultur. Die konsequente Fortführung der zweiten Strophe: »Wenn einer sagt, ich brauch dich, du, ich schaff es nicht allein …« Der Psychologe Philipp Zimbardo spricht hier vom Domino-Effekt: »Jeder von euch kann ein Held sein. Helden erzeugen einen Dominoeffekt in der Gesellschaft und vermehren das Gute in der Welt« (Rauner 2019, 60).

- *Zufälle*: Oft sind es Zufälle, die spontanes Handeln auslösen – Namensgleichheiten zwischen einer hilfsbedürftigen Person und einem selbst: Leah Spitzenpfeil (siehe Kap. B 10) fühlte sich irgendwie ergriffen, als sie von einem leukämiekranken Kind hört, das denselben Vornamen wie sie trägt: »Das könnte auch ich sein.« Die vierjährige Florence möchte nach dem gleichnamigen Hurrican den Namen wieder positiv besetzen und sammelt in der Nachbarschaft unverderbliches Essen und Hygieneartikel für die Opfer (PNP 224/27.9.18, 18). Matthias Geiger, der mit drei weiteren Musikanten durch Bayern tourt (PNP 100/30.4.2019, 8), um für die Stiftung Knochenmarkspende Erlöse zu sammeln, war betroffen von der Leukämiekrankheit eines 6-Jährigen, da sein Sohn im gleichen Alter war.
- *Die Macht der Umstände*: Man sollte bei der Ermittlung von Motiven für sozialaltruistisches Handeln die Trauben nicht zu hoch hängen, empfehlen Sozialwissenschaftler (Schreiber 2011): Oft ist es die Macht der Umstände, z. B. die Beziehungen, situativen Bedingungen und sozialen Verpflichtungen. Zwei Beispiele aus dem Dritten Reich: Helene Jacobs bewahrte ihren jüdischen Chef und Mentor vor der Verhaftung durch die Nazis und stieg so in eine Helferkarriere ein; Oskar Schindler war eine

Spielernatur, der zu Wagemut neigte – allmählich entdeckte er immer neue Handlungsspielräume und wurde zum Retter von über 1200 Juden. Wie das Ergebnis einer empirischen Studie (in: Meyer u. a. 2004, 70–84) zeigt, spielen viele Faktoren zusammen, wenn Menschen zivilcouragiert handeln: Sie nehmen wahr, dass das Wert- oder Gerechtigkeitsempfinden verletzt wird, sie fühlen sich stark genug, um Verantwortung für andere zu übernehmen (was durch die emotionale Nähe zur gefährdeten Person unterstützt wird), sie bringen bereits soziale und moralische Kompetenzen mit (die man dann aber auch unterrichtlich fördern kann) – und die Situation erweist sich als günstig. Es handelt sich häufig um Personen, die zumindest informell eine Führungsrolle einnehmen und interessanterweise in der Regel weniger konformistisch orientiert sind, wodurch sie bereit sind, mutig für andere einzutreten. Nicht umsonst steckt im Wort »courage« ja das französische Wort »coeur«, Herz – Affekte und rationale Gründe spielen zusammen.

- *Achtsamkeit*: Entscheidend aber ist, dass sich – sicher motiviert durch ein Konglomerat von verschiedenen Impulsen – die Haltung der Achtsamkeit entwickelt. Diese hat Stephan Ozváth bei seiner Reportage über Berliner Helden des Alltags entdeckt; der zivilcouragierte Michael äußert sich so: »Naja, man kommt hin, sieht, dass dieser Mensch in Not ist. Und da war für mich nur noch ausschlaggebend: Jetzt muss was passieren. Es war nicht so, dass sich da im Kopf irgendwas abgespielt hätte. Sondern ich habe einfach nur noch instinktiv gehandelt.« (Mendl 2015, 98). Die Fähigkeit zur achtsamen Wahrnehmung, die Ästhetik, scheint die Mutter der Ethik zu sein: »Samaritanische Aufmerksamkeit ist Vorbedingung für Samaritanisches Helfen« (Bitter 1987, 926), formuliert dies Gottfried Bitter in Anspielung auf die biblische Beispielerzählung vom barmherzigen Samariter (Lk 10,25–37). Viele der im Folgenden präsentierten Personen kennzeichnet diese Haltung der Achtsamkeit: So motivierte die Wahrnehmung eines Schicksalsschlags einer 10-Jährigen Menschen in Passau zur ersten Aktion und dann zur Gründung des Vereins »mia fia di« (siehe unter Kap. B 12). Es geht darum, mit wachen Augen durch die Welt zu gehen. Helden des Alltags sind durch Achtsamkeit und Empathie gekennzeichnet; sie sind fähig, die Welt von verschiedenen Gesichtspunkten aus zu betrachten: »Ich würde mich auch freuen, wenn ...« lautet ein häufig geäußerter emphatischer Spruch.

• *Sozioökonomischer* Status: Betrachtet man die Fragestellung, wieso die einen Helden werden und die anderen lieber Couch-Potatoes bleiben, soziologisch, so tut sich leider eine sozioökonomische Schere auf: Personen aus höheren Schichten (höherer Bildungsabschluss) und guter beruflicher Situierung sind deutlich häufiger und dauerhafter engagiert als Personen aus sozialen Schichten mit niedrigeren Bildungsabschlüssen bzw. fehlenden Ausbildungsabschlüssen (Simonson/Vogel/Tesch-Römer 2017, 439–464), wobei sich die einzelnen Faktoren miteinander verbinden: Die Wahrscheinlichkeit, dass sich jemand gesellschaftlich engagiert, steigt, wenn man einen höheren Berufsabschluss und einen guten Job hat und über finanzielle Ressourcen verfügt. Als umso wichtiger erscheint es, sowohl die gesellschaftlichen Rahmenbedingungen zu schaffen (z. B. die finanzielle Entlastung von Ehrenamtlichen) als auch in Schulen ein Verständnis von Diakonie zu vermitteln, das immer ein doppeltes ist: die eine Seite ist die Möglichkeit, Hilfe zu erhalten, die andere, Hilfe zu geben. Deshalb sind gerade an Haupt- und Mittelschulen Projekte so wichtig, mit denen die Schülerinnen und Schüler dazu motiviert werden, selbst sozial aktiv zu werden und sich nicht nur als Empfänger sozialer Zuwendung zu verstehen.

• *Dankbarkeit*: Viele Helden des Alltags, die gerade aus den sozioökonomisch besser gestellten Milieus stammen, reflektieren darüber, dass sie zur privilegierten Gruppe dieser Erde und dieses Landes zählen. Sie sind dankbar für das, was ihnen selbst im Leben erfahren ist. Ute Senff, die Leiterin der Tafel in Passau, drückt dies so aus: »Ich lebe auf der Sonnenseite, davon möchte ich anderen etwas abgeben« (siehe Kap. B 1). Ursula Beerschneider, die sich beim häuslicher Besuchsdienst der Malteser engagiert, meint: »Ich bin damit aufgewachsen, dem Nächsten etwas zurückzugeben für die wunderschöne Zeit, die ich in meiner Jugend hatte.« Das ist ihre Motivation für den Besuchsdienst, und sie fügt hinzu: »Wir sind beide froh. Wer die Besuche macht, profitiert ja auch selber davon.« (Thomas Seider, Zu Besuch bei einem lieben Menschen, in: PNP 296/22.12.2018, 24). Franz Xaver Hirtreiter, der seit vielen Jahren ein schwieriges Hilfsprojekt in Tansania unterstützt und ein Buch zum Projekt herausgebracht hat, dessen Erlös speziell dem Weiterbau des Krankenhauses in Kilimahewa zugutekommt, sagt: Er habe in seinem Leben einfach sehr viel Glück erfahren; davon möchte er etwas zurückgeben (PNP 122/27.5.2019, 35).

• *Werthaltung und soziales Engagement*: Menschen, denen Solidarität und Kreativität als Werte wichtig sind, engagieren sich deutlich häufiger als solche, für die Sicherheit an erster Stelle steht (Simonson/Vogel/Tesch-Römer 2017, 485–498). Das bedeutet, dass Menschen, die aus verschiedenen der bisher genannten Gründen heraus eine humane Grundvoraussetzung entwickeln und es für wichtig erachten, anderen Menschen zu helfen, dies in den ihnen als angemessen erscheinenden Formen auch tun. Dass die Gestalt des ehrenamtlichen Engagements nicht unwichtig ist, verdeutlicht das Ergebnis, dass Menschen in einem ehrenamtlichen Arbeitsfeld auch ihre Kreativität ausleben wollen – gemeinsam mit anderen, die ähnlich gestrickt sind!

• *Religiöse Motivation*: Soziologische Studien ergeben, dass sich die Anteile freiwillig Engagierter deutlich nach Konfessionszugehörigkeit unterscheiden: Mitglieder der Katholischen Kirche und der Evangelischen Kirchen sind anteilig überdurchschnittlich häufig engagiert, weit mehr als Menschen ohne Konfessionszugehörigkeit. Das verwundert nicht, enthält doch gerade das Christentum konkrete ethische Weisungen (Dekalog, Bergpredigt) für ihre Mitglieder bereit. Was allerdings nachdenklich stimmt, ist, dass demgegenüber die Mitglieder islamischer Religionsgemeinschaften weniger engagiert sind als Christen; das könnte aber mit dem niedrigeren sozioökonomischem Status der Muslime in Deutschland zusammenhängen (Simonson/Vogel/Tesch-Römer 2017, 235–252). Auch in Jugendstudien wird immer wieder erkennbar, dass religiös orientierte Jugendliche eine höhere Hilfsbereitschaft für sozial Benachteiligte aufweisen.

• *Gemeinschaft und Spaß*: Immer wieder scheint durch, dass ein Engagement für andere Spaß macht; hier verbinden sich zwei Motive, zum einen der Eventcharakter der Aktion und zum anderen die Aktivität in Gemeinschaft, das Netzwerken und ein Engagement, das Generationen miteinander verbindet: So freuen sich die (älteren) Mitarbeiter der Tafel (siehe Kap. B 1) darüber, dass junge Studentinnen und Studenten mithelfen; die sportlich Aktiven halten sich gemeinschaftlich fit, gehen an ihre körperlichen Grenzen (siehe Kap. B 17) und »ersporteln« Spendengelder, und auch die Jugendlichen, die bei der Aktion »Uns schickt der Himmel« (siehe Kap. B 9) mitwirken, schätzen das Tun mit Gleichgesinnten. Darin besteht letztlich der »Lohn« der Arbeit – die Befriedigung über das soziale Tun und die soziale Anerkennung, eine Tendenz die zutiefst im Menschen angelegt ist (siehe Kap. A 1) und letztlich der Tarif ist, mit dem Helden des Alltags bezahlt werden (siehe dazu Kap. A 4). Schließlich: Auch für Papst Franziskus zählen »Freude und der Sinn für Humor« (Gaudete et exsultate 122–128) und das Tun »in Gemeinschaft« (ebd. 140–146) zu den zentralen Merkmalen der Heiligkeit in der Welt von heute!

• *»Helfen macht glücklich«*, lauten Ergebnisse der Glücksforschung, die Judith Wischhof in einem Internet-Beitrag vorträgt (vgl. Wischhof); ihre drei Gründe lauten: Steigerung des Selbstwertgefühls, erfahrene Dankbarkeit, Verbundenheit mit anderen Menschen. Und sie zitiert einen Poesie-Albums-Spruch aus der Feder von Johann Wolfgang von Goethe: »Willst du glücklich sein im Leben, trage bei zu and're Glück. Denn die Liebe, die wir geben, kehrt ins eig'ne Herz zurück.« In einem Kommentar zu diesem kurzen Beitrag äußert sich ein User so: »Hallo Frau Wischhof, ich selbst konnte diese unglaublich positive Erfahrung machen, als ich mit vielen anderen, teils mir fremden Menschen, in Deggendorf-Fischerdorf mit Hand angelegt habe [der Verfasser bezieht sich auf das Jahrtausendhochwasser von 2013]. Noch heute bekomme ich eine Gänsehaut, wenn ich anderen davon erzähle, was es für eine positive Stimmung gewesen ist. Es gibt nichts Besseres als fremden Menschen ohne eine Gegenleistung zu erwarten zu helfen; deren Dankbarkeit ist Lohn genug. Von dieser Aktion bin ich zurück gekehrt mit dem Gefühl, dass es nicht nur Egoisten gibt, sondern viele tolle Menschen (jeden Alters und Geschlechts), die wissen, was zu tun ist und wann sie gebraucht werden. Schade, dass es dazu erst eines 500jährigen Rekordhochwassers bedarf.« Die Folge des ehrenamtlichen Engagements scheint also eindeutig zu sein: Wer sich für andere engagiert, dessen Lebenszufriedenheit steigt (z. B. auch: Münkler/Münkler 2016, 51).

Fazit: Jeder kann ein Held werden – wenn die Umstände passen und man die Gelegenheit ergreift. Philip Zimbardo prägt die Beschreibung »Helden in Warteposition«: »Wir alle sind Helden in Warteposition. Wenn wir Heldentum als Teil der menschlichen Natur betrachten und nicht als seltene Charaktereigenschaft einiger Auserwählter, dann können wir in jeder Gesellschaft heroisches Handeln fördern« (Rauner 2019, 61). Zimbardo hat dafür ein Übungsprogramm entwickelt. Zwei Grundgedanken des Programms lauten: 1. *Seid keine bystander, seid upstander.* – Man sollte die erste Person sein, die eine soziale Norm durchbricht und einem anderen hilft, das wirkt dann weiter. 2. *Growth mindset statt fixed mindset* bei der Erziehung: Ein Wachstumsdenken bedeutet, den Kindern keine Rückmeldungen zu geben, die von einer starren Persönlichkeit ausgehen (»Du bist ... dumm, clever ...«), sondern die Bemühung loben bzw. kommentieren (»du hast dich angestrengt ... dich blöd verhalten«).

Was macht den Helden zum Helden? – 11 Kennzeichen

Wieso werden Menschen zu Helden? Letztlich ist das immer ein Akt der Freiheit und letztlich ein Wunder. Was wir aber beschreiben können, ist, wie Helden gestrickt sind. In thesenartiger Form sollen im Folgenden einige Erkenntnisse gebündelt werden:

1. Helden brauchen ein Umfeld und einen Anstoß

Das familiäre Umfeld, der Anstoß durch andere, die sich engagieren und ein Gerechtigkeits- und Verantwortungsempfinden haben, motiviert Menschen, zivilgesellschaftlich tätig zu werden. Helden des Alltags kommen aus einem sozialaltruistrischen Umfeld, sie sind gerne mit anderen Menschen zusammen aktiv und sie engagieren sich für Menschen im Nah- und Fernbereich.

2. Helden sind (fast) ganz normal

Der Charme der *Helden von nebenan* oder *der Helden auf Augenhöhe* besteht darin, dass sie Menschen sind *wie du und ich*. Sie leben in den meisten Facetten ihres Alltags ganz normal, gehen in die Schule oder sind in einem Beruf tätig, haben ihre Sorgen und Nöte, ihre Hobbies und Vorlieben, ihre Stärken und Macken. Sie haben sich aber dafür entschieden, in einem Segment ihres Lebens einen Ausflug in gute Welten zu wagen. Die Botschaft, die von diesen Alltagshelden ausgeht, lautet: Du musst nicht ganz aus der Wohlstandsgesellschaft und aus deiner Komfortzone aussteigen, du darfst auch kleine Brötchen backen! Wage immer wieder Ausflüge in gute Welten!

3. Helden gehen mit wachen Augen durch die Welt

Was Helden vor allem auszeichnet, sind die Haltungen der Achtsamkeit und Empathie: Leid, Not und Unglück lassen sie nicht unberührt. Sie sind vielmehr emphatisch, leidenschaftlich und engagiert. Sie schauen über den Tellerrand des eigenen Ichs hinaus. Das hängt mit der Prägung und Beeinflussung durch andere zusammen, ist aber immer auch das Ergebnis einer eigenen Lebensentscheidung.

4. Helden wachsen in ihr Heldengewand hinein

Viele Helden wachsen schrittweise in ihr Engagement hinein. Sie geraten zufällig oder durch andere motiviert hinein, beschnuppern eine Aktion, beginnen mit kleinen Schritten. Das führt aber häufig zu regelmäßigeren und intensiveren Formen der Beteiligung oder gar zu einem lebenslangen Engagement. All dies prägt eine Lebenseinstellung, die von Empathie, Altruismus und Engagement gekennzeichnet ist.

5. Helden handeln auch »auf Zeit«

In postmoderner Vielfalt tut man sich mit der Entscheidung für eine lebenslange Bindung an ein Projekt schwer. Gerade das Jugendalter ist bedeutsam für die Suche nach einer vorläufigen eigenen Identität; man erprobt das Leben im Weltzusammenhang. Manche Menschen, vor allem Jugendliche, engagieren sich auf Zeit, aber irgendwann endet das Engagement auch wieder: Studium, Beruf, Karriere und Familie werden wichtiger. Das ist völlig legitim. Aber deutlich wird bei vielen Helden des Alltags: Auch ein zeitweiliges Engagement verändert die Einstellung zum Leben, prägt Werthaltungen und Lebensstil.

6. Helden sind kreativ und spontan

Gerade zivilcouragierte Menschen denken nicht groß nach, bevor sie handeln. »Ich hab einfach funktioniert«, sagt ein Lebensretter. Freilich werden dann beim Nachdenken basale Einstellungen deutlich, die überhaupt zu einer achtsamen Wahrnehmung und Empathie befähigten. Das wiederum hängt mit Punkt 1 zusammen – die Umgebung und die Vorbilder, die zur Schulung dieser Haltung beigetragen haben. Helden des Alltags haben offene Augen und ein weites Herz, sie kleben wenig an Sicherheiten und sind bereit für spontane Aktionen.

7. Helden sind hartnäckig

Haben sie Blut geleckt, so arbeiten Helden des Alltags hartnäckig an ihrem Projekt, auch im Bewusstsein, dass sie damit anderen Lebensoptionen eine Absage erteilen. Nicht selten führt das zu Konflikten in der Familie und im Freundeskreis. Aber nur dadurch, dass sie einen langen

Atem haben und mit planvollen Strategien zäh für ihr Projekt ringen und manchmal anderen Menschen auf die Nerven gehen, können sie ihr Projekt vorwärtstreiben. Gelegentlich kommt es aber freilich vor, dass ein Alltagsheld einen Tunnelblick entwickelt und nur noch das eigene Projekt sieht.

8. Nachfolge ist (auch) religiös motiviert

Viele Local heroes begründen ihr Engagement religiös: Sie sind zutiefst geprägt von einem Glauben, der sich nicht nur auf die vertikale Gott-Mensch-Beziehung auswirkt, sondern auch auf der horizontalen zwischenmenschlichen Ebene wirksam wird. Dankbarkeit für ein von Gott geschenktes Leben spielt dabei eine große Rolle. Die Helden des Alltags tragen aber ihren Glauben nicht wie ein Ritterschild vor sich her. Vor allem Jugendliche sind zurückhaltend, selbst ein eindeutig religiös konnotiertes Engagement (als Jugendgruppenleiter, als Mesner, als Ministrant, als Missionar auf Zeit) mit explizit religiösem Vokabular zu begründen. Das ist meines Erachtens auch nicht nötig, denn Menschen- und Gottesliebe sind hier tatsächlich die zwei Seiten einer Medaille, und grundlegende religiös relevante Kategorien beziehen sich auch auf das menschliche Mit- und Füreinander, wenn man nur die Gebote des Dekalogs, die Antithesen der Bergpredigt oder die Werke der Barmherzigkeit (Mt 25) ansieht.

9. Helden haben Spaß

Menschen sind bereit, sich zu engagieren, wenn weitere Bedingungen erfüllt sind: Das Engagement muss zeitlich eingegrenzt sein (siehe Punkt 4), es muss in einer Gemeinschaft von Gleichgesinnten und auf selbstbestimmte Weise erfolgen und es sollte den Charakter eines Events tragen. Und: Die Motivationsdroge Dopamin führt dazu, dass sich Menschen, die anderen helfen, glücklicher fühlen! Wer sich engagiert, ist lebenszufriedener!

10. Helden sind bescheiden

Was die wahren Helden des Alltags so sympathisch macht: Sie sind bescheiden! Wenn Menschen erfahren, dass sie auf unserer Local-heroes-Homepage gelandet sind, dann lautet die Standardreaktion meist so: »Ich bin doch kein Held!« – »Das war doch nichts Besonderes!«

Gleichzeitig sind sie natürlich stolz auf ihr Handeln (»Das ist wirklich eine große Ehre für mich!«), aber sie prahlen nicht. Und sie betonen immer wieder, wie sehr sie selbst von ihrem Handeln profitieren.

11. Helden handeln kostenlos, aber nicht umsonst

Helden des Alltags investieren Zeit und manchmal auch Geld: Ihr Lohn (siehe ausführlicher: Kap. A 4) besteht nicht im Materiellen, sondern im Ideellen: Wichtig sind die Anerkennung des Umfelds und durch die Öffentlichkeit. Helden profitieren aber fürs eigene Leben, sie erwerben Kompetenzen, die sie auch in anderen Lebensbereichen und im Beruf brauchen können: organisieren, motivieren, präsentieren, reflektieren … Ihr Wert für die Gesellschaft ist unbezahlbar!

4. Wie werden Helden bezahlt?

»Ehrenamt ist keine Arbeit, die nicht bezahlt wird. Ehrenamt ist eine Arbeit, die unbezahlbar ist« (Internet-Fund).

Es gibt Dinge, die man nicht kaufen kann. Mit einer »Unbezahlbar«-Kampagne warb vor einigen Jahren eine Kreditkartenfirma. Auch Helden sind unbezahlbar. Oder werden Helden bezahlt? Zunächst einmal liegt es in der Logik des *Ehren*amts, dass man für die hier geleistete Arbeit keinen Lohn erhält. Im Gegenteil: Ehrenamtlich Tätige investieren viel Lebenszeit, Energie und häufig finanzielle Ressourcen, und sei es nur die Fahrtkosten für ein Projekt oder die mitlaufenden Beträge für Arbeitsplatz, Telekommunikation oder Kleidung.

Öffentliche Ehrung

Die Gesellschaft belohnt die Helden zunächst nicht materiell, sondern ideell: Sie verleiht ihnen den Status eines Heroen. So ehren staatliche, gesellschaftliche und kirchliche Institutionen verdiente zivilcouragierte Personen bei den entsprechenden Gelegenheiten. Auch die Massenmedien präsentieren herausragende Persönlichkeiten, z. B. bei den Jahresrückblicken, bei Jubiläumsveranstaltungen für altruistische Helden und mit eigenen Sendungen. Einzelne Länder verleihen spezielle Ehrenamtspreise und vom Bund gibt es für herausragende Persönlichkeiten das Bundesverdienstkreuz. Der bundesweite Ehrenamtspreis »RTL Com.mit Award« wurde im Jahr 2019 unter dem Motto »Local Heroes – Landleben läuft. Durch dich!« für ein besonderes Engagement von jungen Menschen auf dem Land verliehen.

Für Blutspender finden regelmäßig größere und kleinere Ehrungen statt. Die Landesstelle für Jugendarbeit in Bayern verleiht regelmäßig einen »Preis für Zivilcourage«. Der »Aktionskreis Frieden und Gerechtigkeit« in Eichstätt prämiert seit vielen Jahrzehnten Personen und Einrichtungen mit dem »Shalom-Preis« (https://ak-shalom.com). Universitäten loben Preise für das ehrenamtliche Tun von Studierenden aus. … und so weiter!

Einige Beispiele, wie konkrete Helden des Alltags geehrt wurden, aus dem Fundus der Helden aus unserer Datenbank: Dr. Matthias Haun erhielt 2016 das Bundesverdienstkreuz für sein Engagement als Arzt in Krisengebieten und armen Ländern; Margaretha Fischer (siehe Kap. B 8) bekam schon vor Längerem das Bundesverdienstkreuz sowie den Bayerischen Verdienstorden und ist im Herbst 2019 in Indien für den »Padma Award«, eine der höchsten zivilen Auszeichnungen dort, nominiert. Stellvertretend für die gesamte Initiative »Passau räumt auf« wurde Organisatorin Dorothea Will beim Helferfest der Stadt Passau am 8. September mit der Fluthelfernadel der Stadt Passau und mit dem Großen Preis der Stiftung »Filippas Engel« ausgezeichnet, außerdem von der Universität Passau geehrt und im Jahr 2013 mit dem Sonderpreis »Hochwasser-Helfer« des Deutschen Bürgerpreises bedacht; dessen Jury lobte die Initiative als »schnell, unbürokratisch, zielgerichtet und sehr erfolgreich«; »Passau räumt auf« sei zu einem Vorreiter online-basierten Engagements in Deutschland geworden (https://regiowiki.pnp.de/wiki/Passau_räumt_auf). Ute Senff (siehe Kap. B 1) bekam im Jahr 2018 in Würdigung ihres jahrelangen Engagements die Ehrennadel der Stadt Passau für Verdienste im Ehrenamt. Der Verein »Gemeinsam leben & lernen in Europa« erhielt im Jahr 2019 für seine vorbildliche inklusive Ehrenamtsschulung den Bundesinklusionspreis. Die Stiftung der »Passauer Neuen Presse« »Von Mensch zu Mensch« lobt regelmäßig einen Sozialpreis für Schulen aus. Prämiert wurden im Jahr 2019 das »BeFair«-Team des Gymnasiums Waldkirchen für den Verkauf einer fair produzierten Waldkirchner Stadtschokolade, die Fair-Future-Projekte (z. B. ein beeindruckendes Theaterstück zum Thema Zivilcourage) des Robert-Koch-Gymnasiums Deggendorf und die »AFGF Soziale Verantwortung« des König-Karlmann-Gymnasiums Altötting für eine Plakataktion, mit der gegen Vorurteile angegangen werden soll. Berichte und Bilder in der Tagespresse sind Teil der Wertschätzung, die diese und weitere Schulprojekte öffentlich erfahren (z. B. Sandra Niedermaier, Mit kreativen Ideen gegen die Ellenbogengesellschaft, in: PNP 162/16. Juli 2019, 8).

Es ist üblich, dass Vereine regelmäßig ihre Mitglieder ehren – sei es »nur« für viele Jahre aktiver oder passiver Mitgliedschaft, sei es aber auch für besondere Verdienste. Angelika Mückl beispielsweise wird für 35 Jahre Mitarbeit bei den Gelben Engeln (siehe Kap. B 10) mit einer Ehrenurkunde und dem Ehrenamtsnachweis gewürdigt, weitere Personen für 20, 15 und 10 Jahre, Inge Klemm wird nach 19 Jahren verabschiedet, sie erhält lobende Worte von der Einsatzleiterin: Sie sei nicht nur für die Patienten da gewesen, sondern auch für die Gruppe. Sie habe immer wieder ausgeholfen und durch ihre unterstützenden Worte das Team bereichert. Sie zitiert aus einem Gedicht: »Es gibt so viele Dinge, die man nicht mit Geld bezahlen kann, wohl aber mit einem Lächeln, einer Aufmerksamkeit.« Was könnte man Größeres schenken als Zuneigung und Empathie (Theresia Wildfeuer, Einen Engel für die »Gelben Engel«, PNP 294/20.12.2018, 25)? Viele Vereine weisen auf ihren Homepages auf die Auszeichnungen hin, die ihnen selbst erwiesen wurden, z. B. der Verein »Gemeinsam leben & lernen in Europa e. V.« (https://gemeinsam-in-europa.de/).

Neben den großen Ehrungen sind auch kleinere Gesten der Wertschätzung von Bedeutung – die jährliche Einladung von Ehrenamtlichen einer Gemeinde oder eines Landkreises. Dazu nur ein Beispiel: Das Kreisjugendamt Passau lädt Pflegefamilien im Passauer Land regelmäßig zu einer Adventsfeier ein und überreicht ihnen kleine Geschenke »als Zeichen der Wertschätzung und des Dankes« (PNP 292/18.12.2018, 29). Oft erfolgt ein positives Feedback unmittelbar nach einer guten Tat: So ist der Bürgermeister von Zwiesel, Franz Xaver Steiniger, stolz auf Roland Schneiderbauer, der mutig einen verletzten Lastwagenfahrer gerettet hatte, der in seinem demolierten Führerhaus eingeklemmt war (siehe Kap. B 11) (PNP 145/26.6.2019, 3).

Die Wertschätzung der Helden von nebenan kommt in Vorträgen, Predigten und Festansprachen zum Ausdruck. Ein Beispiel: Der Schulleiter des Adalbert-Stifter-Gymnasiums in Passau stellte in seiner Ansprache beim Weihnachtskonzert der Schule die Weihnachtsgeschichte von dem Kind in der Krippe als »Plädoyer für Leben und Frieden« vor und lenkte die Gedanken auf Vorbilder von Menschen in Vergangenheit und Gegenwart, die mit der Kraft ihres Glaubens, ihrer moralischen Stärke und selbstlosem Mut immer wieder Gutes getan und segensreich gewirkt hätten – im Kleinen oder im Großen. Er machte auf pflegende Angehörige und auf Mitarbeiter von Palliativstationen aufmerksam, verwies auf Menschen, die in der Entwicklungshilfe Unterernährung bekämpfen oder nach Bombenangriffen beziehungsweise nach Erdbeben-Katastrophen Verschüttete ausgraben (PNP 291/17.12.2018, 22).

Auch die Porträts von Helden des Alltags in der Presse stellen einen Akt der öffentlichen Ehrung dar: Regional werden immer wieder in verschiedenen Zeitungen und Journalen »Alltags-Helden« präsentiert. Die Local-heroes-Datenbank ist hier der Nutznießer, weil wir für unser Projekt diese Beiträge abschöpfen.

Und schließlich trägt auch unser Projekt einer Datenbank mit Local heroes, das ja von der Intention her ein pädagogisches Projekt ist, mit dem Kinder und Jugendliche Beispiele für ein gelingendes Leben zugespielt bekommen und lernen sollen, damit zu arbeiten (siehe dazu C 1), zur öffentlichen Ehrung der Alltagshelden da. Wir greifen in der Regel auf bereits in der Presse publiziertes Material zurück. Wie bereits oben schon erwähnt: Die Helden des Alltags sind dann aber erstaunt, wenn sie erfahren, dass der Beitrag über ihr Tun auch Eingang in unsere Helden-Datenbank gefunden hat: »Ich bin doch gar kein Held!« – »Das war doch nichts Besonderes!« – »Das würde doch jeder machen!«, lauten häufig die ersten verlegenen Reaktionen. Nein, das würde nicht jeder machen, und nein, das ist schon was Besonderes! Im zweiten Anlauf merkt man den auf diese Weise öffentlichen Geehrten dann doch an, dass sie stolz auf die Tatsache sind, dass sie in die Datenbank aufgenommen wurden.

Materielle Entschädigungen für Ehrenamtliche?

Darüber hinaus wird aber auch die Meinung geäußert, dass die vielen ehrenamtlich Tätigen, ohne die unsere Gesellschaft nicht funktionieren würde, nicht nur ideell, sondern in Maßen materiell entlohnt werden müssten. Im Bereich des Sports werden Übungsleiterpauschalen gezahlt; bei manchen Einrichtungen gibt es Aufwandsentschädigungen, z. B. in Form eines Kilometergelds, kostenlose Fortbildungsmaßnahmen oder die Möglichkeit, die Infrastruktur der Einrichtung auch privat zu benutzen. Viele Kommunen bieten Ehrenamtskarten an, mit denen Ehrenamtliche bei kommunalen Einrichtungen Vergünstigungen erhalten. Überlegt werden Möglichkeiten einer steuerlichen Berücksichtigung des ehrenamtlichen Engagements und eine Anrechnung auf die Rentenzeiten.

Unbestritten sind dabei Formen der Kostenerstattung für den entstandenen Aufwand; dies kann dazu beitragen, dass sich Menschen engagieren, die sich wegen ihres sozioökonomischen Status (siehe oben, Kap. A 3) nicht beteiligten würden. Als problematisch erscheint eine Geldzuwendung darüber hinaus. In der Sozialforschung wird bezweifelt, ob ein monetärer Anreiz als klassische Form der extrinsischen Motivation zu einem Anstieg der Engagierten im Bereich des Ehrenamts führt. Es wird sogar davor gewarnt, einen zu starken materiellen Anreiz zu schaffen: Denn ehrenamtlich Tätige sind zunächst einmal intrinsisch motiviert; sie handeln nicht wegen einer zusätzlichen Belohnung, sondern weil sie das Tun für sinnvoll erachten, weil sie das Gefühl haben, gebraucht zu werden und helfen zu können. Es besteht die Gefahr, dass durch eine Geldzahlung die intrinsische Motivation sinkt; als Beispiel wird die Blutspende herangezogen: die Bereitschaft dazu sinkt bei der Zahlung eines Honorars, anstatt, wie gewünscht, zu steigen (Simonson/Vogel/Tesch-Römer 2017, 378).

Übrigens scheint auch auf der »Kunden«-Seite der Respekt vor dem reinen Ehrenamt größer zu sein als vor dem klassischen bezahlten Sozialarbeiter: Ute Senff, Leiterin der Tafel in Passau, erwähnt im Interview (siehe Kap. B 1), dass mancher missmutiger Kunde verstummt, wenn der Hinweis erfolgt, dass die Mitarbeiter der Tafel freiwillig, unentgeltlich, also ehrenamtlich arbeiten.

Dankbarkeit der Beschenkten

Blumen, Rosen und Astern sowie eine Flasche Kräuterschnaps bringt Lena Formanowicz mit, um sich bei Horst Hoffmann zu bedanken, der sie drei Jahre zuvor aus dem Wagen gezogen hatte (Der Spiegel 11/2013, 58); außerdem ein Tattoo am linken Arm mit dem Datum des Unfalltags, verbunden mit den chinesischen Schriftzeichen für Glück und Leben. Das ist Hoffmann mehr wert als die Rettungsmedaille des Landes Nordrhein-Westfalen, die er vom Bürgermeister erhalten hat. Alltagshelden weisen immer wieder darauf hin, dass die Dankbarkeit der Beschenkten oder Kunden für sie Lohn genug für ihre Arbeit ist. Auch die Beobachtung, dass eine Aktion von Erfolg gekrönt ist, motiviert die Aktiven: Wenn beispielweise eine finanziell vom Verein »Kinderhilfe Holzland« unterstützte Familie dann wieder auf eigenen Beinen stehen kann, dann freuen sich die Initiatoren. Hermann Fisch, der im Bayerischen Roten Kreuz mitarbeitet, meint, dass die Dankbarkeit der Patienten sein Lohn für die ehrenamtliche Arbeit sei: »Oft kann ich jemanden beruhigen, weil ich da bin. Aber manchmal kann ich auch Leben retten« (siehe in der Datenbank: Lebensretter, Fisch). Franz Kargus (Ehrenamt, Kargus), der bei der Tafel in Hutthurm ehrenamtliche Lieferfahrten übernimmt,

bekommt zwar kein Geld für diese Fahrten, dafür aber einen anderen Lohn: »Das gibt mir einfach etwas, wenn ich jemandem helfen kann«, versucht er zu erklären, was für ihn ganz selbstverständlich ist. »Ich hab' immer versucht, jedem zu helfen. Und so bin ich immer noch. Es macht mir Spaß.« Und nicht nur ihm, wie er weiß: »Die Leut' sind froh, wenn jemand zu ihnen kommt. Dann kann man auch mal ein paar Worte reden. Aber nicht zu viel, denn der Nächste wartet dann schon.«
Andererseits schmerzt es Helden des Alltags natürlich verständlicherweise, wenn eine positive Rückmeldung ausbleibt, wie das beispielsweise beim Lebensretter Georg Ochsenbauer (siehe Kap. B 11, Lebensretter) der Fall war.

Selbstwertgefühl und Lebenskompetenz

»Es geht unseren Mitarbeitern darum, Menschen in Not zu helfen. Dafür sind sie bereit, Risiken einzugehen und auf vieles zu verzichten. Andererseits erhalten sie sehr viel zurück. Ihr Einsatz rettet Menschenleben. Das ist ein großer Lohn. Zudem berichten unsere Ärzte, Krankenschwestern, Pfleger und Hebammen immer wieder, wie viel sie im Einsatz lernen. Im Krisenland lernen sie, sich wieder stärker auf ihre Sinne zu verlassen und einfache Diagnosemethoden zu verwenden. Auch die Arbeit mit Kollegen und Patienten aus ganz unterschiedlichen Kulturkreisen empfinden sie als sehr bereichernd« (Florian Westphal, Geschäftsführer von Ärzte ohne Grenzen, Deutschland, Interview in der PNP 291/17.12.2018, 17).
Helden des Alltags reflektieren über den ganz persönlichen Gewinn, den sie aus ihrem Engagement ziehen: Sie weisen immer wieder darauf hin, dass ihnen die Sinnhaftigkeit ihres Tuns Lohn genug ist: die Gewissheit, anderen Menschen helfen zu können, dafür zu sorgen, dass die Welt ein bisschen besser wird. Und sie erkennen, dass sie in ihrem Engagement nicht nur Lebenserfahrungen erfahren, sondern Lebenskompetenz gewinnen: organisieren, planen, präsentieren … können. Die jungen Leute, die ein soziales Jahr im Ausland gemacht haben, erkennen, wie sehr sie in dieser Zeit gereift sind: »Ich habe dadurch vor allem gelernt, Verantwortung zu übernehmen. Es war unheimlich anstrengend, aber genau so erfüllend. Es hat einen großen Teil zu meiner Persönlichkeitsentwicklung beigetragen«, äußert Aljoscha Seipel, der einen Friedensdienst in Israel abgeleistet hat. Auch die Streitschlichterin Simone Sirch weist da-

rauf hin, dass sie bei der Streitschlichtung unmittelbar fürs Leben gelernt hat: »Das kann ich sicher später einmal in meinem Beruf brauchen: Wie man mit Konflikten umgeht, wie man im Team arbeitet, dass man sich in andere Menschen einfühlen kann« (beide Beispiele Kap. B 4 Friedensarbeit).

Die wahren Helden

Die A-Capella-Gruppe Wise Guys haben den Helden des Alltags ein besonderes Denkmal gesetzt, das wie geschaffen für mein Local-heroes-Projekt wirkt und das bereits vielfach im Unterricht zur Thematik eingesetzt wurde, weil es zum Nach- und Weiterdenken anregt; dieses Lied stellt eine öffentliche Ehrung der Helden des Alltags dar – es umfasst ehrenamtlich und hauptamtlich Tätige: erwähnt werden eine Krankenpflegerin, ein Altenpfleger, eine Alleinerziehende, ein Mann, der seinen Vater jahrelang pflegt, und in den Bildern scheinen weitere Tätigkeitsfelder auf. Der Refrain lautet so (siehe den eindrucksvollen Originalvideoclip zum Song: https://www.youtube.com/watch?v=53qa8GRkR7A):

Die wahren Helden,
Wachsen täglich über sich hinaus.
Ihr seid die wahren Helden
Auch wenn euch niemand applaudiert
Ihr seid die wahren Helden,
Weil ohne euch nichts funktioniert.

LITERATURTIPP

Simonson, Julia/Vogel, Claudia/Tesch-Römer, Clemens (Hg.), Freiwilliges Engagement in Deutschland: der Deutsche Freiwilligensurvey 2014, Wiesbaden 2017.

B. Helden wohnen nebenan – die Beispiele

1. Armut lindern im eigenen Land

Dass es in einem so reichen Land wie Deutschland überhaupt Armut gibt und Menschen unterhalb des Existenzminimums leben, ist ein Skandal. Der jährlich veröffentliche Kinderreport des Kinderhilfswerks Deutschland spricht eine deutliche Sprache: In Deutschland wird zu wenig gegen Kinderarmut getan. Nach einer im Herbst 2011 veröffentlichten UNICEF-Studie lebten ca. 14 % der Kinder in Deutschland in relativer Armut, das ist in absoluten Zahlen weit über eine Million. Im Laufe der Jahre ist hier keine Besserung eingetreten: Etwa jedes siebte Kind war im Jahr 2016 von Hartz IV abhängig, so die Daten der Bundesagentur für Arbeit. Und eine Studie zur Kinderarmut aus dem Jahr 2018, durchgeführt von der Bertelsmann-Stiftung, ergab, dass Kinder kaum aus der sozialen Falle herauskommen: »Arm bleibt arm.« Insofern hat der Kampf gegen Armut immer auch eine politische und gesellschaftliche Dimension. Es gibt durchaus kritische Stimmen, die darauf verweisen, dass ein verstärktes Ehrenamt Armut sogar vergrößern könnte, weil dies ein defizitäres System stabilisiert. Nur: Kurzfristig betrachtet hilft diese Perspektive nicht weiter! Wer in Not ist, kann nicht auf die nächste Sozialgesetzänderung warten. Deshalb sollte man beide Perspektiven – sozialpolitisches Engagement und soziales Handeln – nicht gegeneinander ausspielen.

Bewährte Einrichtungen und Projekte wie die Bahnhofsmission, Second-Hand-Läden für Bedürftige, Essensausgaben beispielsweise an Klosterpforten, Wärmestuben für Obdachlose verfolgen dasselbe Ziel – Menschen bei uns in Not helfen. All diese Projekte wären nicht möglich ohne konkrete Menschen, die sich häufig ehrenamtlich engagieren, so z. B. in der Würzburger Straßenambulanz, in der Ehrenamtliche wie Erna Schleifer Obdachlosen die Füße behandeln und Nägel schneiden (Gemeinde creativ 2019, 17). Außerdem gibt es viele lokale Projekte, die im Sinne der Nachbarschaftshilfe (siehe Kap. B 12) angelegt sind. Viele Schulaktionen sind mit einer Spendenübergabe für Menschen im In- und Ausland verbunden.

Im Fokus dieses Kapitels sollen beispielhaft zwei Projekte stehen: Das Tafelprojekt und die Bahnhofsmission.

Projekt: Die Tafel

»Essen, wo es hingehört«, lautet das Motto des Dachverbands, der sich schlicht »Tafel« nennt. Das Projekt geht von zwei unterschiedlichen Problemanzeigen aus, die bei der konkreten Tat kreativ verknüpft werden: Die hässliche Seite unserer Konsumgesellschaft und der Bürokratisierung der Lebensmittelindustrie zeigt sich in der Tatsache, dass viele Lebensmittel weggeworfen werden, obwohl sie noch genießbar wären. Die örtlichen Tafeln legen mit ihrer Spendenanfrage den Finger auf die Wunden einer Lebensmittelindustrie, die von manchmal durchaus überzogen erscheinenden Hygienevorschriften und Perfektionsansprüchen dominiert wird. Viele Lebensmittel müssen nach dieser Logik zwangsläufig im Müll landen. Das rechtlich umstrittene »Containern« hat somit auch eine gesellschaftspolitische Seite! Aber auch privat wirft jeder Bundesbürger im Schnitt im Jahr über 80 kg Lebensmittel weg.

Die andere Seite ist nicht weniger hässlich: Es gibt Menschen, denen das Nötigste zum Essen fehlt. Der Sozialstaat ist augenfällig nicht in der Lage, alle Menschen in Deutschland mit dem Lebensnotwendigen zu versorgen.

Vor diesem Hintergrund initiierten Frauen und Männer in Berlin im Jahr 1993 das erste Tafel-Projekt; mit dabei: Sabine Werth, eine engagierte Christin, eine Frau der ersten Stunde bei der Berliner Tafel. Ein Zusammenschluss verschiedener Tafeln im Umfeld der Kirchengemeinden in Berlin (und auch andernorts) firmiert mit ihren Kooperationspartnern unter dem vielsagenden Titel »Laib und Seele«. Deutschlandweit gibt es heute über 940 Tafeln mit mehr als 2000 Tafel-Läden und Ausgabestellen. Es engagieren sich ca. 60.000 Ehrenamtliche bei Tafel-Projekten. Unterstützt werden regelmäßig 1,5 Millionen bedürftige Menschen in Deutschland. Die eindrucksvolle Erfolgsgeschichte der größten sozialen Bewegung der 90er-Jahre kann man auf der Homepage des Dachverbands (www.tafel.de) nachlesen – mit einer aussagekräftigen Statistik zur Entwicklung der Tafelprojekte von 1993 bis heute. Den größten Sprung zwischen 2005 (480 Tafeln) und 2006 (657 Tafeln) kann man einfach erklären: Mit der Einführung der Hartz-IV-Gesetze und der damit verbundenen äußerst sparsamen Grundsicherung für Arbeitssuchende stieg die Zahl der Bedürftigen gewaltig an. Eine noch größere gesellschaftliche Erfolgsgeschichte bestünde freilich darin, wenn keine Tafeln mehr nötig wären …

Von der skizzierten Problemanzeige her ergeben sich zwei Hauptarbeitsfelder: Das Einwerben und Abholen von überschüssigen und qualitativ noch einwandfreien Lebensmitteln einerseits und die Verteilung dieser Lebensmittel an Bedürftige andererseits. Im Laufe der Jahre hat sich die Logistik insofern verändert, als neben dem Einsammeln des Übriggebliebenen Großspender angeworben werden, neben den ehrenamtlichen im begrenzten Umfang auch hauptamtliche Mitarbeiter tätig sind und die Netzwerke der Tafeln Logistikzentren errichtet haben, über die die Verteilung effektiver organisiert werden kann. Zahlreiche Lebensmittelkonzerne und Firmen unterstützen das Projekt. Neben den Sachspenden werden beispielsweise entsprechende Nutzfahrzeuge zur Verfügung gestellt oder gesponsert. Manche Tafeln bieten Zusatzangebote, z. B. Rechtsberatung, Sprachkurse oder Bewerbungstraining, an.

Es ist für die Hilfesuchenden nicht einfach, öffentlich zuzugestehen, dass man auf Hilfe angewiesen ist. Die symbolische Gegenleistung von einem Euro will die Menschenwürde der Antragsteller sichern. Die Bedürftigen bekommen Lebensmittel, die sie sich häufig sonst nicht leisten könnten. Dadurch, dass sie Lebensmittel erhalten, wird der schmale Geldbeutel entlastet, und das eröffnet Spielräume, sich auch mal was zu gönnen.

Wie überall in sozialen Systemen lässt sich ein Missbrauchspotenzial nicht ausschließen – so in der vielfach kolportierten Geschichte vom Sozialhilfeempfänger, der mit dem Mercedes bei der Tafel vorfährt. Die Kunden schätzen zwar, dass Rücksicht auf die Bedürfnisse und Speisegewohnheiten der Menschen, die in Tafel-Läden bedient werden, genommen wird, manche Tafelmitarbeiter beklagen sich gelegentlich aber über manche Sonderwünsche ihrer Kunden, ein Anspruchsdenken und eine fehlende Dankbarkeit: Es »menschelt« halt auch hier! Die Tafeln sind damit in guter Gesellschaft: Auch bei Jesus bedankte sich nur einer von zehn Geheilten (Lk 17,11–19)! In Tafelkreisen erwartet man mit Recht als Lohn mindestens einen »VG-Tarif«: Den Vergelt's-Gott-Tarif!

Theologisch steht das Tafelprojekt in der christlichen Tradition der Armenspeisung, die sich am Handeln Jesu orientiert: »Der Menschensohn ist nicht gekommen, um sich bedienen zu lassen, sondern um zu dienen« (Mk 10,45). Gerade die Armenfürsorge, die das Christentum von Anfang an geprägt hat, war ein wesentlicher Faktor für die Erfolgsgeschichte des Christentums. Denn eine staatliche Sozialfürsorge entwickelte sich ja erst weit später. Zum Motiv der Armenspeisung als Diesseitshilfe, die sich im Laufe der Geschichte in vielen kirchlichen Einrichtungen konkretisierte, gesellte sich seit dem Frühmittelalter das der Armenspeisung als Jenseitshilfe (siehe dazu ausführlicher: Lutterbach 2018, 94–120): Die Mönche halfen den Armen, damit diese für die verstorbenen Brüder beteten. Ein bis heute vorhandenes Zeugnis dieser Logik zeigt sich in der Fuggerei in Augsburg, die vor 500 Jahren von Jakob Fugger dem Reichen gegründet worden war: Die in diesem altehrwürdigen Sozialprojekt preisgünstig Wohnenden (88 Cent Jahreskaltmiete) sollen dreimal am Tag für den Stifter beten (https://www.fugger.de/fuggerei.html). Diese Verschränkung von Diesseits und Jenseits, Armenhilfe und Fürbittgebet, erlebte ich mit meiner Familie bei einem Griechenlandurlaub, ohne dass mir der Zusammenhang damals bewusst war: Beim Besuch des abenteuerlich am Berg klebenden Klosters »Johannes der Täufer« in der Lousios-Schlucht auf dem Peloponnes gerieten wir mitten in das Festmahl für den Klostervorsteher, der einige Wochen zuvor gestorben war. Die Klostergemeinschaft verteilte großzügig Speisen und Getränke, und auch wir als zufällig Anwesende wurden einbezogen, ohne dass wir, wie das in Deutschland wohl üblich gewesen wäre, einen Essencoupon kaufen mussten …

Der Begriff »Tafel« ist durchaus ambivalent: Man kann kritisieren, dass der Begriff euphemistisch ist, denn schließlich handelt es sich ja um ein Resteessen. Gleichzeitig verbindet sich mit »Tafel« etwas Festliches. Den Menschen, die sich hier bedienen, sollen damit Würde verliehen und Wertschätzung entgegengebracht werden; die Passauer Tafel beispielsweise legt Wert darauf, dass die zur Verfügung gestellten Lebensmittel ansehnlich wie in einem Tante-Emma-Laden bereit gestellt werden. Die Assoziation mit den Mahlfeiern Jesu bis hin zum letzten Abendmahl ist sicher stimmig: Jesus verheißt die Fülle des Lebens, und die sollte zumindest darin bestehen, dass jeder Mensch satt wird.

Was die Tafelprojekte in kirchlicher Hinsicht kennzeichnet, ist ihre bürgergesellschaftliche Gestalt; jenseits von Hierarchie, Macht und Klerikalismus sind die Tafeln Laienunternehmen, die auf vielfältige Weise Partizipation ermöglichen. Das verbindet sie mit der Hospizbewegung.

Die Passauer Tafel – eine Brücke schaffen zwischen Überfluss und Mangel

Es ist Donnerstag, fünfzehn vor elf Uhr. In der Oberen Donaulände in Passau herrscht geschäftiges Treiben. Gut gelaunte Damen mittleren Alters sortieren Brote in ein Regal, ein Student trägt schwere Obstkisten durch den Raum. Die Stimmung ist locker und entspannt, es wird gelacht und gescherzt.

Dabei ist der Anlass, aus dem die ehrenamtlichen Helfer des Passauer Tafel jede Woche zusammenfinden, alles andere als lustig: Deutschlandweit werden täglich rund 20 Prozent aller für den Verbrauch bestimmten Lebensmittel vernichtet – und das, obwohl sie noch bedenkenlos genießbar sind. Gleichzeitig gibt es hierzulande immer mehr Menschen, die sich eine ausgewogene Ernährung kaum oder gar nicht leisten können.

Dieses Missverhältnis brachte den Inner Wheel Club Passau auf den Plan. Auf den Gedanken »Das kann doch nicht sein!« folgte schon bald die Gründung der Passauer Tafel. Seit 2011 arbeitet die Passauer Tafel unter der Trägerschaft des Diözesan-Caritasverbandes Passau.

Während andere Hilfsprojekte oft händeringend nach freiwilligen Helfern suchen, erfreut sich die Passauer Tafel seit jeher eines großen Zulaufs – und das nicht nur von Hausfrauen, sondern auch von Studenten und Pensionären. Rund 60 ehrenamtliche Mitarbeiter engagieren sich derzeit bei der Passauer Tafel.

Es fällt jede Menge Arbeit an: Es müssen Lebensmittel aus den Passauer Supermärkten abgeholt werden. Diese werden in den Räumen der Tafel gesäubert und sortiert. Wenn dann die Tafel am Donnerstag um 14.30 Uhr geöffnet ist, soll schließlich alles ordentlich bereitstehen – der Laden sieht dann freundlich aus, wie ein Tante-Emma-Laden. Die Warenverteilung organisiert ein routiniertes Team.

Die Leiterin der Tafel, Ute Senff, erzählt, dass ein ausgeklügeltes System entwickelt wurde, um eine Verteilungsgerechtigkeit zu gewährleisten: Die Passauer Tafel gibt selbst die Berechtigungsausweise aus. Die Unterlagen des Jobcenters werden gesichtet, und wenn ein Grundbedarf festgestellt wird, gibt es einen Ausweis. Wenn die Kunden am Donnerstagnachmittag eintreffen, ziehen sie Lose und werden dann der Reihe nach in den Laden gebeten. Man hat in Passau auch gute Erfahrungen damit gemacht, dass in den Gruppen, die auf die Lebensmittelausgabe warten, deutsche und nichtdeutsche Bedürftige gemischt sind. Rund 240 Haushalte mit ca. 700 Personen aus der Stadt sind zur Zeit bei der »Passauer Tafel« gemeldet, immer wieder kommen neue Bedürftige dazu. Im November 2018 musste ein vorläufiger Aufnahmestopp verhängt werden.

Porträt: Ute Senff

Bild 2: Ute Senff; Foto: Hans Mendl

Die Diplompädagogin Ute Senff ist seit 2013 die Leiterin der Passau Tafel. Wenn Ute Senff auf ihr Leben zurückblickt, dann überwiegt Dankbarkeit: Sie ist sich dessen bewusst, dass sie mit ihrem Mann, mit dem sie seit über 40 Jahren verheiratet ist, auf der Sonnenseite lebt, wie sie sagt: Davon möchte sie anderen etwas abgeben, deshalb engagiert sie sich ehrenamtlich. Natürlich merkt sie, dass die Menschen, mit denen sie bei der Tafel zusammenkommt, nicht vom Glück verwöhnt werden. »Uns geht es doch gut!« meint sie. Das war nicht immer so, denn Ute Senff und ihr Mann wuchsen in der totalitären DDR auf und erkämpften sich im Jahre 1983 eine Ausreise in den Westen.

Ute Senff spricht sehr wertschätzend von den »Kunden« der Tafel. Zu vielen, die seit Jahren regelmäßig das Angebot der Tafel nutzen, hat sie eine persönliche Beziehung aufgebaut. »Die Leute wollen auch reden, die Tafel ist für sie ein Ort des sozialen Kontakts.« Für viele Menschen ist Ute Senff eine Vertrauensperson: »Sie erzählen mir auch sehr Persönliches und suchen meinen Rat.« Das fordert dann persönlich sehr heraus und führt an Grenzen.

Sie hat die Erfahrung gemacht, dass es gut ist, wenn die Kunden der Tafel wissen, dass die Mitarbeiter alle ehrenamtlich arbeiten: »Das führt zu einem respektvolleren Umgang mit den Mitarbeitern!« Ute Senff beobachtet, wie sehr sich die älteren Damen in ihrem Team darüber

freuen, wenn sie mit jungen Menschen, zum Beispiel Studierenden, zusammenarbeiten können. Und sie erzählt, dass sich beispielsweise auch junge Leute aus dem Kreis der »Rotracter«, das ist die Jugendvereinigung der Rotarier, engagieren und unter anderem eine Nikolausaktion für die Kinder der Kunden der Tafel oder die »Kauf eins mehr«-Aktion in verschiedenen Supermärkten organisiert haben: die Einkaufenden werden gebeten, ein Teil mehr zu kaufen und der Tafel zu spenden.
Während meines Gesprächs mit ihr erinnert sie sich an eine Nachricht einer Studierenden auf ihrem Handy, die sie sehr bewegt hat; sie gibt sie mir weiter (siehe unten).
Und wenn Ute Senff dann am Donnerstag die Dankbarkeit der Menschen sieht, die das Angebot der Tafel nutzen, weiß sie: es lohnt sich!
(in Anlehnung an einen Bericht von Elke Zauner, Die Tafel ist immer im Kopf, PNP 116/21.05.2014, 19; eigene Recherchen)

Eine WhatsApp-Nachricht an Frau Senff
Liebe Frau Senff,
Ich hoffe es geht Ihnen gut! Ich wollte Ihnen noch Bescheid geben: Da ich in den nächsten zwei Wochen mit meinem Studium fertig werde und danach Passau verlasse, kann ich leider nach dem 31.1. nicht mehr weiter bei der Tafel mithelfen.
Ich wollte Ihnen aber auch noch einmal sagen, dass es mir wahnsinnig viel Spaß gemacht hat, Sie in den letzten Monaten zu unterstützen, und finde es einfach wundervoll, was dabei Woche für Woche auf die Beine gestellt wird! Ich bin sehr glücklich darüber, dass ich so viele Menschen kennenlernen durfte, die sich mit vollem Einsatz engagieren. Also auch vielen Dank an Sie, dass diese Möglichkeit besteht!
Herzliche Grüße

Anregungen

- Informiert euch über das Tafel-Projekt (www.tafel.de) und findet heraus, wo es in eurer Umgebung eine Tafel gibt!
- Besucht die ehrenamtlichen Mitarbeiter während ihrer Arbeit und interviewt sie zu ihrem Engagement. Beispiele für Fragen: »Was motiviert Sie für die Mitarbeit bei der Tafel?« – »Welchen Eindruck ha-

ben Sie von den Menschen, die sich Lebensmittel bei der Tafel abholen?«

- Tafeln kommen an ihre Grenzen, wenn immer mehr Menschen das Angebot wahrnehmen wollen: Das wurde deutlich, als im Dezember 2017 die Essener Tafel einen vorübergehenden Aufnahmestopp für Ausländer bekanntgab, weil der Anteil der Ausländer bei den Vergabescheinen über 75 % betragen hatte. – Informiert euch über die Kriterien, nach denen Vergabescheine vergeben werden, und diskutiert, ob bestimmte Personengruppen bevorzugt werden sollten!
- Ein Ausgangspunkt des Tafelprojekts ist die Kritik an einer Konsum- und Wegwerfgesellschaft. Informiert euch über andere Projekte, die zu einem sorgsamen Umgang mit Lebensmitteln motivieren wollen, z. B. Foodsharing-Gruppen (z. B. www.foodsharing.de). Diese kümmern sich darum, dass überzählige Lebensmittel nicht weggeworfen, sondern weitergegeben werden.
- Mit »Containern« bezeichnet man Aktionen, mit denen aus den Mühlcontainern von Lebensmittelgeschäften noch brauchbare Lebensmittel »gerettet« werden. Rechtlich ist das umstritten. Diskutiert die Frage, ob Containern erlaubt sein sollte!

Projekt: Bahnhofsmission

Jeder Bahnhof ist ein ambivalenter Ort – ein Ort des Kommens und des Gehens, der Trennung und der Begegnung. Am öffentlichen Ort Bahnhof werden aber auch Not und Armut öffentlich sichtbar: Hier setzen die Bahnhofsmissionen als zentrale Orte einer sozialen Hilfe an, die es an über 100 Orten in Deutschland und seit über 100 Jahren gibt: Die erste Bahnhofsmission wurde in Berlin im Jahr 1894 gegründet. Nach diesem Vorbild entstand im Jahr 1897 in München die erste katholische Bahnhofsmission; Initiatorin war die Frauenrechtlerin Ellen Ammann, die die katholische Einrichtung mit Unterstützung des »Marianischen Mädchenschutzvereins« und in Zusammenarbeit mit dem evangelischen Verein der »Freundinnen junger Mädchen« ins Leben rief (vgl. Schießleder 2018, 16); Ziel war es, die vom Land in die Stadt ziehenden jungen Frauen vor Ausbeutung und Missbrauch zu schützen. Getragen werden die Bahnhofsmissionen von Beginn an von der katholischen und evangelischen Kirche; das gute Miteinander von katholischer und evangelischer Bahnhofsmission führte 1910 zur Gründung der »Konferenz für Kirchliche Bahnhofsmission« (KKBM), der ältesten ökumenischen Struktur auf dem Gebiet der offenen sozialen Arbeit (vgl. https://www.bahnhofsmission-muenchen.de/wir-ueber-uns/#geschichte). In Bayern gibt es 13 Bahnhofsmissionen, die in der Mehrzahl ökumenisch getragen sind; im Jahr 2018 hatten die haupt- und ehrenamtlichen Mitarbeiter 285.000 Mal Kontakt mit Hilfesuchenden: sie gewährten Aufenthalt, leisteten Notverpflegung und vermittelten seelsorgerliche oder Krisengespräche (vgl. Gemeinde creativ 2019, 18).

Porträt: Ellen Ammann

Ellen Ammann (1870–1932) gründete 1897 die Bahnhofsmission in München. Die gebürtige Schwedin Ellen Sundström zieht mit ihrem Mann nach München, zwischen 1892 und 1903 bringt sie fünf Söhne und eine Tochter zur Welt. Ammann überwindet viele Grenzziehungen, denen Frauen damals noch ausgesetzt waren: Sie ist als 25-Jährige an der Gründung des Marianischen Mädchenschutzvereins (heute IN-VIA) im Jahr 1895 beteiligt. Am Münchner Hauptbahnhof kümmert sie sich um Landmädchen, die in die Stadt ziehen; denn diese werden oft von Händlerringen abgefangen und als rechtlose Arbeiterinnen oder Prostituierte weitervermittelt. In den Polizeiakten München findet sich die Notiz: Frau Hofrat Ammann und ihre vornehmen Damen hätten sich am Gleis 11 des Münchner Hauptbahnhofs einen erbitterten Kampf mit den stadtbekannten Zuhältern geliefert. Die Bahnhofsmission in München fängt bescheiden an: ein Stuhl und ein Tisch mit abschließbarer Schublade in der Ecke des südlichen Wartesaals bei Gleis 11. Die Frauen warten, sprechen die jungen Mädchen an, informieren sie über Arbeitsstellen und Unterkünfte. Ammann lernt hier zu organisieren und andere für ein ehrenamtliches Engagement zu motivieren, vor allem lernt sie aber, in der Öffentlichkeit aufzutreten: Das fällt ihr schwer, denn sie ist klein und zierlich und wirkt mädchenhaft; später wird ihr dann aber ein Hang zur nordischen Vehemenz nachgesagt. Sie muss gegen viele Widerstände (»die Frau gehört ins Haus«) ankämpfen und beschreibt dies im Jahr 1911 so: »Es ist dem deutschen Mann theoretisch sehr schwer zu beweisen, dass die Frauen gleich viel wert sind wie die Männer. … Darum arbeiten wir praktisch und überzeugen die Männer von unserer Kapazität. Dann geben sie Schritt für Schritt nach.« Sie ist an der Gründung des Münchner Zweigvereins des katholischen Frauenbunds im Jahr 1904 beteiligt. Seit 1909 organisiert Ammann Kurse für Frauen zu sozialen Fragen; das ist die Basis für die älteste katholische soziale Frauenschule in Bayern. Nachdem es seit 1918 das allgemeine aktive und passive Wahlrecht für Frauen auch in Bayern gibt, zieht Ammann 1919 für die Bayerische Volkspartei in den Bayerischen Landtag ein. 1923 ist sie maßgeblich an der Niederschlagung des Hitlerputsches beteiligt; denn sie mobilisiert in der Putschnacht die demokratischen Kräfte: »Die Kollegin Ammann hat damals mehr Mut bewiesen als manche Herren in Männerhosen«, so der bayerische Kultusminister und stellvertretenden Ministerpräsident Franz Matt (vgl. Schießleder 2018).

Manchmal gerät das Leben aus der Spur. Dann brauchen Menschen Hilfe.
Die Bahnhofsmissionen helfen jedem: Sofort, ohne Anmeldung, ohne Voraussetzungen erfüllen zu müssen und gratis. Ist bei Ihnen alles in Ordnung? Gut. Dann kümmern wir uns um die anderen.

- Auf Reisen: Mit Auskünften und Unterstützung bei der Verständigung. Beim Ein-, Aus- und Umsteigen. Mit Aufenthalts- und Übernachtungsmöglichkeiten, Rollstuhl, Gepäckwagen oder Hebebühne. Oder, indem wir allein reisende Kinder begleiten (Kids on Tour).
- In akuten Nöten: Kleidung kaputt. Kein Telefon. Ohne Schlafplatz. Hungrig. Durstig. Bestohlen. Verletzt. Krank. Schwach.
- In existenziellen Notlagen: Wohnungslos. Süchtig. Krank. Verarmt. Verzweifelt.

aus der Internet-Darstellung der Bahnhofsmission: https://www.bahnhofsmission.de

Die Bahnhofsmission in Passau bietet unter dem Motto »Menschlichkeit am Zug« eine erste Hilfe: ein Gespräch, einen Ratschlag, eine kleine Stärkung, Hilfe beim Ein- und Umsteigen, Beratung und direkte Vermittlung zu anderen sozialen Diensten, rasche Notversorgung (https://www.caritas-passau.de/hilfe-und-beratung/am-bahnhof-bahnhofsmission/am-bahnhof-bahnhofsmission).

Porträt: Angelika Leitl-Weber, Bahnhofsmission Passau

Bild 3: Angelika Leitl-Weber; Foto: Judith Hirsch

Mittwochmorgen 7:50 Uhr. Auf meinem Weg zum Bahnhof macht sich in meiner Nase der Geruch nach Dönerfleisch, Bier, Zigarettenrauch und frisch aufgebackenen Brötchen breit. In den letzten Monaten ist dieser Ort für mich in ein völlig neues Licht gerückt. Mit dem Begriff Bahnhof assoziieren die wenigsten einen „sozialen" Raum. Doch gerade der Bahnhof ist ein Spiegel der ambivalenten Zustände unserer Gesellschaft. Während der Geschäftsmann nach einem stressigen Arbeitstag auf den ICE wartet, schlägt ein Obdachloser neben ihm sein Bett auf einer Bank auf. Vorher war der Bahnhof für mich, wie für viele andere, nicht mehr als ein Durchgangsort. Inzwischen ist er ein Stück Passauer Heimat geworden. Genauer gesagt, die Bahnhofsmission. Sie liegt verborgen hinter einem unauffälligen Eingang neben dem Bahnhofsblumenladen. Betritt man den Raum, hört man schon die Kaffeemaschine rattern. Nach einer eisigen Nacht unter Brücken oder in Parkhäusern wärmen sich die Besucher mit einer Tasse heißen Kaffee auf. Doch auch seelische Wärme wird in der Bahnhofsmission spürbar, wenn die Leiterin Angelika Leitl-Weber mit ihrem herzlichen, liebevollen Lächeln einen neuen Besucher willkommen heißt. Die Bahnhofsmission suchen in großer Zahl drogenabhängige, aber auch kranke oder in Armut geratene Menschen auf. Normalerweise wird von den Bedürftigen in der Öffentlichkeit verlangt, sich anzupassen, sich zu verändern, um akzeptiert zu werden. Sie sind gezwungen sich zu verbiegen, um den Vorstellungen der breiten Masse gerecht zu werden. Betreten sie aber die Bahnhofsmission, müssen sie niemandem etwas vorspielen. Frau Leitl-Weber nimmt jeden so auf, wie er ist. Sie schenkt jedem Gehör, egal ob er den Raum schlecht gelaunt, gekränkt oder angeheitert betritt. Sie sieht in diesen

Menschen nicht die gesellschaftlich am Rande Stehenden, die Versager. Sie kennt beide Seiten unserer Gesellschaft. Die der Außenseiter und die der Privilegierten. Die Bahnhofsmission ist einer der wenigen Orte, der die Parallelwelten unserer Gesellschaft sichtbar werden lässt. Die unterschiedlichen Lebenseinstellungen und -vorstellungen werden zu einer Kluft zwischen beiden Gruppen. An dieser Stelle kommt Frau Leitl-Weber ins Spiel. Ihr gelingt es, zwischen den zwei Welten zu pendeln. Diese Fähigkeit macht sie für die Bahnhofsmission so wertvoll. Sie weiß, dass hinter jedem dieser Besucher ein Mensch wie du und ich steckt, dem der gleiche Respekt und die gleiche Würde gebührt. Sie blickt hinter die Fassade der Menschen und erkennt die schmerzlichen Erfahrungen, die diese prägten: »Ich habe immer noch die Worte eines Besuchers im Kopf, der einmal zu mir meinte: ‚Die Menschen da draußen wissen nur einfach nicht, wie schnell auch sie in Leid geraten können. Ein Schicksalsschlag, der sie aus dem Leben reißt, und sie könnten uns auch verstehen. Doch bis dahin leben sie weiter in ihrer Blase voll von Reichtum, Glück und ihrem Gefühl der Überlegenheit. Wir bleiben die Parallelwelt, auf die sie nur herabschauen.'» Auch wenn Frau Leitl-Weber stets der festen Überzeugung ist, dass die Arbeit bei der Bahnhofsmission für sie „positiver Stress" ist, kostet dieser Job enorme Kraft, Selbstbewusstsein und Durchsetzungsvermögen. Nicht selten muss sie sich rechtfertigen, wegen Ausschreitungen und Verschmutzungen im Bahnhofsareal, wenn einige Gäste zu weit gehen und die Regeln überschreiten. Doch Frau Leitl-Weber verteidigt die Einrichtung. Sie gibt den Bedürftigen eine Stimme und steht so für soziale Gleichheit und Gerechtigkeit ein. Eine Lektion, die ich in der Bahnhofsmission gelernt habe, ist, Fehler verzeihen zu können. Damit meine ich Worte, die mich verletzt haben, oder Handlungen, von denen ich enttäuscht war, noch am selben Tag begraben zu können. Das ist es, was die Bahnhofsmission auszeichnet: Jeder Tag ist ein Neuanfang. Jeder Tag birgt die Chance in sich, Gutes zu tun.

Wenn mir am Mittwochmorgen der Geruch von Dönerfleisch, Zigarettenrauch, Bier und frisch aufgebackenen Brötchen in die Nase steigt, weiß ich, dass es ein guter Tag sein wird, denn er beginnt in der Bahnhofsmission.

von Judith Hirsch, Studentin, die selbst bei der Bahnhofsmission ehrenamtlich mitarbeitet

Anregungen

- »An einem Samstag, kurz vor Dienstschluss in der Bahnhofsmission, kam ein verletzter Radfahrer zu mir. Er war gestürzt und sah fürchterlich aus. Beide Arme und Beine waren abgeschürft und aufgeschlagen. Ich habe ihn notdürftig verbunden und versorgt, so gut es mir möglich war. Dabei erzählte er mir, dass er voriges Jahr mit seiner Frau zu Besuch in Passau war und dass diese in der Zwischenzeit verstorben sei. Unter Schmerzen und Tränen bedankte er sich bei mir und meinte beim Abschied: Passau und die Bahnhofsmission werden mir immer in Erinnerung bleiben ...«, erzählt Rosa Rinesl aus ihrer Arbeit. – Versetzt euch in die Lage des Radfahrers. Schreibt einen Dankesbrief an das Mitarbeiter-Team der Bahnhofsmission!
- Sammelt geeignete Begriffe (z. B. Hilfsbereitschaft), die das Team der Bahnhofsmission beschreiben! Notiert diese auf einem kleinen Zettel und sammelt sie an einer Pinnwand! Sprecht anschließend darüber!
- Recherchiert, welche weiteren Einrichtungen es in der Umgebung gibt, die bedürftigen Menschen helfen (z. B. Kleiderkammer, Asylcafé, Armenspeisung).
- Überlegt, welche Lebensbereiche durch Armut eingeschränkt werden (z. B. Gesundheit, Hobby, Bildung, Freizeitgestaltung, Urlaub) und gestaltet eine »Spirale der Armut«.
- Stellt ein Kochbuch mit »Reste-Essen« zusammen!

Projektidee: Eine sozialpolitischer Foto-Walk durch den eigenen Ort

Im Schnittfeld von christlicher Spiritualität und Sozialethik befinden sich Erkundungsgänge durch die Stadt, die an soziale Brennpunkte einer Stadt führen (z. B. Bahnhofsmission, Straßenambulanz, Drogenberatungsstellen, Restaurants, in denen Menschen mit Behinderungen beschäftigt werden, Obdachlosenheim) und so zu neuen Sichtweisen führen. Es gilt, übersehene und verdrängte Orte, die sozialpolitisch von Bedeutung sind und an denen sich Armut, Benachteiligung, Gefährdung und soziales Engagement verdichten, in den Fokus zu nehmen – real in einem Erkundungsgang, dann aber auch über den Fokus der Kamera. Das Erlebte und Fotografierte kann in kreativen Schreibworkshops weiterverarbeitet werden. So entstehen eindrucksvolle Reportagen über Parallelwelten, die man im Alltag leicht und gern übersieht (vgl. das Projekt »Schichtwechsel« in Nürnberg; https://www.strassenkreuzer.info/stadtfuehrungen/schicht-wechsel: »Straßenkreuzer-Mitarbeiter zeigen Nürnberg aus der Perspektive von Armen und Obdachlosen«).

Was vor vielen Jahren in einem Projekt in einem konkret gestalteten »Hamburger Hungertuch« mündete, durch das eine Spurensuche nach Formen und Orten von Armut und Ungerechtigkeit in Hamburg erfolgte, kann in digitalen Zeiten medial auch anders präsentiert werden – auf einer Homepage, in sozialen Netzwerken, in Blogs oder doch wieder klassisch in entsprechenden Ausstellungsformaten.

2. Ehrlichkeit

»Bitte die Bücher nach Gebrauch gemäß Ex 20,15 wieder zurücklegen«, ist bei der Informations- und Materialbox des Moses-Bibelgartens in Jägerwirth angeschrieben. So mancher Besucher wurde durch die kryptische Angabe dazu motiviert, in der Bibel nachzuschauen. Jeder hat sie wieder zurückgelegt, denn die Bibelstelle lautet schlicht: »Du sollst nicht stehlen.« Aber nicht immer ist es im Leben so einfach und eindeutig. Das beginnt schon bei den kleinen Schummeleien noch unterhalb eines unmittelbaren Diebstahls, mit denen man sich einen persönlichen Vorteil verschafft (Spicken in der Schule, Altersangaben der Kinder beim Eintritt in einen Vergnügungspark, Einkommenssteuernachweise, Auskünfte zur eigenen Person in einem Dating-Portal oder die Selbststilisierung auf einer sozialen Plattform ...). »Du sollst nicht stehlen« korrespondiert mit weiteren Forderungen des Dekalogs: »Du sollst nicht das Haus deines Nächsten begehren. Du sollst nicht die Frau deines Nächsten begehren, nicht seinen Sklaven oder seine Sklavin, sein Rind oder seinen Esel oder irgendetwas, das deinem Nächsten gehört« (Ex 20,17). »Mein Haus – mein Auto – mein Boot« – so hieß es in einem Werbespot einer Bank. Der Vergleich mit anderen ist verbunden mit dem Gefährdungspotenzial von Konkurrenz, Neid, Habgier und Egoismus. Vom Begriff der Ehrlichkeit aus ergeben sich auch Bezüge zum Gebot »Du sollst nicht falsch gegen deinen Nächsten aussagen« (Ex 20,16), wofür sich auf der gesellschaftlichen Ebene von Fake News bis zu Abgasmanipulationen ein Fass ohne Boden öffnet.

Aber schon die kleinen Begehrlichkeiten des Alltags haben es in sich und fordern das ethische Urteilen und Handeln heraus:

- Sie bemerken sofort, dass Ihnen die Verkäuferin an der Kasse des Supermarkts zu viel Wechselgeld herausgegeben hat.
- Sie bekommen einen Freistoß, obwohl es eine Schwalbe und kein Foul war (siehe dazu Kap. B 3).
- Sie finden auf der Straße einen USB-Stick.
- Sie entdecken im sich leerenden Kinosaal eine Geldbörse.

Weisen Sie die Verkäuferin auf ihren Fehler hin, gestehen Sie die Schwalbe, ermitteln Sie den Besitzer des USB-Sticks, geben Sie die Geldbörse an der Kinokasse ab?

Von einer normativen Moral aus würden wir all diese Fragen mit einem entschiedenen »Ja« beantworten. Ob wir im Alltag in jeder Situation so handeln? Man kann die Parameter verändern: Es handelt sich nur um ein paar Cent, kurz zuvor wurde Ihre Mannschaft eindeutig benachteiligt, der Stick ist leer, statt einer Geldbörse finden Sie auf einem Waldweg einen größeren Geldschein. Und leider gibt es nicht wenige Zeitgenossen, die ein ambivalentes Verhältnis zu den Besitztümern anderer haben. Deshalb sperren wir Wohnungen und Autos ab und lassen keine Wertsachen in öffentlichen Räumen herumliegen.

Andererseits ist es ermutigend, wie viele Menschen tatsächlich ehrlich handeln – immer wieder stößt man auf Beispiele in der Tagespresse (siehe in der Local-heroes-Datenbank unter »Ehrlichkeit«): ein anonymer Finder liefert 4000 Euro ab, die auf einem Autodach liegen geblieben sind; eine Frau findet eine Geldbörse mit 10.000 Euro und zögert nicht, den Fund bei der Polizei zu melden, ein syrischer Flüchtling gibt 50.000 Euro bei der Polizei ab, der Taxifahrer Thomas Günther gibt 250.000 Euro zurück, die ein Ehepaar auf der Rückbank seines Wagens vergessen hatte, eine Frau findet in einem Einkaufswagen in einem Verbrauchermarkt in einem Umschlag 1500 Euro, gibt sie bei der Filialleitung ab und verzichtet auf einen Finderlohn.

Freilich, es gibt auch Negativmeldungen: Ein 60-jähriger Mann vergisst eine Tasche mit 13.000 Euro in einer Bäckerei; mit dem Geld wollte er die Operation seiner Frau bezahlen. Tasche und Geld sind verschwunden.

Von einer pädagogischen Warte muss man berücksichtigen, dass die Einsicht in ein ehrliches Handeln kognitiv und habituell geschult werden muss. Studien aus der Moralpsychologie zeigen, dass Kinder zwar schon in der Lage sind, zwischen »gut« und »böse« zu unterscheiden, aber häufig noch nicht die innere Kraft besitzen, entsprechend zu handeln. Der Diskurs zwischen dem imaginativen »Engelchen« und »Teufelchen« muss eingeübt werden! Moralpsychologisch betrachtet ist es verständlich, wenn Kinder zunächst einmal im Modus des Eigennutzes denken und die Unterscheidung von »mein« und »dein« erst lernen müssen: Es ist durchaus nachvollziehbar, zu überlegen, was man sich mit gefundenem Geld alles leisten könnte! Von daher sind gerade Dilammaerzählungen, die Alltagssituationen beinhalten, in denen es um Ehrlichkeit und Begehrlichkeit geht, so bedeutsam. An diesen konkreten Beispielen kann die Einsicht geschult werden, die sich hinter Kants Kategorischem Imperativ verbirgt: Handle so, dass die Maxime deines Handelns jederzeit zugleich als Prinzip einer allgemeinen Gesetzgebung gelten könnte. Oder einfacher, im Sinne der goldenen Regel: Behandle andere so, wie du selbst behandelt werden möchtest! Von daher erscheint es als angebracht, sich immer wieder in die Rolle des Benachteiligten, des Verlierers, des Betrogenen hineinzuversetzen. Ehrlichen Findern scheint dies spontan zu gelingen: Eine 39-jährige Griechin, die eine Louis-Vuitton-Tasche mit 14.600 Euro gefunden und der Polizei übergeben hat, verzichtet sogar auf den ihr zustehenden Finderlohn und meint: »In einer ähnlichen Situation würde ich mich freuen, wenn jemand mein Geld abgibt. Es ist nicht mein Geld, woher sollte sich da ein Anspruch ergeben, dass ich etwas bekomme?«

Erinnern Sie sich an Situationen, in denen Sie etwas verloren oder vergessen haben? Ein persönliches Beispiel ist in der Datenbank dokumentiert – der mir völlig unbekannte Thomas Rack hatte einen Datenstick gefunden, der mir aus der Jackentasche gefallen war, meine E-Mail-Adresse ermittelt und mich benachrichtigt. Solche Erfahrungen, dass es andere Menschen gut mit einem meinen, lässt einen achtsamer durchs Leben gehen: und wenn es nur der Handschuh ist, den man einem durch die Stadt eilenden Menschen nachträgt!

Ich empfehle im schulischen Kontext, mit einfachen Beispielen zu beginnen, die tatsächlich verschiedene Optionen als moralisch halbwegs vertretbar erscheinen lassen, so dass ein gedankliches Spiel mit unterschiedlichen Handlungsoptionen möglich wird. Wenn es sich »nur« um einen kleinen Geldbetrag handelt, kommen Argumente wie »soviel ist das ja gar nicht« ins Spiel, anders als bei einer sehr großen verlorenen Geldsumme, wo es im Normalfall einsichtig ist, dass man ihn zurückgibt. Problematisch ist sicher, wenn die ehrliche Handlung dadurch erschwert wird, dass der Finder dadurch Nachteile auf sich nehmen muss. Dies war bei einer Dilemmaerzählung in einem Religionsbuch der Fall, bei der der ehrliche Finder einer Geldbörse im Bus sich als Schwarzfahrer outen musste.

Menschen, die achtsam mit dem Gut anderer Personen umgehen, zählen zu den Helden des Alltags; sie vermitteln einen Eindruck, wie die Welt sein könnte, wenn nicht der Eigennutz zum Motor des eigenen Denkens und Handelns wird. Und damit kann diese Haltung theologisch durchaus als ein Mitwirken am Kommen des Reiches Gottes bezeichnet werden: Es wurde von Jesus angekündigt und eingefädelt, die Samen müssen wir alle aber selbst verbreiten …

Drei Beispiele:

Porträt: Jakob Kelsch

Bild 4: Jakob Kelsch; Foto: privat

Es ist der 7. September 2006, als der Schüler Jakob Kelsch mit seinem Fahrrad am Café Kowalski in Passau vorbeifährt. Sofort fällt ihm ein kleiner alter Geldbeutel auf, der herrenlos vor einer Parkuhr liegt. Der erste Gedanke, der ihm durch den Kopf schießt, ist: »Den muss man aufheben, er könnte ja jemandem gehören, der wenig Geld hat.« Der Schüler schaut zwar gleich nach, ob sich Geld im Portmonee befindet; die sich darin befindenden Scheine zählt er jedoch nicht nach. Vielmehr bringt Jakob die Geldbörse umgehend zum Fundamt, wo die überglückliche Besitzerin Marianne K. sie wenig später in Empfang nehmen kann. Der Inhalt: 500 Euro Mieteinahmen.

Fragt man Jakob nach seinen Motiven, so gibt er an, dass sein ehrliches Verhalten für ihn eine Selbstverständlichkeit gewesen sei. Es sei ihm einfach zu keiner Zeit in den Sinn gekommen, das Geld zu behalten, so der damals 15-Jährige. Die Entscheidung, das Fundstück abzugeben, war für ihn dabei sowohl unabhängig von dessen Wert als auch von der Frage, ob der Verlust des Geldes den Besitzer überhaupt schmerze. Für Jakob steht vielmehr der Aspekt der Ehrlichkeit im Vordergrund: »Ich will ja auch, dass man mir Dinge, die ich verliere, zurückgibt. Da wäre es vermessen und moralisch verwerflich, selbst nicht so zu handeln, wie man es von anderen erwartet.« Den großzügigen Finderlohn, den Jakob von Marianne K. erhalten hat, empfindet er als eine wichtige Bestätigung für sein uneigennütziges Verhalten – und als Motivation für andere, ebenfalls so zu handeln.

Siehe auch: http://www.uni-passau.de/local-heroes/artikel/kelsch-jakob/

Jakob Kelsch hat inzwischen sein Studium abgeschlossen und promoviert an der Universität Passau. Wie sieht er seine gute Tat im Rückspiegel – dreizehn Jahre später?

Ich glaube, ich würde heute noch genauso handeln wie damals. Da habe ich nicht besonders reflektiert, ob ich die Börse nun ins Fundbüro gebe oder nicht, sondern es einfach getan. Natürlich überlegt man im Nachhinein, wie man das gefundene Geld zu persönlichen Zwecken hätte einsetzen können – 500 € sind ja nicht unbedingt wenig. Ich würde also lügen, wenn ich sagen würde, ich hätte mich damals nicht gefreut, wenn sich die Besitzerin nicht gefunden hätte und ich das gesamte Geld erhalten hätte. Aber man kann sich eben nie sicher sein, wem das Geld gehört und welchen Verlust es für diese Person bedeutet. Selbst, wenn es sich um die Geldbörse eines Multimillionärs handeln würde, wäre das Geld nicht mein Besitz. Es geht prinzipiell darum, dass Ehrlichkeit und Verlässlichkeit wichtige Werte im Umgang mit Mitmenschen sind, die dazu beitragen können, das gesellschaftliche Leben positiver zu gestalten. Klar, damals hab ich nicht so abgehoben gedacht, vermutlich hatte ich diese Werte einfach internalisiert.
Der großzügige Finderlohn und die verblüffende Resonanz waren natürlich eine positive Bestätigung für mein Tun. Wenn man wieder eine Meta-Ebene eröffnen will: Auch so etwas wie der Finderlohn stärkt einen gewissen gesellschaftlichen Zusammenhalt. Denn letztlich ist doch jeder froh darüber, wenn er für etwas, das er gut gemacht hat, eine Belohnung erhält. Gut sein allein um des Guten willen – ich denke nicht, dass Menschen so funktionieren: Wir wollen belohnt und in unserem Handeln bestätigt werden, und sei es nur durch die Anerkennung anderer Menschen.
Was die bleibende Wirkung angeht? Nun ja, natürlich stärkt das in gewisser Weise das Selbstwertgefühl: »Hey, ich habe was ›Gutes‹ gemacht und es hat sich ausgezahlt.« Ich wäre aber auch damals schon mit einem Dank und dem Finderlohn zufrieden gewesen. Das mediale Echo war mir schon fast ein bisschen peinlich. Ich befürchtete, damit großspurig dazustehen, für etwas, das selbstverständlich sein sollte. Ich empfinde mich auch nicht als »Local hero«. Ein Held ist in meinem Verständnis jemand, der etwas Positives tut, das über eine gewöhnliche moralische Verpflichtung hinaus geht, beispielsweise jemand, der in

einen reißenden Fluss springt und sich selbst gefährdet, um eine andere Person zu retten. Auf jeden Fall aber hat mich diese bleibende Handlung darin bestärkt, weiter ähnlich zu handeln. Zudem hat sie mich dazu angeregt, diese ganze Thematik zu reflektieren – das ist ja auch etwas!

Anregungen

- Versetz dich in die Lage von Jakob Kelsch: Was geht dir durch den Kopf, nachdem du die Geldbörse gefunden hast? Ein »Engelchen« und ein »Teufelchen« geben dir Ratschläge – notiere sie!
- Erarbeitet aus den beiden Texten die Motive, die das Handeln von Jakob Kelsch bestimmt haben.
- Ist Jakob Kelsch ein Held? Er selbst verneint das!

Porträt: Maximilian Kinne

Maximilian Kinne, ein 12-jähriger Schüler, war morgens mit dem Linienbus unterwegs. Zwischen den Sitzen fand er einen 100-Euro-Schein. Er brachte ihn ins Sekretariat der Schule und fragte, was er damit machen solle. Ein Rückruf bei den Stadtwerken ergab, dass er das Geld beim Info-Point im Gebäude des Zentralen Omnibusbahnhofs abgeben könne. Das tat Max. Der Mann am Schalter dort war tief beeindruckt: »Respekt – ein wirklich feiner Zug! Dass es so etwas noch gibt! Wer weiß, wer den verloren hat und ihn vielleicht auch nötig hat!« Die Antwort von Max: »Das war doch selbstverständlich!« Maxi, wie er an der Schule genannt wurde, hat viel Lob für seine Tat erhalten: »Der Maxi ist an diesem Tag bestimmt um fünf Zentimeter gewachsen«, meinte Maria Lenz, die pädagogische Fachkraft an der Hans-Bayerlein-Schule.

Porträt: Andreas Wolfgruber

Eine kurze Meldung aus der Tagespresse, die es allerdings in sich hat: Der 11-jährige Andreas Wolfgruber fand auf der Straße in Bad Reichenhall 20.000 DM – und gab das Geld bei der Polizei ab! Aus dem Zeitungsbericht geht hervor, dass ein Ehepaar aus Südkorea auf seiner Hochzeitsreise durch Europa das Geld verloren hatte. Andreas entdeckte die Handtasche der Frau mit dem Geld sowie Hochzeitsfotos, als er gerade auf dem Weg zum Fußballtraining war. Er nahm die Ta-

Ehrlichkeit

Name, Vorname	Kurz-Info	Artikelquelle
Antibeispiel Ehrlichkeit*	13 000 Euro beim Bäcker vergessen	PNP, 25.01.2012, Nr. 20, S. 8
Bad Goegging*	4000 Euro fliegen vom Autodach.	PNP, 24.11.2011, Nr. 271, S. 14
Ehrliche Finderin*	Eine Frau findet in Schönberg eine Geldbörse mit 10 000 Euro Inhalt - und zögert nicht, den Fund der Polizei zu melden. Eine weitere ehrliche Finderin fand an einem S-Bahn-Gleis in München eine Louis-Vuitton-Tasche mit 14600 Euro - und gibt sie sofort ab.	PNP, 07.04.2009, Nr. 81, S. 12 PNP, 02.03.2017, Nr. 51, S. 11
Ehrlicher Finder Inntal*	Im Inntal liegt das Geld auf der Straße. Zwei Tausender-Beträge in Julbach und Simbach entdeckt – Ehrliche Finder geben die Summen bei der Polizei ab	PNP, 09.11.2013, Nr.259, S. 10
Kelsch, Jakob	15-jähriger Schüler gelangt überraschend in den Besitz von 500 Euro - und gibt diese umgehend im Fundbüro ab.	Ausstellungstafel
Kinne, Maximilian*	Bub (12) bringt 100-Euro-Schein zum Fundbüro: Für Fünftklässler Maximilian Kinne "eine Selbstverständlichkeit"	PNP, 18.12.2014, Nr. 292, S. 25
Rack, Thomas*	Ehrlicher Finder in eigener Sache: Thomas Rack findet USB-Stick vom Initiator der Local heroes-Datenbank	Hans Mendl, E-Mailverlauf, 03.02.2015
Rothbauer, Christian*	Fairplay vor Torchance in letzter Minute: Fußballspieler Christian Rothbauer nimmt irrtümliche Schiri-Entscheidung auf Foulelfmeter für seine Mannschaft nicht an	PNP, 27.09.2016, Nr. 224, S. 12
Schülerin Dingolfing*	Schülerin (10) findet 500 Euro – und gibt sie zurück.	PNP, 07.11.2013, Nr. 257, S. 11
Syrischer Flüchtling*	Syrischer Flüchtling gibt gefundene 50 000 Euro und Sparbücher bei der Polizei ab	POL-MI, 28.06.2016
Wolfgruber, Andreas*	Andreas Wolfgruber findet auf der Straße in Bad Reichenhall 20.000 DM, das ein Ehepaar aus Südkorea auf der Hochzeitsreise verloren hatte. Der junge Finder gab das Geld bei der Polizei ab	PNP, 03.02.2000, Nr. 27, S. 8
Wischinski, Florian*	Stürmer Wischinski stimmt Schiri um: Kein Foul, kein Elfer, keine rote Karte. Große Geste des Niederaichbachers beim Bezirksliga-Spiel in Gangkofen	PNP, 27.10.2014, Nr. 247, S. 11

Bild 5: Screenshots der Rubrik »Ehrlichkeit« aus der Local-heroes-Homepage

sche mit zum Training und dann mit nach Hause. Zusammen mit seiner Mutter fuhr Andreas zur Polizei und gab das Geld ab. Er erhielt 5 % der Summe als Finderlohn.

Die kurzen Begebenheiten eignen sich, auch für jüngere Schülerinnen und Schüler, ausgezeichnet als Dilemmageschichten. Sie sind in ihrer Struktur einfach nachvollziehbar und ermöglichen verschiedene Verhaltensoptionen, in die sich Kinder und Jugendliche einfühlen können. Was die Beschäftigung mit solchen Geschichten im Grundschulalter spannend und zugleich schwierig macht, ist die anzunehmende entwicklungsgemäße Moralvorstellung der Kinder. Nach den bekannten Stufen der Moralentwicklung argumentieren Kinder in der Regel vom eigenen Blickwinkel und der eigenen Interessenlage aus. Die Fähigkeit, moralische Dilemmata von den Positionen anderer aus zu betrachten, ist noch eingeschränkt und muss deshalb immer wieder geübt werden. Der Lernweg erfolgt über eine perspektivenreiche Annäherung an die Dilemmasituation und vor allem über Methoden der Empathie in die Beteiligten.

Anregungen

- Stell dir vor, du hättest plötzlich 10.000 Euro zur Verfügung? Wofür würdest du das Geld verwenden?
- Du findest eine Geldbörse mit 10.000 Euro: Was machst du?
- Perspektivenwechsel: Was würdest du dir wünschen, wenn du 10.000 Euro verlieren würdest? (evtl., weil realistischer: ..., wenn dein Vater 10.000 Euro verlieren würde?)
- Multiperspektivische Annäherung: Eine Gruppe erschließt die Situation von Andreas' Perspektive aus, eine andere aus der Perspektive seiner Mutter, eine dritte fühlt sich in das koreanische Ehepaar ein. Jede Gruppe formuliert »Herzenswünsche«.
- Berichtet über ähnliche Situationen, die ihr selbst schon einmal erlebt habt!
- Wie begründen die ehrlichen Finder ihr Handeln?
- Testspiel (evtl. als Aufgabe für eine kleine Gruppe): Bei einer Exkursion in die Stadt verliert man absichtlich einen Geldbeutel und beobachtet, was geschieht. Die Personen werden über ihr Verhalten befragt.
- Entwerft eine Urkunde für den ehrlichen Finder!

Kindern und Jugendlichen, die noch wenig mit diskursethischen Verfahren vertraut sind, können vorbereitete Positionsbestimmungen an die Hand gegeben werden. Der Clou dabei: Die Positionen sind so gestrickt, dass die verschiedenen Stufen eines moralischen Urteils nach Lawrence Kohlberg von einer präkonventionellen über eine konventionelle bis hin zu einer postkonventionellen Moral aufscheinen.

Christiane meint: »Es bringt nichts, den Geldbeutel im Fundbüro abzugeben. Der Besitzer weiß ja nicht, wo er ihn verloren hat.«
Sven: »Gib den Geldbeutel beim Fundbüro ab! Ich würde mich auch freuen, wenn ich etwas verlieren würde und dort abholen könnte.«
Miriam: »Meine Mutter sagt immer, man soll Gefundenes zurückgeben.«
Maximilian: »Schau mal, wenn du die Brieftasche zurückgibst, bekommst du eine Belohnung und kommst vielleicht sogar noch in die Zeitung!«
Verena: »So viel Geld ist ja eh nicht drin. Ich würde den Geldbeutel behalten.«
Bianca: »Der Besitzer wollte mit dem Geld vielleicht seinen Kindern etwas Schönes kaufen. Gib es im Fundbüro ab!«
Julian: »Du hättest uns gar nichts von der Sache erzählen sollen! Dann hättest du das Geld behalten und den Geldbeutel verschwinden lassen können.«

Rollenspiel (zu Max Kinne)

1. Bildet Vierer-Gruppen und führt ein Rollenspiel durch. Jeder von euch wählt je eine Position:

- Maximilian findet einen 100 Euro-Schein und frägt seine Freunde um Rat: Soll er den Schein behalten oder abgeben?
- Regina, eine Klassenkameradin von Max, würde das Geld behalten; sie malt sich lebhaft aus, was sie sich von 100 Euro alles kaufen könnte …
- Ein Klassenkamerad ist der Anführer einer Clique, zu der Maxi gerne gehören würde. Er hat Maxis »coole Aktion« mitbekommen und bietet Maxi an, ihn in seine Clique aufzunehmen, wenn er das Geld mit der Clique teilt und sich damit als »cool« erweist.
- Sabrina hat die Unterhaltung der drei zufällig mitbekommen und appelliert ganz klar dafür, das Geld abzugeben.

Führt das Rollenspiel durch! Am Ende eures Rollenspiels sollen die »Maximilians« zu einer Entscheidung kommen und diese vor der gesamten Klasse mit Argumenten vertreten.
2. Diskutiert im Anschluss an das Rollenspiel in der Klasse, welche positiven und negativen Folgen das Verhalten der jeweiligen »Maximilians« mit sich bringt.

Der Lohn: Anerkennung und Finderlohn

Wie bereits erwähnt: Manche ehrlichen Finder verzichten auf den Finderlohn. Es ist aber durchaus nicht nur rechtlich, sondern auch moralisch in Ordnung, den zustehenden Finderlohn entgegenzunehmen. Das mag den einen oder anderen zum guten Handeln motivieren. Was aber sicher weitaus mehr motiviert, ist die öffentliche Anerkennung: »Ehrlicher Finder erfährt viel Lob und Respekt«, ist ein Beitrag von Christian Karl über den oben skizzierten Max Kinne überschrieben, der einen 100-Euro-Schein abgegeben hatte. »Dieser Bub hat Charakter«, freut sich eine Oma, »Das ist sicherlich auch ein Spiegelbild der häuslichen Erziehung durch die Eltern. Respekt!«, so lauten die Kommentare auf PNP online. Die Währung, mit der tugendhafte Menschen heute bezahlt werden, können auch Likes in den sozialen Medien sein!

LITERATURTIPPS

Erlinger, Rainer, Gewissensfragen. Streitfälle der Alltagsmoral, München 2007 (und auch die weiteren Bücher von Rainer Erlinger mit Dilemmageschichten aus dem Alltag!).
Kurzfilm: (19 min, ab 8 J): Finderlohn (drei Mädchen finden das Portmonee ihres Lehrers).

3. Fairplay

Der ehemalige Leverkusener Fußballprofi Stefan Kießling hätte ein Held werden können, wenn er am 9. Bundesligaspieltag der Saison 2013/14 fair reagiert und sein »Phantomtor« zugegeben hätte. Er tat es nicht und wurde dafür in den sozialen Medien und in der Presse heftig kritisiert. Die fehlende Fairness hat Kießling viele Sympathien und vielleicht auch die WM-Teilnahme gekostet.

Es gibt durchaus aus unteren Fußball-Ligen Beispiele, an denen er sich hätte orientieren können!

Beispielsweise Martin Hettmann vom A-Klassisten SV Neukirchen am Inn: Sein Mannschaftskapitän und der gegnerische Torwart waren im Strafraum zusammengeprallt und verletzt liegengeblieben, der Schiedsrichter hatte das Spiel nicht abgebrochen. Statt den Ball ins leere Tor zu schieben, schoss er ihn bewusst ins Aus. Bitter: statt das 4:1 für seine Mannschaft zu erzielen endete das Spiel dann mit 3:3. Unterstützung fand er vom eigenen Vereinsvorstand: Fairplay habe den Vorrang. Einige Zuschauer waren mit seiner fairen Handlung nicht einverstanden. Den Lohn für diesen Akt von Fairness erhält Martin Hettmann über die sozialen Medien: »Da kann man vor Stolz den Hut ziehen!« – »Dass es sowas noch gibt!«

Mit »Bravo, Christian Rothbauer« ist ein kurzer Beitrag über ein ähnliches Fairplay-Verhalten überschrieben: Der Schiedsrichter hatte in der 90. Minute nach einem vermeintlichen Foul an ihm auf Strafstoß entschieden. Der Spieler vom SSV Jandelsbrunn ging auf den Schiedsrichter zu und bekannte, dass er vom Gegner nicht berührt worden war. Ähnlich handelte Florian Wischinski von der SpVgg Niederaichbach: »Schiri, der Tormann hat den Ball gespielt, es war kein Foul«, bekannte er auf Nachfrage des Unparteiischen. So gab es keinen Elfmeter für die eigene und keine rote Karte für die gegnerische Mannschaft. Wischinski erhielt Applaus, aber die eigenen Mitspieler waren geteilter Meinung: »Ich weiß nicht, was ein anderer gemacht hätte, aber ich hielt das so für richtig – und ich würde es auf alle Fälle immer so machen, unabhängig vom Gegner.« Man kann es als verdient bezeichnen, dass Wischinski zwölf Minuten später noch das entscheidende 1:0 für seine Mannschaft erzielte.

Man weiß, dass Sport nicht nur Spaß ist, es scheint dabei um Tod und Leben zu gehen, vor allem beim Fußball, und das beginnt nicht erst bei der A-Klasse, sondern bereits bei der G-Jugend (die sogenannten Pampers-Kicker). Wir wohnen direkt neben dem Ausweichplatz des örtlichen Fußballvereins. Man fühlt sich manchmal am Samstag-Nachmittag inmitten der Champions-League, dabei handelt es sich nur um den Lärm (vor allem der Eltern), der mit einem F-Jugendspiel verbunden ist. Fußballbegeisterte können leidenschaftlich und äußerst kontrovers über das Thema Fairplay diskutieren. Im Rahmen von DJK-Veranstaltungen habe ich mehrmals mit Funktionären (Trainer, Vereinsvorsitzende …) diskutiert und war immer wieder erstaunt, dass durchaus vehement die Meinung vertreten wurde, es wäre gut gewesen, wenn alle drei genannten Spieler sich für den Vorteil ihrer Mannschaft und gegen ein Fairplay entschieden hätten. Man kann das mit Rückgriff auf moralpsychologische Erkenntnisse nachvollziehen: Solange alles regelkonform läuft (»Tatsachenentscheidung« des Schiedsrichters), sehen viele keine Gründe, von sich aus sich zu einer falschen Entscheidung zu äußern oder fair zu handeln. Ziel bei der Ausbildung von Fußballtrainern müsste es sein, diese Logik einer konventionellen Moral (es passt alles, so lange die geltenden Regeln eingehalten werden) auszuweiten auf die Sichtweise einer postkonventionellen Ebene, bei der nicht nur Regeln, sondern auch Prinzipien – wie es beispielsweise das Fairplay ist – einbezogen werden müssen.

Freilich: Die Emotionalität von Sportereignissen bringt es mit sich, dass eine rein »objektive« Entscheidung eine Fiktion bleiben wird. Die Sicht auf ein Ereignis hängt von der eigenen »Fanbrille« ab, wie viele leidenschaftliche Diskussionen um umstrittene Szenen auch lange nach einem Spiel verdeutlichen. Die Medien leben davon. Voraussetzung für ein faires Handeln ist die eigene Einsicht. Die persönliche Sicht auf die Dinge ist aber natürlich äußerst subjektiv, wie die älteren oder noch aktiven Stars verdeutlichen, die in aller Regelmäßigkeit theatralisch den Gefoulten mimen bzw. sich tatsächlich so fühlen. Zum Repertoire eines Spielers (und vermutlich auch der Trainer) gehört das ganze Arsenal der Methoden, Vorteile für die eigene Mannschaft zu erlangen, und zwar diesseits und jenseits des Zulässigen.

Das alles lässt sich auf andere Lebensbereiche übertragen: Nicht alles, was legal ist, ist von einer höheren Warte aus betrachtet auch legitim!

Der Deutsche Fußballverband legt Wert auf Fairplay (https://www.dfb.de/fair-playgewaltpraevention/start/) und verleiht seit 1997 jährlich Fair-Play-Medaillen. Bis heute gingen knapp 9000 Meldungen aus den Amateurklassen ein – alleine 700 Meldungen im Jahr 2018. Unter https://www.dfb.de/preisewettbewerbe/fair-play-medaille/ findet man

Bild 6a: Ausstellungstafel Projekt Local heroes

Bild 6b: Logo Fair Play DFB

eine Beschreibung der bisherigen Preisträger. So hatte im Jahr 2017 Lukas Bohnert aus dem Südbadischen Fußballverband die Fair-Play-Medaille für seine Zivilcourage erhalten: Er stand einem Schiedsrichter, der nach Abpfiff bedrängt wurde, zur Seite.

Es kommt aber vor, dass einem Local hero der Rummel bezüglich seines Tuns überdrüssig wird. Dies war der Fall bei einem Spielertrainer, der einen ungerechtfertigten Vorteil seiner Mannschaft mit einem Eigentor wettgemacht hatte und vom Deutschen Fußballbund geehrt wurde (siehe auch entsprechende weitere Beispiele auf der Homepage des DFB). Ein wunderbares Beispiel, das gerade unter fußballbegeisterten Kindern und Jugendlichen kontrovers und hitzig diskutiert werden kann! Gleichzeitig nötigt die Entscheidung des fairen Sportlers, einen Schlussstrich zu ziehen und nicht weiter auf die vorbildliche Aktion angesprochen zu werden, Respekt ab; wir haben auf der Homepage (Stichwort »Fairness«) den Namen und die weiteren Daten anonymisiert und auch bei der Erweiterung der Ausstellung »Helden auf Augenhöhe« einen fiktiven Namen (»Kai Unger«; Mendl 2017, 72f) gewählt.

Porträt: Kai Unger

Ein Kreisliga-Spiel zwischen dem FC Neustadt und dem VfL Hohenwasser. Der FC Neustadt steht mit 1:2 in Rückstand, als zu Beginn der zweiten Halbzeit einer der gegnerischen Spieler gefoult wird und verletzt am Boden liegen bleibt. Anstatt den Ball, wie es nach den Regeln des Fairplay eigentlich üblich ist, ins Aus zu befördern, schießt einer der Neustädter Spieler das Leder kurzerhand ins gegnerische Tor. Eine Aktion, mit der niemand gerechnet hat – am allerwenigsten der völlig perplexe Torwart des VfL Hohenwassers, dem es nicht mehr gelingt, den auf ihn zurasenden Ball zu halten.

Trotz heftiger Proteste der Spieler und Zuschauer bleibt dem Schiedsrichter keine andere Wahl, als das unfair erzielte Tor anzuerkennen. Es steht nun 2:2, das Spiel ist wieder offen. Kai Unger, Mannschaftskapitän des FC Neustadt, zögert nicht lange: Er erkämpft sich den Ball, zielt – und schießt ein Eigentor. Ein Tor, das er nicht aus Versehen, sondern mit voller Absicht geschossen hat: »Ich wollte das wieder gerade biegen, denn das gehört sich einfach nicht. Das ist nicht unsere Art, meinem Spieler tut das auch leid«, so der Mittelfeldspieler zu seiner großen Geste.

Letztendlich gewinnt der VfL Hohenwasser das Spiel mit 3:2 – eine Tatsache, die Kai Unger alles andere als traurig macht: »Wir haben verloren, ja und? Wenn wir mit diesem Tor gewonnen hätten, hätten wir uns auch nicht freuen können.« Vollkommen überrascht zeigt sich der Mannschaftskapitän deswegen auch von den zahllosen positiven Rückmeldungen im Anschluss an das Spiel. »Ganz viele haben mich angerufen und gesagt, was für ein toller Typ ich doch bin. Dabei ist das doch normal, was ich gemacht habe.«

Das faire Handeln zahlt sich aber für Kai Unger im Nachgang aus: Er erhält die Fair-Play-Medaille des Deutschen Fußballbunds.

Aus der englischen zweiten Liga gab es im April 2019 ein ähnliches Fair-Play-Beispiel: Der Trainer von Leeds United, Marcelo Bielsa, verordnete seinem Team ein Eigentor, nachdem ein Spieler der eigenen Mannschaft das Fairplay-Gebot nicht eingehalten und ein Tor erzielt hatte, obwohl ein Spieler der gegnerischen Mannschaft verletzt am Boden gelegen war.

Anregungen

- Überlegt, was folgende Personen nach dem Spiel zu Kai Unger sagen könnten: a) Spieler der eigenen Mannschaft, b) Spieler der gegnerischen Mannschaft, c) Fan der eigenen Mannschaft, d) Fan der gegnerischen Mannschaft. – Formuliert verschiedene kurze Aussagen und diskutiert diese: Welche Einstellungen gehen aus den Aussagen hervor?
- Gestaltet eine Ehrenurkunde des Fair-Play-Preises für Kai Unger!
- »Dabei ist das doch normal, was ich gemacht habe.« Diskutiert diese Aussage Kai Ungers und seinen Wunsch, nicht mehr auf sein Handeln angesprochen zu werden!

- Sammelt und diskutiert ähnliche Situationen aus dem Bereich des Sports (z.B. zugeben, dass der Ball die Torlinie überschritten hat, eine »Schwalbe« gestehen, ...). Habt ihr solche Situationen vielleicht sogar schon einmal selbst erlebt? Wie habt ihr damals reagiert?
- Diskutiert die Geschichte mit Erzählunterbrechungen jeweils an den genannten Einschüben:

Ein Fußballspiel zwischen dem FC Neustadt und dem VfL Hohenwasser. Hohenwasser führt vor der Pause mit 2:1. Kurz vor der Pause blieb ein Spieler der führenden Mannschaft nach einem Zusammenstoß mit einem Gegner schmerzverzerrt liegen. Alle Spieler und der Schiedsrichter blickten besorgt zum Verletzten. Bis auf einen seiner Mitspieler: Dieser schob den Ball vorbei am Torwart der VfL ins Tor. Der hatte damit gerechnet, dass der Ball den Fairplay-Vereinbarungen gemäß ins Aus gespielt wurde. Der Schiedsrichter ...

- Wie handelt wohl der Schiedsrichter? Wie würdet ihr als Schiedsrichter handeln?

... musste auf Tor entscheiden, auch wenn die Mannschaft aus Hohenwasser verständlicherweise heftig protestierte. Es stand nun 2:2.

- Wie könnte das Fußballspiel weitergehen? Gäbe es Möglichkeiten, den Verstoß gegen die Fairness-Regeln wiedergutzumachen?

Nach dem Wiederanpfiff wollte der Neustädter Torwart gerade den Abstoß ausführen. Da rief ihm sein Mannschaftskapitän Kai Unger von der Strafraumgrenze aus zu: »Gib doch mal her ...!«

- Überlegt, was der Mannschaftskapitän nun macht!

Der Torwart spielt Kai Unger den Ball zu. Dieser schiebt die Kugel ins eigene Tor.

Alternativen (die vom fachmännischen Publikum noch um Varianten erweitert werden können):

Es kann reizvoll sein, einzelne Parameter so zu verändern, dass ein Fair-Play-Handeln besonders auf die Probe gestellt wird:

- in der 90. Minute zugeben, dass man vom Gegner nicht berührt wurde, beim Stand von 4:0 für die eigenen Mannschaft
- eine »Schwalbe« gestehen – mit der Gefahr, dafür eine gelbe Karte zu erhalten. Oder: Man hat bereits eine gelbe Karte auf dem Konto ...

- in der 90. Minute eine Schwalbe zugeben – beim Spielstand von 0:0
- eine Schwalbe zugeben, obwohl die gegnerische Mannschaft durch eine offensichtliche Fehlentscheidung des Schiedsrichters im Rückstand liegt
- sich zu einer falschen Entscheidung nur dann äußern, wenn man vom Schiedsrichter gefragt wird – oder sie selbstständig anzeigen
- den Ball ins Aus schlagen, weil ein Gegner verletzt am Boden liegt
- den Ball ins Aus schlagen, weil ein Gegner verletzt am Boden liegt, obwohl das die gegnerische Mannschaft schon zweimal im selben Spiel nicht getan hat

4. Friedensarbeit

Als Frieden (ahd. fridu – Schonung, Freundschaft) kennzeichnet man im allgemeinen Sprachgebrauch einen Zustand zwischen Menschen, Gruppe oder Staaten, bei dem Konflikte ohne Gewalt ausgetragen werden. Johan Galtung definierte Frieden als einen prozesshaften Vorgang: Frieden ist (1) ein kontinuierlicher Prozess (2) abnehmender Gewalt (3) bei gleichzeitiger Zunahme an Gerechtigkeit (WiReLex 1.2; Galtung 1975). Politisch war die Friedensthematik seit den 60er-Jahren des 20. Jahrhunderts von den globalen Weltkonflikten unter den Vorzeichen des Kalten Krieges zwischen Ost und West und der darauf reagierenden Friedensbewegung geprägt. Nach dem Ende dieser Ära wurde die Fragestellung in der Schule eher kleinräumig auf das unmittelbare schulische Umfeld bezogen: überall dort, wo in Gruppen, z. B. in der Klasse, Konflikte entstanden, sollten entsprechende Maßnahmen einer Friedenserziehung ergriffen werden (z. B. Streitschlichterprogramme). Eine neuere Sensibilität für die großräumigere politische Dimension der Friedensfrage und die politische Bildung überhaupt ergibt sich von den als unlösbar erscheinenden weltweiten Konflikten her, die mit einer zunehmend globalisierten Welt und einer postmodernen Gesellschaft, in der Sicherheiten ab- und Unsicherheiten zunehmen, mit der Flüchtlingsbewegung, mit der Zunahme völkischer Nationalismen und der Zunahme von Gewaltphänomenen in Gesellschaft, Medien und Politik zusammenhängen.

Folgende Ebenen einer Friedenserziehung sind also bedeutsam: (1) Konfliktlösung im Nahbereich: Friedenserziehung beginnt bei der Sensibilisierung für Konflikte, Ausgrenzung und Gewalt im Nahbereich; hier setzt die Arbeit bereits in der Grundschule an, auch wenn in einer globalisierten Welt die weiteren Horizonte bereits für Kinder eine Realität sind und, wo nötig, bearbeitet werden sollten. (2) Interkulturelle Konfliktpotenziale: Neben unmittelbaren Auslösern für die Frage nach einem friedlichen Umgang zwischen verschiedenen Kulturen und Religionen (z. B. Gruppierungen aus verschiedenen Ländern) sind Themen, die über die unmittelbare Erfahrung vor Ort hinaus bedeutsam sind, mögliche Anlässe (Antisemitismus, Terrorismus, Rassismus, aber auch Bewältigung des Klimawandels) für eine Bearbeitung. (3) (Welt-)Strukturelle Problemfelder und Lösungsansätze: In höheren Jahrgangstufen geht es

um die Beschäftigung mit den politischen Implikationen von Krisenphänomenen, die zu Gewalt und Unrechtsstrukturen führen (Wirtschafts- und Finanzkrise, Migrationsgesellschaft, Gefährdungen der Demokratie, Gen- und Biotechnik, Umwelt und Nachhaltigkeit, Bundeswehreinsätze, die Problematik des gerechten Kriegs, Weltorganisationen, Positionen der Kirchen).
Exemplarisch für viele andere Friedensprojekte soll im Folgenden das Projekt »Peace counts«, vorgestellt werden.

Porträt: Michael Gleich

Bild 7a: Michael Gleich; Foto: privat

Der Journalist Michael Gleich (geb. 1960), der als Initiator und Motor hinter dem Projekt »Peace counts« steht, stellt fest: Das Interesse am Krieg ist groß – das am Frieden schon weit weniger! Selbst Friedensinstitute machen sich mehr Gedanken darüber, wie es zum Krieg kommt, als darüber, was nach einem Krieg geschehen kann, um Frieden zu schaffen! Deshalb hat Michael Gleich ein Netzwerk von namhaften Journalisten und Fotografen begründet, das hochwertige Friedensreportagen über Projekte in der ganzen Welt verfasst. »Peace Counts stellt die Arbeit erfolgreicher Friedensmacher in aller Welt in den Mittelpunkt. Sie sind das Thema von Texten, Fotos und Beiträgen für Funk und Fernsehen. Sie fließen ein in Ausstellungen, in Konfliktregionen und in Deutschland, begleitet von friedenspädagogischen Seminaren und Journalistentrainings. Träger von Peace Counts sind die Berghof Foundation, Zeitenspiegel Reportagen und culture counts foundation gGmbH«, heißt es auf der Homepage (www.peace-counts.org, siehe: »über uns«). Das Projekt wurde mit vielen Preisen ausgezeichnet und konnte zahlreiche Sponsoren und Kooperationspartner gewinnen. Auf vielen crossmedialen Ebenen ist »Peace counts« zugänglich – über eine eigene Ausstellung, die beim Institut für Friedenspädagogik in Tübingen ausgeliehen werden kann und zu der es ein hervorragendes pädagogisches Begleitprogramm gibt (Gugel 2009), über ein Buch mit dem Titel »Die Friedensmacher«

(Gerster/Gleich 2005), über zahlreiche Reportagen in verschiedenen Journalen und natürlich über die entsprechenden Internetadressen (www.peace-counts.org; www.friedenspaedagogik.de).

Bild 7b: Buchcover »Die Friedensmacher«

Das Projekt weiß sich einem konstruktiven, lösungsorientierten Journalismus verpflichtet: Darunter versteht man eine Bewegung im Journalismus, die über positive Entwicklungen berichten will, um ein negatives Weltbild bei den Lesern zu verhindern. Dabei werden Prinzipien aus der positiven Psychologie in den Journalismus einbezogen. Probleme stellen zwar den Ausgangspunkt dar, es soll aber auch beschrieben werden, welche Lösungsansätze zur Bewältigung der Probleme beitragen. Folgerichtig stehen vor allem die »Friedensmacher« im Mittelpunkt: Menschen, die in Gegenden dieser Welt, die vom Krieg geprägt waren oder noch sind, kleine und große Schritte auf dem Weg zum Frieden unternehmen.

Bild 7c: Screenshot Homepage »Peace Counts«

Die Nähe zum Local-heroes-Projekt ist evident: »Wer sich engagiert, muss nicht Gandhi oder Mutter Teresa sein. Ganz normale Menschen mit Mut und Durchhaltevermögen arbeiten daran, zerstörte Regionen wiederaufzubauen, das Trauma des Krieges zu heilen und ehemalige Feinde zu versöhnen. Sie haben Erfolg, wie die Beispiele und Biografien aus über 20 Ländern zeigen. Ein globales Netzwerk von Friedensstiftern ist im Entstehen«, so formuliert dies Michael Gleich (Gerster/Gleich 2005, 197). Petra Gerster fügt hinzu: »Friedensmacher sind normale Menschen. Von anderen unterscheidet sie vor allem, dass sie über einen starken Willen und eine Vielzahl von Kompetenzen verfügen, die man erwerben, zumindest aber verfeinern kann. Besonders Kinder und Jugendliche brauchen solche lebensnahen, anfassbaren Vorbilder. An ihnen können sie sich orientieren, um angesichts von gesellschaftlichen Problemen nicht zu verzagen, um Zuversicht zu fassen, dass Lösungen möglich sind – wenn man danach sucht« (Gerster/Gleich 2005, 10f).

In der Ausstellung und im Buch findet man eindrucksvolle Reportagen:

- Abt Benedikt Lindemann lebt und vermittelt in Palästina zwischen israelischen Juden und palästinensischen Muslimen (Gerster/Gleich 12–27).
- Zwei ehemalige Terroristen in Nord-Irland, Peter McGuire (Protestant) und Joe Doherty (Katholik) sind nun als Sozialarbeiter tätig (ebd. 28–41).
- Elena Gulmadova vermittelt zwischen muslimischen Albanern und christlichen Mazedoniern (ebd. 42–57).
- Padre Giovani ist in Kolumbien zwischen Paramilitärs, Guerilleros und Soldaten unterwegs (ebd. 58–73).
- Ein Tamile mit deutschem Pass, Singham Nasaringham, beteiligt sich am Aufbau im zerstörten Sri Lanka (ebd. 74–89).

Im Sommer 2016 fand in einem Dorf in Brandenburg die »Peace Counts Global Peacebuilder Summit« statt: Über 30 Friedensstifter aus der ganzen Welt versammelten sich, um sich darüber auszutauschen, wie die Zivilgesellschaft gestärkt werden könnte, aber auch über die Kraftquellen, die Friedensstifter benötigen – das ist die Tagung selbst, bei der Solidarität und Hoffnung spürbar werden. Dabei waren beispielsweise Imam Ashafa und Pastor James Wuye; sie vermitteln in Nigeria zwischen verfeindeten christlichen und muslimischen Gemeinden. Mossarat Quadeem aus Pakistan hilft Jugendlichen, den Absprung von den Islamisten zu schaffen. Assad Shaftari war früher Geheimdienstchef im Libanon und klärt heute mit seiner Organisation »Fighters for Peace« Jugendliche in Schulen auf, Konflikte nicht mit Gewalt zu lösen. Einige dieser Friedensaktivisten werden in neueren Reportagen auf der Homepage von Peace Counts porträtiert.

Die Reportagen fokussieren sich jeweils auf wenige Gesichtspunkte – geschildert werden der Konflikt und die Wege einer Problemlösung; die Personen werden nicht als Heilige dargestellt, aber durchaus als Bekehrte! Ein biografischer Ansatz wird also mit einer Best-Practice-Orientierung verbunden; gefördert werden sollen eine konstruktive Konfliktbearbeitung, die Einsicht in die Chancen eines Gewaltverzichts, Zivilcourage, Altruismus und Versöhnung. Das didaktische Begleitmaterial zur Ausstellung (Gugel 2009) lädt zu einer produktiven Auseinandersetzung mit den dargestellten Personen und Situationen ein.

Die Homepage (www.peace-counts.org) wird ständig aktualisiert. »Peace counts on tour« bringt die Ausstellung auch in aktuelle Konfliktregionen und möchte dort Menschen inspirieren, eine eigene Kultur des Friedens zu kreieren: so z. B. im Jahr 2013 in den Kaukasus und nach Indien oder im Jahr 2011 nach Afghanistan und Jordanien.

Besonders hervorzuheben sind sowohl im Buch wie auch in der Ausstellung die Bilder: »Was bedeutet Friedensfotografie? Man muss viel genauer hinsehen. Die Dramatik des Krieges ist evident. Aber es herrscht auch eine Dramatik im Geschehen nach dem Krieg. Der Versuch, wieder aufzubauen, Sisyphusarbeit, immer wieder neu anzufangen, sich nicht entmutigen zu lassen. Für die Leute ist es schon dramatisch, unter welchen Umständen sie da leben müssen. Und diese Dramatik zu beobachten, da bedarf es schon eben Geduld und genaue Beobachtung, um das auch für den Betrachter sichtbar zu machen.«, meint der Fotograf Uli Reinhardt (Gugel 2009, 37).

Ziel einer Auseinandersetzung mit den Friedensprojekten und vor allem mit den Menschen, die sie initiieren, ist es, den Blick der Kinder und Jugendliche zu weiten und sie für den hohen Wert des Friedens zu sensibilisieren – individuell aber auch politisch und weltweit: »Der Friede ist ein Baum, der eines langen Wachstums bedarf«, sagt Antoine de Saint-Exupéry. In diesem Sinne verstärkt der Einbezug von »Friedensmachern« (Gerster/Gleich 2005) die politische Dimension des Religionsunterrichts

(vgl. Mendl 2018a, 172–179), da die Ebene der interpersonellen Auseinandersetzung bei diesen Biografien sinnvoll nur über den Einbezug der gesellschaftlichen, sozialen und politischen Dimension und ideologiekritischer Reflexionen angegangen werden kann.
Helden sind die Friedensstifter ganz sicher. Aber auch die Journalisten wie Michael Gleich, die sich entgegen der Journalismusweisheit »only bad news are good news« auf eine konstruktive Berichterstattung über Menschen, die den mühseligen Weg zum Frieden wagen, konzentrieren, sind Helden.

Anregungen

- Diskutiert die These, dass Krieg leichter ist als Frieden!
- Sucht die Homepage von »peace counts« auf und studiert die aktuellen Beispiele von Friedensstiftern aus aller Welt. Ordnet jeder Person Eigenschaftsworte zu, die ihr Handeln beschreiben. Aus den gesammelten Eigenschaftsworten zu verschiedenen Personen könnt ihr eine Collage gestalten.

Nach der Logik der oben skizzierten Ebenen, in denen Frieden von Bedeutung ist, kommen weitere Aktivitäten in den Blick, die wieder stärker lokal ansetzen: Junge Menschen, die einen Friedensdienst ableisten, und Kinder und Jugendliche, die sich an ihrer Schule für eine Schlichtung von Streitigkeiten einsetzen.

Poträt: Aljoscha Seipel, Friedensdienst in Israel (Freiwilligendienst)

Der gebürtige Aschaffenburger gehört zu den jungen Menschen, die sich den Beschleunigungstendenzen einer wirtschaftsgesteuerten Kulturpolitik widersetzen und Lebenszeit einsetzen, um Erfahrungen zu erweitern: Er leistete nach seinem Abitur und vor seinem Kulturwirtschafts-Studium in Passau ein Jahr lang einen Freiwilligendienst in Israel. Möglich gemacht hat dies die »Aktion

Bild 8: Aljoscha Seipel vor dem Mahnmal der NS-Opfer; Foto: Johannes Munzinger, PNP

Sühnezeichen Friedensdienste« (ASF): »Die Auseinandersetzung mit dem Nationalsozialismus und seinen Verbrechen ist für Aktion Sühnezeichen Friedensdienste (ASF) Motiv und Verpflichtung für konkretes Handeln in der Gegenwart«... Sie will »für die heutigen Folgen dieser Gewaltgeschichte sensibilisieren und aktuellen Formen von Antisemitismus, Rassismus und Ausgrenzung von Minderheiten entgegentreten«. So wird die Zielsetzung der im Jahre 1958 gegründeten Organisation auf ihrer Homepage beschrieben (https://www.asf-ev.de/ueber-uns/organisation/verein/kuratorium/ziele-und-leitsaetze/). Junge Menschen können über Aktion Sühnezeichen weltweit einen Freiwilligendienst leisten, zum Beispiel in einem Seniorenheim jüdischer Gemeinden, in denen Überlebende der Schoa untergebracht sind.

Dass Seipel dieses Angebot wahrnehmen wollte, war ihm nicht erst nach seinem Abitur klar: »Tatsächlich kam mir der Gedanke schon vorher. Ich habe mich in der Oberstufe ziemlich intensiv mit dem Thema Nationalsozialismus auseinandergesetzt und wollte dann nach Israel. Das war eine Herzensangelegenheit.« Dabei ging es ihm nicht darum, durch sein gutes Werk Wiedergutmachung für die Gräuel der Nazis zu betreiben: »Solche Verbrechen lassen sich nicht wieder gut machen. Es geht darum, ein Zeichen zu setzen. Die Opfer des Nationalsozialismus sind ja nicht verschwunden, die leben immer noch. Die sollten und dürfen wir nicht vergessen.« Die ASF unterstützte ihn mit Büchern und Kursen, damit er sich auf die Landessprache Hebräisch vorbereiten konnte. Nach einem Einführungsseminar in Berlin ging es dann direkt nach Israel, wo er von September 2015 bis 2016 in der israelischen Stadt Afula in einer Einrichtung für Menschen mit Behinderungen arbeitete.

Eine anstrengende Arbeit: »Im Prinzip habe ich am Leben der Menschen, die dort wohnen und arbeiten, teilgehabt. Ich habe um 6 Uhr angefangen, ihnen beim Anziehen geholfen, bin mit ihnen zur Arbeit gegangen. Ich hatte normalerweise einen Achtstundentag und habe auch pflegerische Tätigkeiten übernommen.«

Dennoch sei Seipel genug Freizeit und Abwechslung geblieben: »Ich bin überall rumgereist, mit israelischen Freiwilligen. Wir hatten auch noch weitere politische und historische Seminare, sind an den Gazastreifen gefahren und haben uns dort mit den Leitern verschiedener Nichtregierungsorganisationen getroffen.«

Seipel sagt zwar, dass er sich nach einem Jahr doch darauf gefreut habe, wieder nach Hause zu seiner Familie zu kommen, schließlich habe er, wie er verschmitzt lachend zugibt, »vorher noch nie so lange und so viel gearbeitet. Arbeit ist eben hart«.
Seinen Entschluss habe er dennoch keine Sekunde bereut. Schließlich habe er »eine ganze Menge« gelernt. Er habe nicht nur eine neue Kultur und Sprache kennengelernt – Seipel lernt noch heute weiter Hebräisch – und »unglaublich viele Sinneseindrücke« erfahren. Er sei in diesem Jahr durch die Arbeit mit Behinderten vor allem reifer geworden: »Ich habe dadurch vor allem gelernt, Verantwortung zu übernehmen. Es war unheimlich anstrengend, aber genau so erfüllend. Es hat einen großen Teil zu meiner Persönlichkeitsentwicklung beigetragen.«
Seit seinem Freiwilligendienst ist er Mitglied bei der ASF. Jetzt will er eine Passauer Gruppe auf die Beine stellen. Aber: »Zur ASF kommen relativ wenige Leute aus Bayern. Gerade deshalb ist es mir ein Anliegen, den Passauern die ASF näher zu bringen und sie zum Engagement zu ermutigen.«
Er könne allen, die über 18 sind, nur dazu raten. Die einzigen Voraussetzungen seien Interesse und die Bereitschaft, Verantwortung zu übernehmen, »persönlich und historisch«.
(orientiert an der Reportage von Johannes Munzinger, PNP 25/31.01. 2017, Nr. 25, 18: »Es geht darum, ein Zeichen zu setzen«)

Anregungen

- Aljoscha sagt zum Thema Nationalsozialismus selbst: »Solche Verbrechen lassen sich nicht wieder gut machen. Es geht darum, ein Zeichen zu setzen.« Fallen dir solche »Zeichen« ein, die man heutzutage setzen könnte, um mehr Offenheit und Toleranz gegenüber Jüdinnen und Juden zu zeigen und zu leben? Stellt solche Zeichen gemeinsam in der Klasse in einer Liste zusammen.
- Auf dem Foto siehst du das Mahnmal der NS-Opfer in Passau. Erkunde deinen Heimatort/deine Umgebung und finde heraus, ob es dort Denkmäler gibt. Schau sie dir genau an: Kannst du erkennen, woran sie erinnern sollen? Gehen die Leute daran achtlos vorbei oder halten sie kurz inne? Gibt es besondere Tage im Jahr, an denen sich Menschen um das Denk-/Mahnmal versammeln? Vielleicht gibt es in deinem Ort »Stolpersteine«: Recherchiert die Menschen und Ge-

schichten, die dahinterstehen! Eure Produkte können in ein Ausstellungsprojekt münden!

- Gestalte selbst zeichnerisch ein Mahn- bzw. Denkmal! Bringe darin zum Ausdruck, an welches historisches Ereignis die Menschen deiner Meinung nach erinnert werden sollten und warum es damals und heute eine Bedeutung für das Zusammenleben der Menschen darstellt!
- Gestaltet ein Fotoprojekt zum Thema »Frieden in unserer Stadt/ Frieden an der Schule »: Mögliche Blickwinkel könnten sein: »Das läuft gut ...« – »Hier liegt etwas im Argen ...« – »Hier gibt es Spannungen zwischen ...«.

DVD-Tipp

Hannas Reise (DVD Deutschland-Israel 2013): Die karriereversessene Hanna schlittert in einen Friedensdienst in Israel, der ihre Weltsicht verändert.

Streit schlichten vor Ort

Streitschlichter-Programme gibt es an vielen Schulen. Der Hintergrund: Schule wird nur dann eine Wertegemeinschaft, wenn Verhaltenskodizes nicht von oben verordnet werden, sondern im Idealfall alle Mitglieder der Schulgemeinschaft an der Entwicklung gemeinsamer Werte und Regeln teilhaben und sich immer wieder über deren Einhaltung bzw. Erneuerung verständigen. In den großen pädagogischen Entwürfen eines Janusz Korczak oder in Alexander S. Neills Demokratischer Schule Summerhill waren Mitbestimmungselemente wie ein Kinderparlament oder ein Kameradengericht enthalten, bei denen die Kinder und Jugendliche selbst über Regelverstöße urteilen sollten. Streitschlichterprogramme zielen in eine ähnliche Richtung, so beispielsweise am Josef-Bernhart-Gymnasium in Türkheim (die folgende Darstellung orientiert sich an der Homepage des Joseph-Bernhard-Gymnasiums in Türkheim: https://www.gymnasium-tuerkheim.de/183.html):

Bei der Streitschlichtung begleiten Schülerinnen und Schüler, die dafür ausgebildet wurden, die beteiligten Konfliktpersonen beim Bemühen, den Konflikt zu klären und zu lösen. Das ideale Ziel einer Streitschlichtung besteht darin, dass einer Win-Win-Lösung gefunden wird, so dass keiner als Verlierer zurückbleibt. Ein Streitschlichtungsgespräch hat in der Regel mehrere Phasen, bei denen Mitschülerinnen und Mitschüler, die einen länger anhaltenden Konflikt miteinander haben und alleine nicht lösen können, durch ein Schlichtungsgespräch darin unterstützt werden, selbst die Lösung für ihr Problem zu finden. Die Streitschlichter leisten Hilfestellung, sie sind unparteiisch und keine Richter. Von zentraler Bedeutung ist, dass der ganze Prozess vertraulich erfolgt.

Streitschlichtergespräche können so ablaufen: Erst werden die Regeln erklärt, dann schildern die Konfliktparteien nacheinander ihre Sichtweise des Konflikts. Die Streitschlichter hören ihnen zu. Sie sind darin geschult, verschiedene Gesprächstechniken anzuwenden, wie z. B. das aktive Zuhören oder Spiegeln. In der nächsten Phase wird versucht, die Hintergründe des Konflikts zu durchleuchten. Wichtig ist dabei, dass auch auf die Gefühlsebene (Emotionen, Verletzungen ...) der Konfliktpartner eingegangen wird. Auf dieser Basis können dann Lösungsvorschläge gesammelt und gesprochen werden. Am Ende werden die wichtigsten Punkte der gefundenen Lösung in einem verbindlichen Einigungsformular eingetragen, das von allen Anwesenden als Abmachung unterschrieben wird.

Zu einem konfliktfreien Schulklima können alle, Schüler und Lehrer, ihren Beitrag leisten. Die Mediatoren können helfen, die Konflikte, die Mitschüler haben, mit Worten statt mit Fäusten zu lösen.

Streitschlichter werden geschult, damit sie die verantwortliche Aufgabe wahrnehmen können: Das ist beispielsweise im Rahmen eines Wahlunterrichts möglich, an dem die Schülerinnen und Schüler teilnehmen. Themen sind Konfliktmanagement, Körpersprache, Gesprächsführung und Grundlagen und Phasen einer Schlichtung – also Schlüsselkompetenzen, die man auch in anderen Lebensbereichen gut brauchen kann! Die Streitschlichter erhalten am Ende der Ausbildung ein Zertifikat.

Porträt: Simone Sirch, Streitschlichterin

Ein Aushang an der Schule, »Streitschlichter-Ausbildung«, fiel mir ins Auge, als ich in der 8. Klasse war. Streitigkeiten im Schulalltag störten mich schon immer; denn eine miese Stimmung belastet das Unterrichtsklima und das Schulleben. Konflikte verleiden einem die Schule und den Unterricht. Deshalb wollte ich lernen, wie man anderen bei der Lösung von Konflikten helfen kann. Dass mich tags darauf auch noch ein Lehrer ansprach und mich für geeignet für die Ausbildung zum Streitschlichter hielt, hat mich ungemein gefreut und schlussendlich überzeugt. Die Ausbildung war sehr hilfreich, wir lernten, anderen zu helfen, selbst auf eine Konfliktlösung zu kommen, und wir erfuhren viel über Mobbing. Gerade jüngeren Schülern ist oft nicht bewusst, wo Mobbing anfängt und was man damit anrichten kann.

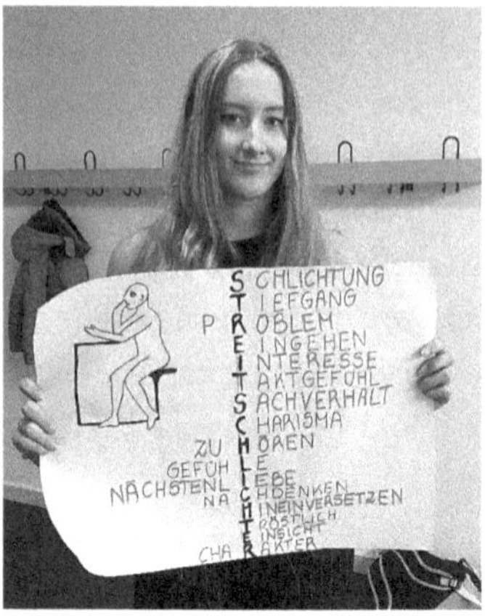

Bild 9: Simone Sirch; Foto: Hannah Kronegger

Vor meiner ersten Streitschlichtung, die ich gemeinsam mit einer Partnerin durchführte, war ich ganz schön aufgeregt und nervös. Statt auf dem grünen Tisch Konflikte theoretisch über Rollenkarten zu besprechen, ging es nun um einen richtigen Streit zwischen zwei Schülern. Die beiden Konfliktpartner waren sehr schüchtern, aber nach der Schilderung des Konflikts war das Eis gebrochen. Es handelte sich um keinen besonders schwierigen Konflikt, aber das war für den Anfang gut so, und bald konnte eine Lösung gefunden werden, mit der beide Seiten zufrieden waren.

Was mich besonders herausfordert, ist, dass wir als Streitschlichter nicht direkt in den Konflikt eingreifen dürfen; wir sind keine Richter, sondern Mediatoren. Unsere Aufgabe besteht darin, die Konfliktpartner in ein Gespräch zu bringen, so dass sie selbst eine Lösung für ihr Problem finden. Es ist gar nicht leicht, sich hier zurückzuhalten, vor allem dann, wenn sich das Gespräch im Kreis dreht, obwohl eine Lösung eigentlich schon nahe wäre.

Besonders wichtig finde ich, dass kein Lehrer bei der Streitschlichtung beteiligt ist. Oft ist es so, dass sich streitende Schüler lieber anderen Schülern anvertrauen. Das liegt sicher auch daran, dass sie meinen, dass wir als Gleichaltrige ihre Probleme besser nachvollziehen können. Meine Partnerin und ich hatten mal so einen Fall, bei dem die Konfliktpartner vor der Wahl standen: nachsitzen oder ein Besuch bei den Streitschlichtern. Die Entscheidung war natürlich sehr schnell getroffen! Beim Gespräch mit den beiden stellte sich heraus, dass das Problem doch tiefer ging, als die beiden anfangs gemeint hatten; aber letztlich konnten wir den Streit klären. Ich glaube, dass dieser tiefersitzende Konflikt nicht an die Oberfläche gekommen wäre, wenn ein Lehrer dabei gewesen wäre. Es freut mich nach wie vor, meinen Mitschülern helfen zu können, Probleme, die sie belasten, aus dem Weg zu räumen und ihnen so das Schulleben einfacher machen zu können. Ich habe selbst ungemein von der Ausbildung und von der Tätigkeit als Streitschlichter profitiert. Wenn ich heute mit jemandem Streit habe, versuche ich immer so vorzugehen wie bei einer Schlichtung: Ich benenne meinen Standpunkt, höre dem anderen zu, versuche mich in ihn hineinzusetzen und suche mit ihm nach einer Lösung. Außerdem bemühe ich mich darum, dem anderen meine Meinung mit Hilfe von Argumenten darzulegen, damit er meine Sicht der Dinge besser verstehen kann. Was ich bei der Streitschlichtung gelernt habe, kann ich sicher später einmal in meinem Beruf brauchen: Wie man mit Konflikten umgeht, wie man im Team arbeitet, dass man sich in andere Menschen einfühlen kann. Und schließlich haben wir für die Ausbildung ein Zertifikat erhalten – wer weiß, wofür mir das noch nützt! Ich kann jedem nur empfehlen, Streitschlichter zu werden – es lohnt sich wirklich!

Anregungen

- Betrachtet das Streitschlichtermodell von beiden Seiten aus: Was haben die Schülerinnen und Schüler, die zerstritten sind, davon, dass sich Gleichaltrige einschalten? Und was bringt es Jugendlichen, sich als Streitschlichter zu engagieren? Sammelt Argumente und diskutiert sie!
- Erstellt ein Akrostikon zum Begriff »Streitschlichter« und charakterisiert diesen »Job« mit entsprechenden Wörtern, die ihr den einzelnen Buchstaben zuordnet (es muss nicht der Anfangsbuchstabe sein). Vergleicht eure Ergebnisse!
- Gibt es an eurer Schule ein Streitschlichter-Programm? Falls ja: Interviewt die Streitschlichter z. B. mit folgenden Fragen:
  Was hat dich dazu motiviert, dich zum Streitschlichter ausbilden zu lassen?

Erzähl doch mal, wie es dir bei einer Streitschlichtung ergangen ist! Was war herausfordernd, wo bist du an deine Grenzen gekommen, wie haben die Konfliktpartner auf dich und euch reagiert, was war das Ergebnis ...? Wenn du auf dein Engagement als Streitschlichter zurückschaust: Was war dein Gewinn dabei?

LITERATURTIPPS

Gerster, Petra/Gleich, Michael, Die Friedensmacher, München 2005.
Haußmann, Werner u. a. (Hg.), Handbuch Friedenserziehung. Interreligiös – interkulturell – interkonfessionell, Gütersloh 2006.

5. Geflohenen helfen

Angela Merkel hat für ihre mutige Entscheidung im September 2015, die Flüchtlinge, die im Balkan in eine Sackgasse geraten waren, nach Deutschland reisen zu lassen, den Friedensnobelpreis verdient. Bis Ende des Jahres 2015 kamen fast eine Million Flüchtlinge nach Deutschland. Das löste bei vielen Menschen Angst aus. Die Juristen mögen sich darüber streiten, ob Merkels Entscheidung gegen das Grundgesetz der Bundesrepublik Deutschland gewesen ist – was wäre die Alternative gewesen? Der menschenverachtenden Politik eines Victor Orbans wären tausende Menschen zum Opfer gefallen; viele der Geflüchteten hätten nicht überlebt.

»Ich war fremd und nackt, und ihr habt mich aufgenommen«, heißt es in der berühmten Weltgerichtsrede im Matthäusevangelium (Mt 25,43). Die jesuanische Botschaft knüpft an der jüdischen an: »Einen Fremden sollst du nicht ausnützen oder ausbeuten, denn ihr selbst seid in Ägypten Fremde gewesen« (Ex 22,20). Deshalb muss das individuelle Grundrecht auf Asyl erhalten bleiben. Niemand verlässt gerne und freiwillig die Heimat. Das bedeutet nicht, dass man nicht auch vernünftige Regelungen für die Einwanderungsmodalitäten findet und überlegt, wie man mit radikalen und nicht integrationswilligen Zuwanderern umgeht. Es ist sicher nötig, die Asylverfahren insgesamt zu beschleunigen. Das gebietet vor allem die Würde der Geflüchteten. Denn der ministrierende fußballspielende Senegalese ist zunächst nicht ein Problem für den deutschen Staat, sondern für die Person selbst: Es ist unmenschlich, wenn sich Verfahren über Jahre hinweg ziehen, Menschen sich in der Zwischenzeit schrittweise integrieren, Freunde und eine neue Heimat finden – und dann abgeschoben werden.

Im Rückblick ist es noch immer bewegend, sich an die beispiellose Welle der Hilfsbereitschaft zu erinnern, die durchs Land ging. »Welcome to Munich«, hieß es am Münchner Hauptbahnhof. Auch in Passau bildeten sich bald Initiativgruppen, die die Menschen empfingen; die studentische Fluthilfe aus dem Jahr 2013 (siehe in Kap. B 13 »Passau räumt auf«) reaktivierte sich und kümmerte sich um die neue »Flut« (ein ganz übles Wort, mit dem verstellt wird, dass es sich um Menschen handelt, die Schutz suchen!). Unter dem Titel »Passau verbindet« organisierten Stu-

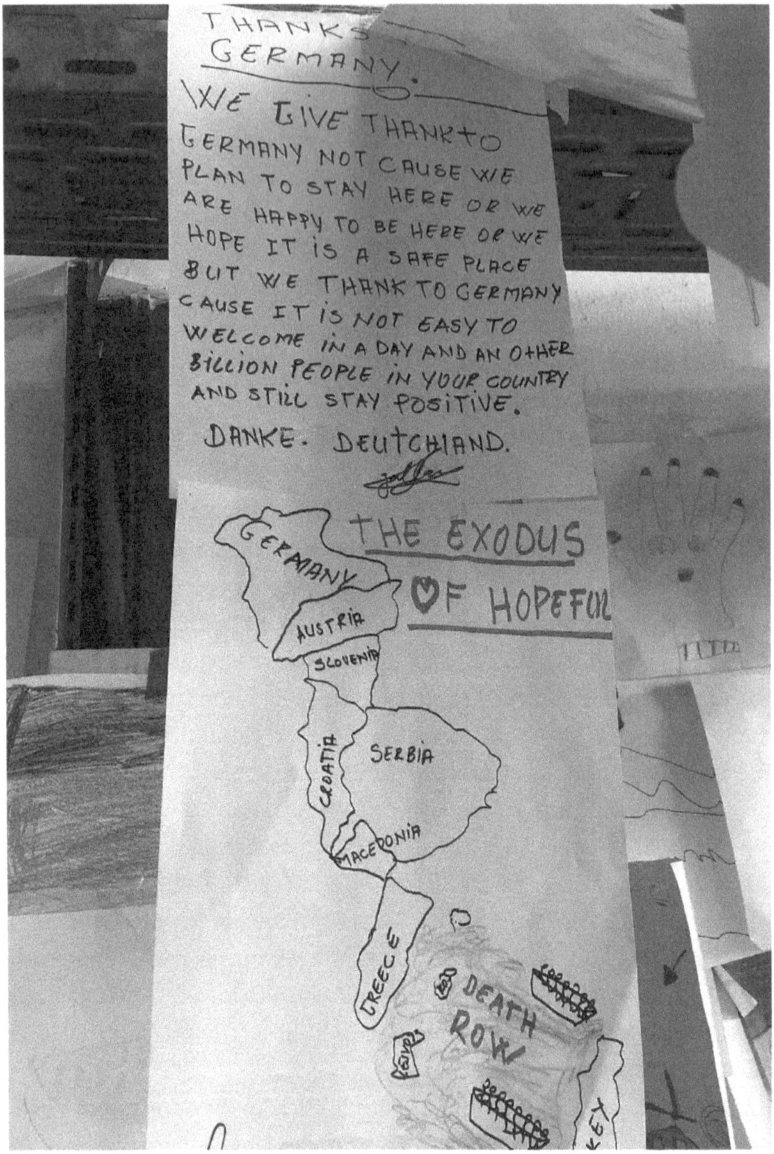

Bild 10: Dankeplakat von Flüchtlingen; Foto: Lisa Wagner

dierende, Dozierende und Passauer Bürgerinnen und Bürger über eine Webseite Hilfe. Zehntausende Freiwillige halfen in ganz Deutschland bei der Verteilung von Spenden, Essen und Kleidung mit. Viele Gruppen, so z. B. die Evangelische Studierendengemeinde in Passau, erteilten in der

Folge Sprachunterricht. Ungezählte Familien nahmen Flüchtlinge auf und brachten sie privat unter. Viele unserer Studierenden engagieren sich bis heute an ihren Heimatorten in der Flüchtlingshilfe. Die zwei Protagonisten von »Passau verbindet«, Lisa Wagner und Dorothea Will, berichten von ihren Erfahrungen:

Porträt: Lisa Wagner und Dorothea Will

Wenn man uns bitten würde, die Ausnahmesituationen im Juni 2013 und im Herbst 2015 mit einem Wort zu beschreiben, so würden wir uns für »sinnstiftend« entscheiden. Dies mag auf den ersten Blick etwas verwundern, denn es war sicherlich der letzte Gedanke, den wir in dieser Zeit im Kopf hatten.

Nach den Erfahrungen mit dem Projekt »Passau räumt auf« im Jahr 2013 fanden wir uns mit ähnlichen Emotionen und dennoch ganz anderen Herausforderungen im September 2015 wieder konfrontiert. Passau war als Grenzstadt einer der Ankunftsorte und Angelpunkte der »Flüchtlingswelle« geworden. Viele, die sich mit uns gemeinsam für »Passau räumt auf« engagiert hatten, waren noch vor Ort und wir schlossen uns zusammen mit anderen Engagierten zusammen, um »Passau verbindet« zu gründen. Wieder war der Plan, die sozialen Netzwerke zu nutzen, um zu informieren, Helferinnen und Helfer zu motivieren und auch zu Sachspenden aufzurufen. Die Aufgaben waren ähnlich, jedoch waren nun statt Gummistiefel Windeln, Feuchttücher oder Tee zu besorgen. Anders als bei der Flut im Jahr 2013 waren nicht hunderte Helferinnen und Helfer in der Stadt gleichzeitig unterwegs. Stattdessen haben wir in genauen Dienstplänen den 24-Stunden-Einsatz in der Sammelstelle in der Danziger Straße organisiert, gleiches galt für die Helferinnen und Helfer am Bahnhof. Im Unterschied zu 2013 war der Alltag in der Stadt fast unberührt von der Ausnahmesituation, in der sie sich eigentlich befand. Unser Engagement lag in einer Parallelwelt, die sich den meisten nur über die mediale Berichterstattung erschloss. Wir wurden mit großer Dankbarkeit empfangen, doch es war nur ein sehr flüchtiger Moment der Begegnung. Bei all dem Leid, das hinter den Geflüchteten lag, und der Unsicherheit, die noch vor ihnen liegen würde, haben wir lernen müssen, dass ein Lächeln, ein warmer Tee und Buntstifte für die Kinder alles war, was wir tun konnten.

Der direkte Kontakt zwischen Geflüchteten und Freiwilligen half Vorurteile auszuräumen. Wir bekamen zahlreiche herzerwärmende Zusendungen von Personen, deren Weltbild sich maßgeblich veränderte. Jedoch konnten wir den Interessensverlust der Medien nicht aufhalten. Oft leben Motivation und der Wunsch zu helfen von der Dringlichkeit und der Überschaubarkeit der Situation. Man ist fertig mit Schaufeln, wenn der Keller frei von Schlamm ist und die Hausbesitzerin ihre Dankbarkeit kaum in Worte fassen kann. Doch wenn man dem zehnten barfüßigen Mann keine Schuhe vermitteln kann, weil das Spendenlager leer ist, wenn man das vierte Baby sieht, das offensichtlich während der Flucht zur Welt kam, wenn die Schichtpläne mehr und mehr Lücken bekommen, weil sich die Gesellschaft der nächsten Krise zuwendet, dann ist es unvorstellbar sich »heldenhaft« zu fühlen.
Lisa Wagner und Dorothee Will

Anregungen

- Überlegt, wieso Lisa Wagner und Dorothee Will ihr Engagement als »sinnstiftend« erlebt haben!
- Die beiden beschönigen nicht: Welchen Herausforderungen mussten sie sich stellen, wo erfahren sie ihre Grenzen?

Es gibt viele historische und aktuelle Gründe, nicht unbedingt stolz auf seine Kirche zu sein. Beim Thema Flüchtlinge aber bin ich stolz auf das Engagement vieler kirchlicher Gruppierungen über alle Altersstufen hinweg und über die vielen deutlichen Positionsbestimmungen aus kirchlichen Gruppierungen, von Pfarrern, Klosterfrauen und Kirchenoberen. Ohne die vielen Kirchengemeinden, die sich seitdem vor Ort in der Flüchtlingshilfe engagieren, wären die gesellschaftspolitischen Probleme gewaltig geworden, und die Gesamtsituation wäre vermutlich weit stärker eskaliert. Das Merkelsche »Wir schaffen das« wäre ohne all diese Menschen nicht möglich gewesen! Gerade in einer Zeit, in der allerorts völkische Nationalismen aufblühen, die sich in unseren Breiten anmaßen, äußerst abstruse Vorstellungen eines »christlichen (?) Abendlandes« zu verteidigen, braucht es ermutigende Stimmen und grenzüberschreitende Solidaritätsaktionen. Und wie immer: all dies beginnt im Kleinen und vor Ort.

Mich erstaunt immer wieder, wie tief die Angst vor den Fremden und einer Überfremdung bei uns, vor allem aber in vielen Nachbarländern – z. B. in Polen, Tschechien oder Ungarn – sitzt. Das hat sicher teilweise historische und lokal bedingte Gründe. Die aktuelle Sonderrolle Deutschland im Umgang mit Flüchtlingen ist historisch begründet und mit den vielfältigen Fäden des II. Weltkriegs und des Nationalsozialismus verbunden – von der Vernichtung des jüdischen Volkes und der jüdischen Kultur über die Erfahrung von Flucht und Vertreibung nach dem Krieg bis hin zu den doch überwiegend guten Erfahrungen mit Gastarbeitern und der damit verbundenen Bereicherung unserer Kultur. Gleichzeitig muss man die Ängste vor dem Fremden und den Fremden ernst nehmen. Ich plädiere schon lange für den Ansatz einer Differenzhermeneutik im Umgang mit fremden Kulturen und Religionen (vgl. Mendl 2017a): Etwas anderes und einen anderen als fremd wahrzunehmen und negative Emotionen hochkommen zu lassen, ist zunächst einmal nachvollziehbar. Meine These: nur wenn wir das nicht verschweigen und die eigene Befremdung bearbeiten, werden ein Dialog und eine starke Toleranz möglich. Ich erinnere mich an Gespräche mit Handwerkern, die entsetzt von den Umständen in Flüchtlingsunterkünften waren, verbunden mit dem Vorwurf, dass sich die Flüchtlinge nicht um die Einrichtung kümmerten, an Erzählungen über ein Unwohlempfinden älterer Menschen, wenn plötzlich zwanzig junge Syrer in einen Discounter strömen, an Berichte über die Undankbarkeit von Flüchtlingsfamilien oder den eigenartigen Umgang der Männer mit ihren Frauen. Eine Studentin hat völlig verunsichert bei mir nachgefragt, wie sie denn mit der Stimmung in ihrem Dorf umgehen soll, wo alle der Meinung waren, dass die muslimischen Kinder selbstverständlich nicht beim Martinszug mitgehen sollten, und auch sonst über einige Vorurteile (aber auch über eine positive Bearbeitung von Vorurteilen!) erzählte. Von daher ist es zu begrüßen, wenn Kirchliche Jugendbüros wie das in Passau in Zusammenarbeit mit ICU-net Fortbildungen zum Thema »interkulturelles Training« anbieten: Man muss lernen, die unterschiedlichen Wertesysteme in der eigenen und anderen Kultur und die verschiedenen kulturellen Kodierungen des Alltagsverhaltens zu deuten: So ist es für uns selbstverständlich, auch für nicht persönliche Gegenstände und gemeinsame Räume Sorge zu tragen, während das in anderen Kulturen anders ist. Ein weiteres Beispiel wäre das »Nein« sagen. Selbst in unserer Kultur ist es oft nicht so leicht »Nein«

zu sagen, aber in vielen anderen Kulturen gilt es als extrem unhöflich. Stattdessen sind abgeschwächte Aussagen (»vielleicht«) oder Ausflüchte (»Es könnte schwierig werden«, »Wir werden uns bei Ihnen melden.«) üblich. Das Wissen um solche kulturellen Unterschiede beugt Missverständnissen vor und ermöglicht erfolgreiche Zusammenarbeit.

Neben den individuellen und gemeinschaftlichen konkreten Hilfsleistungen sind Vereine hervorzuheben, die auf vielschichtige Weise für Toleranz und Völkerverständigung eintreten und dabei viele Ideen entfalten, wie Menschen geholfen werden kann. So verfolgt das »Asylcafé Passau e. V.« in Passau (http://asylcafe.blogspot.com/) das Ziel, eine kulturelle Begegnungsstätte und Anlaufstelle für Flüchtlinge zu sein. Betont wird, dass nicht nur die Flüchtlinge durch die vielfältigen Unterstützungsangebote profitieren, sondern auch die aktiven »Inländer« durch die Begegnung mit anderen Kulturen und Religionen einen Zuwachs an interkultureller Kompetenz erfahren.

Ein weiteres Beispiel: Der Verein »Gemeinsam leben und lernen in Europa e. V.« aus Passau, der bereits in Kap. A 2 (Braucht die Gesellschaft Helden) beschrieben wurde. Der Verein ist auf vielen gesellschaftlichen Feldern aktiv, so auch im Bereich der Integration von Migranten und Geflüchteten. Seit 2013 schult, vermittelt und betreut er ehrenamtliche Sprachpaten für Kinder sowie für erwachsene Geflüchtete, hat zwei Handbücher für ehrenamtliche Sprachpaten produziert, betreibt eine Online-Infoseite zur Flüchtlingshilfe und stellt unter anderem einen Leitfaden für Informationslotsen in der Flüchtlings- und Integrationsarbeit in verschiedenen Sprachen (deutsch, französisch, arabisch, englisch) kostenlos zur Verfügung. Der Verein hat im Laufe der Jahre über 220 ehrenamtliche Sprachpaten ausgebildet. In drei Modulen werden die Paten auf ihre Aufgabe vorbereitet: Was ist meine Rolle als Sprachpate? Welche kulturellen Unterschiede gibt es? Wie kann ich Sprache mit Spaß vermitteln? Jeder Sprachpate unterrichtet einen Schüler pro Stunde, und wenn das Kind ausreichend Deutsch verstehen und sprechen kann, dann endet die Sprachpatenschaft wieder. Mitarbeiterinnen und Mitarbeiter sind derzeit dringend gesucht!

An zwei weiteren Beispielen soll gezeigt werden, auf welch unterschiedliche Weise Menschen in der Flüchtlingshilfe aktiv sind:

Porträt: Simon Urlberger hilft Kidane

Bild 11: Simon Urlberger; Foto: privat

Der Schreinermeister Simon Urlberger sitzt wie täglich um diese Uhrzeit im Pausenraum und isst seine Brotzeit. Plötzlich öffnet sich die Tür und ein junger Mann kommt in den Pausenraum und setzt sich zu Simon. Er stellt sich mit dem Namen Kidane vor. Kidane kommt aus Eritrea und ist seit einem Jahr in Deutschland. Er macht in Simons Betrieb ein Praktikum, um später eine Ausbildung als Schreiner machen zu können. Simon unterhält sich gleich ganz angeregt mit ihm. Im Gespräch kommen sie darauf, dass beide sehr gerne Fußball spielen. Simon spielt ja im Verein. Kidane jedoch nicht, da es ihm in seinem Heimatort im Verein nicht so gut gefallen hat. »Ja, komm doch einfach mal mit zu meinem Training, wir brauchen sowieso immer neue Leute«, schlägt Simon vor. Gesagt, getan. Nur leider hat Kidane keinen Führerschein, weshalb ihn Simon für das Training abholen und natürlich wieder nach Hause bringen muss. Dafür fährt Simon 68 km. Kidane ist nach dem Training ganz begeistert. Er möchte unbedingt wieder mit in das Fußballtraining kommen. Simon freut sich, dass es Kidane gefallen hat und vereinbart mit ihm, ihn zum nächsten Training wieder abzuholen. Die ganze Fußballmannschaft freut sich, dass Simon sich so dafür einsetzt, dass sie einen neuen Spieler haben. Simon holt Kidane mittlerweile seit drei Wochen ab, zweimal unter der Woche zum Training und am Sonntag zum Fußballspiel. Dass er dafür 68 km und über eine Stunde Auto fahren muss, sagt er in keinem einzigen Satz. Wenn man Simon fragt, wieso er denn das macht, antwortet er nur ganz gelassen: »Kidane kommt fast nie aus seiner Wohnung raus, so kann er doch gar keine anderen Menschen kennen lernen; kein Wunder, dass er sich nie richtig wohl fühlt. Wenn ich ihm dabei helfen kann, mache ich das sehr gerne!« Auf das Thema Benzingeld angespro-

chen, winkt Simon nur ab: »Solange ich das jetzt nicht für immer machen muss, mach ich es gerne.«
Nadine Tiefenböck (siehe: www.uni-passau.de/local-heroes unter »Schulprojekte«, 2016)

Anregungen

- Simon sagt, er helfe Kidane gerne. Beschreibe, inwiefern Simon Kidane hilft. Schreibe Simon einen Brief, in dem du beschreibst, wie du sein Handeln findest.
- Gestalte für Simon eine Dank-Urkunde.

Porträt: Petra Rosenauer

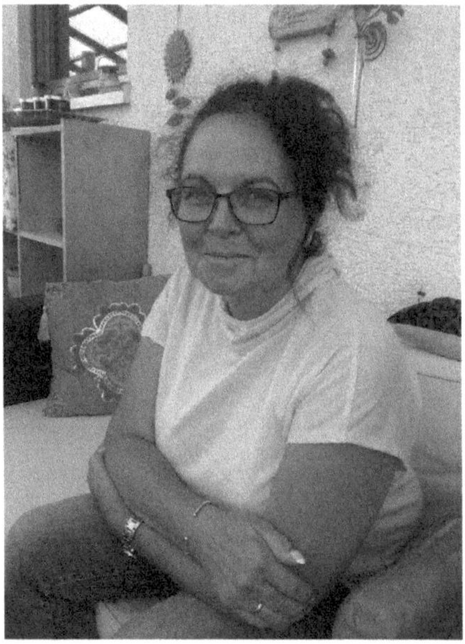

Bild 12: Petra Rosenauer; Foto: Hans Mendl

»Wir sind da irgendwie reingerutscht«, meint Petra Rosenauer, als ich sie nach dem Beginn ihrer intensiven Betreuung von Flüchtlingsfamilien und ihren Kindern befrage. Mit »wir« meint sie die ganze Familie, ihre Tochter Sarah und ihren Mann Franz. Im Kindergarten Jägerwirth befanden sich seit 2015 vermehrt Flüchtlingskinder. Petra, die mit der Leiterin des Kindergartens in engem Kontakt stand, begann bald sich um die Kinder zu kümmern. Vor allem der damals zweieinhalbjährige Nuraldien aus Syrien hatte es ihr angetan: Er war hörgeschädigt und benötigte dringend ärztliche Hilfe. Seine Eltern waren überfordert. Petra fuhr unzählige Male in die HNO-Klinik nach Regensburg und half bei der mühseligen Unterhaltung zwischen den Ärzten und Nuraldien, der noch kaum Deutsch sprechen und verstehen konnte und zusätzlich durch seine Hörschädigung gehandicapt war. Nuraldien besucht inzwischen begeistert eine Hörgeschädigteneinrichtung in Straubing; Petra ist nach wie vor eine zentrale Bezugsperson für ihn. Über die Kinder bekam Petra Kontakt zu vielen geflüchteten Familien, die in der Marktgemeinde Fürstenzell lebten. »Du bist für sie die Mutter der Nation«, meint ihre Tochter Sarah. Sie übernahm Fahrdienste zu den Behörden und zu Ärzten und in Krankenhäuser, war bei Entbindungen dabei und half bei der Wohnungseinrichtung. Ihr Mann Franz hat grob geschätzt mehr als zehn gespendete Küchen in den Wohnungen von Flüchtlingen eingebaut. Das Personal in der Notaufnahme des Krankenhauses duzt Petra, da sie dort immer wieder mit ihren Schützlingen aufschlägt. Wieso macht sie das alles? »Wegen der Kinder«, sagt sie, »die brauchen doch eine Unterstützung!« Die Eltern sind oft mit dem Alltäglichen überfordert: wenn die Kinder krank sind, in die Schule kommen, mit dem Lehrer sprechen müssen. Vor allem dann, wenn die Familien keinen Flüchtlingsstatus mehr haben, fallen sie aus dem Raster. Da springt Petra ein. Sie muss viel Übersetzungsarbeit leisten. Da kommt es immer wieder zu originellen Wortschöpfungen. Wie erklärt man einem syrischen Kind und seiner Mutter, was ein Zäpfchen ist? Klar, ein »Bonbon für den Popo!« Inzwischen sind Freundschaften zwischen ihrer Familie und den Familien aus Syrien und anderen Ländern entstanden; sie werden häufig zum orientalischen Essen eingeladen. Petras Mann Franz fügt hinzu: »Wir sind doch Christen und sollen unseren Glauben auch leben! Jesus hat uns das doch vorgemacht!« Leider erfährt die Familie auch Anfeindungen. »Seid ihr blöd? Kümmert euch doch lieber um Deutsche!« – Da hilft es, wenn Franz erwähnt, dass er auch intensiv einen gestrauchelten Mann aus dem Dorf betreut. Die Rosenauers ärgern sich über die Stammtischparolen und die Unwissenheit. Wegen ihres südländischen Aussehens wurde Petra auch schon direkt angegangen: »Euch schiebt man das Geld doch hinten rein!«, blaffte sie ein Mann im Zug nach Regensburg an. Auf ihre im tiefsten Niederbairisch vorgetragene Entgegnung hin verstummte der Mann. Beharrlich und bescheiden verfolgt Petra ihre Aufgabe. »Du hast einen Helferdrang!« meint ihre Tochter; es fällt ihr manchmal nicht leicht, loszulassen, zu unterscheiden zwischen Situationen, in denen die Flüchtlinge einfach hilflos sind, und solchen, wo sie einen Ansporn zum selbstständigen Handeln benötigen. Was besonders bewundernswert ist: Petra hätte allen Grund, selbst zu klagen, da sie gesundheitlich in mehrfacher Hinsicht angeschlagen ist. Ihr Engagement bezeichnet sie als Therapie, um die Parkinson-Erkrankung in Schach zu halten. »Aber es doch selbstverständlich, dass wir Menschen und vor allem Kindern beistehen, wenn sie Hilfe brauchen!«

Anregungen

- Erstellt eine dreispaltige Liste: Was motiviert Petra Rosenauer und ihre Familie zur Flüchtlingshilfe? Worin besteht ihr Einsatz? Was ist ihr persönlicher Gewinn?
- Was entgegnet Petra wohl dem Mann, der sie im Zug angeht (»Euch schiebt man das Geld doch hinten rein!«)? Spielt die Szene nach!
- Verfasst eine Dankurkunde für Petra Rosenauer!
- Informiert euch über Initiativen vor Ort, die sich um Flüchtlinge kümmern!

6. Generationenübergreifend helfen

Wir bewegen uns in engen biografischen Zeitfenstern, kennen uns in unserer eigenen Lebenskohorte gut aus, verfügen aber nur über einen begrenzten Einblick ins Lebensgefühl, die Vorlieben und Interessen der Generationen vor und nach uns. Wenn unsere Generation vom »HB-Männchen« erzählt oder den Spruch »Welches Schweinderl hätten Sie denn gerne« verwendet, runzeln jüngere Menschen nur die Stirn.

Für den gesellschaftlichen Zusammenhalt erscheint es aber als äußerst bedeutsam, die Beziehungen zwischen den Generationen zu pflegen, und zwar sowohl in der Familie als auch gesamtgesellschaftlich. Das Elterngebot des biblischen Dekalogs muss von seinem Ursprung her als Fürsorgegebote gelesen werden – leider wurde es in der kirchlichen Katechese vielfach als moralisch enggeführtes Gehorsamsgebot fehlinterpretiert. Seine ursprüngliche Zielrichtung ist: Kümmert euch um eure älter werdenden Eltern, so wie diese sich um euch gesorgt haben, als ihr Kinder gewesen seid!

Von dieser Perspektive aus sollen im Folgenden einige Projekte skizziert werden, bei denen entweder jüngere Menschen heute sich ehrenamtlich um ältere kümmern und umgekehrt ältere ihr Lebenswissen an jüngere weitergeben.

In unserer Wanderausstellung »Helden auf Augenhöhe« (Mendl 2017, 72f) findet man das vorbildhafte Projekt »Papperlapapp – Jung und Alt, das klappt!« Organisiert vom Schülerreferat der Diözese Passau haben über 300 Schülerinnen und Schüler aus Passau, Bad Griesbach, Hauzenberg, Vilshofen, Plattling, Deggendorf und Osterhofen ehrenamtlich Seniorinnen und Senioren in Altenheimen und Mehrgenerationenhäusern besucht und deren zumeist nur wenig abwechslungsreichen Alltag aufgeheitert. Die Jugendlichen beschäftigten sich drei Monate lang einmal wöchentlich für rund eine Stunde mit ihren »Besuchs-Omas« und »Besuchs-Opas«. Sie spielten mit ihnen, bastelten, sangen, gingen spazieren oder unterhielten sich über das ganz alltägliche Leben. Die Jugendlichen wurden auf einem Einführungsseminar auf den Umgang mit älteren Menschen vorbereitet und bekamen Tipps zur Gestaltung der Besuche. Darüber hinaus konnten sich die Projektteilnehmer während der drei

Monate mit ihren Fragen und Problemen jederzeit an das Schülerreferat der Diözese Passau wenden.

Ein ähnliches Projekt führt Mario Unterhuber, Diakon im Pfarrverband Bad Birnbach und Mitarbeiter bei der Fachstelle Gemeindecaritas für die Dekanate Simbach am Inn und Pfarrkirchen, aktuell durch. Er gründete ein Netzwerk zwischen der Fachstelle Caritas, dem Alten- und Pflegeheim in Pfarrkirchen und der Katholischen Landjugendbewegung in Pfarrkirchen. Die Idee war einfach und bestechend zugleich: Jugendliche übernehmen über einen längeren Zeitraum hinweg einen Besuchsdienst im Altenheim. Das Projekt startete mit acht Jugendlichen, von denen vier noch aktiv sind.

Mario Unterhuber sieht seine Aufgabe darin, die Jugendlichen auf den Besuchsdienst vorzubereiten, sie zu begleiten und das ganze Projekt auszuwerten. Die Jugendlichen organisieren den Besuch im Altenheim selbstständig: Sie erhalten einige Senioren zugeteilt und vereinbaren mit ihnen regelmäßige Treffen. Über eine WhatsApp-Gruppe tauschen sich die Jugendlichen über ihre Erfahrungen aus; alle vier Monate findet eine Reflexionstreffen statt. Wie geht es den Jugendlichen bei ihrem ehrenamtlichen Besuchsdienst?

Porträt: Margit, Nicole und Simone im Altenheim

»Ich wollte einmal was Neues ausprobieren und schauen, wie ich mit älteren Leuten zurechtkomme. Einige Bewohner bekommen fast keinen Besuch von der Familie, und das ist schade. Die Frau, um die ich mich kümmere, geht beispielsweise gern spazieren; wir nehmen sie im Rollstuhl mit, da kommt sie dann weiter herum als allein. Was mich besonders freut: Die Senioren tauen immer mehr auf! Man merkt, wie sehr sie sich freuen, wenn wir kommen. Und wir lernen, dass es auch bei älteren Menschen ganz unterschiedliche Charaktere gibt.« (Margit)

»Es macht einfach Spaß, wenn man jemandem eine Freude machen kann! Klasse, welche Sprüche die alten Leut' auf Lager haben und wie menschlich sie sind! Wie sehr sie sich bemühen, sich ein bisschen Selbstständigkeit zu bewahren, wenn sie beispielsweise meinen, dass sie auf die Stützen beim Rollstuhl verzichten und lieber ihre Füße einsetzen. Oder auch dass sie bei ›Mensch-ärgere-dich-nicht‹ bescheiss'n wollen.« (Simon)

»Mich fasziniert, was die alten Leute aus ihrem Leben erzählen. Und es ist schön, wenn wir ihnen mit so einfachen Dingen wie einem Brettspiel eine Freude bereiten können. Und am schönsten ist, wenn der

Bild 13: Erika Weber umringt von ihren jugendlichen Besucherinnen Nicole, Margit und Silke (von links nach rechts); Foto: privat

Mann, den wir besuchen, gleich überall ganz stolz herumerzählt, dass wir ihn jetzt besuchen und nur für ihn da sind.« (Nicole)
»Ich kann bei diesem Projekt wahnsinnig viele neue Erfahrungen sammeln. Es macht Spaß, beieinander zu sitzen und einige Geschichten von früher zu hören. Und am meisten freut es uns, wenn sich die alten Leute freuen, dass wir kommen, und wenn es manchmal auch nur für eine Stunde ist.« (Silke)

Mario Unterhuber bemerkt, dass es immer schwieriger ist, Jugendliche längerfristig für Projekte zu motivieren; umso mehr freut er sich über die vier Jugendlichen aus der Landjugend, die nun mit Eifer beim Projekt mitarbeiten. Zu den schönsten Erfahrungen zählt, wenn von außen spürbar ist, dass Beziehungen wachsen: Jugendliche sind oft ungeduldig bei der Anbahnung von Beziehung, sie müssen lernen, dass es Zeit braucht, bis Vertrauen und Offenheit entstehen. Was Unterhuber an den Jugendlichen schätzt: Sie wollen selbstständig aktiv sein und brauchen nur wenig Begleitung. Von daher betrachtet er sich als Wegbegleiter, der prozessorientiert dort unterstützt, wo es nötig ist.

Anregungen

- Tauscht euch über eure Erfahrungen mit älteren Menschen aus: Was habt ihr erlebt, wie habt ihr die älteren Menschen erlebt, was bewundert ihr an ihnen, was stört euch an ihnen?
- Du nimmst am Besuchsdienst-Projekt im Altenheim teil und das erste Treffen mit deiner »Besuchs-Oma« steht kurz bevor. Was sind deine Erwartungen und Ängste? Was würdest du mit deiner »Leih-Omi« unternehmen?

Ähnliche Projekte findet man auch andernorts – Ideen, die Geschmack machen können, um selbst aktiv zu werden:

Am Spessart-Gymnasium in Alzenau wurde im Schuljahr 2016/2017 ein P-Seminar mit dem Thema »Zusammenarbeit mit dem Seniorenheim« durchgeführt (https://www.spessart-gymnasium.de/index.php/50-infos-zum-sga/p-seminare/209-weihnachtsstimmung-im-seniorenheim). Im Internet findet man folgende Projektbeschreibung:

> Wir, das P-Seminar »Zusammenarbeit mit dem Seniorenheim«, haben am Nachmittag des 12.12.16 die Senioren im BRK Seniorenheim in Alzenau besucht. Nachdem wir uns in drei Gruppen aufgeteilt hatten, sind wir bestens vorbereitet und gut gelaunt zu den Senioren auf verschiedene Wohnbereiche gegangen. …
> Passend zu dem Motto »Weihnachten« haben wir mit den Senioren Weihnachtslieder gesungen. Unter diesem Motto standen auch die anschließend vorgetragenen Gedichte, welche wir zuvor im Seminar selbst geschrieben hatten. Auf dieser Idee basierend haben wir dann zusammen mit den Senioren jeweils Gedichte verfasst. Nach einer kurzen Kaffee- und Kuchen-Pause haben wir den Senioren abschließend noch eine Weihnachtsgeschichte vorgelesen. Damit konnten wir den Senioren einen kleinen, aber schönen weihnachtlichen Nachmittag bereiten und ein bisschen Weihnachtsstimmung verbreiten.

Aber auch die andere Perspektive ist wünschenswert und hilfreich: So haben die Wendelsteiner Schülerinnen und Schüler (siehe Kap. C 3 Bestpractise-Projekte) die Vorleseoma Marga Stempfel als einen Local hero vor Ort benannt.

Senioren engagieren sich häufig bei schulorientierten Nachhilfeprojekten oder bei Sprachkursen für Flüchtlingskinder. Ein Beispiel aus unserer Datenbank und Ausstellung: Die damals 57-jährige Erzieherin Gabriele König gab Kindern und Jugendlichen aus bedürftigen Familien kostenlosen Nachhilfeunterricht.

Porträt: Gabriele König – Damit Bildung keine Frage des Geldbeutels ist

Bild 14: Gabriele König (Mitte) und ihre Mitstreiterin Alexandra Hammer (links) während einer Unterrichtsstunde im Passauer Lern- und Nachhilfestudio; Foto: Thomas Jäger, PNP

»Plötzlich war die Idee da. Wie ich drauf gekommen bin, kann ich gar nicht mehr sagen«. Es müssen die beinahe täglich erscheinenden Berichte in Zeitung und Fernsehen gewesen sein, die Gabriele König auf den Einfall mit der kostenlosen Nachhilfe gebracht haben. Berichte über das Auseinanderklaffen der sozialen Schere, Kinderarmut und die fehlende Chancengerechtigkeit im Bildungssystem. Denn ein guter Schulabschluss scheint mehr denn je eine Frage des Geldbeutels zu sein.
»Ich bin nun mal mathematisch begabt und in meinem Beruf hat sich herauskristallisiert, dass ich gut Wissen vermitteln kann, auf eine Art, die Kindern Spaß macht« erklärt die 57-jährige Erzieherin schlicht. »Zeit habe ich ja auch. Und auf einmal wusste ich, was ich mache: Ich nutze meine Fähigkeiten und gebe kostenlos Nachhilfeunterricht für Schüler aus bedürftigen Familien.«
Aus dem spontanen Einfall wurde schnell Realität: Gabriele König unterrichtet elf Neuhauser Schüler im Fach Mathematik. Der Erzieherin ist es dabei ein großes Anliegen, ihren Schützlingen nicht nur Gleichungen und Achsenspiegelungen näher zu bringen, sondern ihnen vielmehr auch Nachhilfe in »Lebenskunde« zu geben. Das Ziel der Vornbacherin ist es dabei, den Jugendlichen die Angst vor dem großen Schreckgespenst Mathe zu nehmen. Sie möchte sie dazu ermutigen,

auf ihre eigenen Fähigkeiten zu vertrauen und Herausforderungen selbstbewusst entgegenzutreten.

Deswegen bereitet es Gabriele König stets große Freude, wenn einer ihrer Schüler nach wochenlangem Üben endlich die langersehnte Drei nach Hause bringt. Oder wenn ihr eine Schülerin berichtet, dass sie mit einem beherzten »Ich kann das!« in die letzte Schulaufgabe gegangen sei. Aus manchen der Nachhilfekontakte seien sogar richtige Freundschaften entstanden. Mit einem Mädchen, das selbst keine Oma mehr hat, werde sie dieses Jahr zum Beispiel eine große Fahrradtour machen, freut sich die 57-jährige Erzieherin.

Was Gabriele König hingegen weitaus weniger erfreut ist die geringe Resonanz, auf der ihr Versuch, das Nachhilfe-Projekt auszuweiten, gestoßen ist. Eine verlässliche Mitstreiterin hat sie bisher lediglich in Alexandra Hammer gefunden. Die Leiterin eines Passauer Lern- und Nachhilfestudios war sofort Feuer und Flamme von Gabriele Königs Idee – und erklärte sich ohne lange zu zögern dazu bereit, der Erzieherin unentgeltlich Räume zur Verfügung zu stellen.

»Jetzt suchen wir natürlich Menschen, die wie ich kostenlos Nachhilfe geben – in Mathe und Physik, Englisch, Französisch oder Latein, denn Bedarf gibt es ja sicherlich in vielen Fächern und bei Schülern aller Schularten«, erzählt Gabriele König. Bisher hätten allerdings erst vier pensionierte Lehrer unverbindlich ihr Interesse bekundet. Doch die engagierte Erzieherin gibt die Hoffnung noch nicht auf; Personen mit der einen oder anderen Stunde Freizeit und einer Portion Einfühlungsvermögen und Geduld müsse es doch eigentlich mehr als genug geben!

Anregungen

- »Was nützt mir meine Begabung, wenn sie brach liegt? Es ist ein Geben und Nehmen. Ich profitiere genauso davon wie meine Schüler.« Diskutiert dieses Zitat von Gabriele König. Warum, glaubt ihr, stellt die kostenlose Nachhilfe eine Bereicherung für ihr Leben dar?
- Was sind eure größten Talente? Überlegt Möglichkeiten, wie ihr diese Fähigkeiten sinnvoll dazu einsetzen könnt, um anderen Menschen zu helfen oder ihnen eine Freude zu bereiten.

7. Handicaps aushebeln

»Viel Glück und viel Segen, Gesundheit, Wohlstand und ein langes Leben im Kreis der Familie«, das wünscht man sich zum Geburtstag. Unsere Vorstellung eines glücklichen Lebens sowie die Auflistung der eigenen Lebensziele und all dessen, was das Leben wertvoll macht, ist verständlicherweise idealtypisch positiv geprägt und blendet die notwendigen und unausweichlichen Schattenseiten des Lebens aus. »Ich wünsche dir, dass deine Lebensbahn durchkreuzt wird und du daran wächst« – das wäre sicher ein überraschender Geburtstagswunsch!

Nur von dieser Optik eines idealen gelingenden Lebens aus, aus der Sicht einer gesellschaftlichen Perfektibilität und der Winner-Brille, erscheint die Rede von »gebrochenen Biografien« als verständlich, sie sollte in einer ironischen Brechung verstanden werden: aus der Perspektive der »Winner« mit dem mitleidigen Blick auf diejenigen, die es halt nicht geschafft haben oder es nie schaffen können oder werden. Diese Optik gilt es zu verändern! Letztlich zielt eine Auseinandersetzung mit Menschen, die diesem Perfektionsideal nicht entsprechen, auf die Erkenntnis, dass es unterschiedliche Vorstellungen von einem gelingenden Leben gibt und rein weltimmanente und überhöhte Glücksvorstellungen durchaus einseitig, brüchig und realitätsfern sind. Menschen wie Walter Bichlmeier, der unten ausführlicher skizziert wird, würden es vermutlich zurückweisen oder belächeln, als »gebrochene Biografien« bezeichnet zu werden – das ist eben die typische Außensicht, die es zu irritieren gilt. So verstandene gebrochene Biografien befinden sich übrigens in guter Gesellschaft: Sie reichen von den gebrochenen Promi-Helden über die biblischen Sünder (von Kain über David bis zu Petrus), den großen Heiligen (selbst Franz von Assisi und Elisabeth von Thüringen kann man dazuzählen!) und Märtyrern (z.B. Dietrich Bonhoeffer oder Nikolaus Groß aus der NS-Zeit) bis hin zu Jesus Christus selbst: Mit 33 Jahren einen schändlichen Tod am Pfahl des Kreuzes zu erleiden – das hätte vermutlich keiner der Weisen aus dem Morgenland gewagt, Maria nach der Geburt ihres Kindes zu wünschen.

Der Gefahr, ein Leben in Fülle als ein Leben ohne Krankheit und Beschwerden zu beschreiben, unterliegen übrigens selbst die Evangelisten: Unter den Vorzeichen einer inklusiven Pädagogik erweisen sich die

Wundergeschichten des Neuen Testamens durchaus als Störfall: Wie empfinden Menschen mit Einschränkungen die Reich-Gottes-Verheißung: »Blinde sehen wieder und Lahme gehen, Aussätzige werden rein und Taube hören?« (Mt 11,5) Die Evangelisten darf man freilich nicht mit den Erkenntnissen und Ansprüchen der modernen Disability-Forschung messen. Dennoch gilt es, eine Blickverschiebung vorzunehmen: Die Vielfalt menschlicher Gebrochenheit sollte auch bei biblischen Wundererzählungen in den Blick kommen, der Aufstand gegen soziale Ausgrenzung, wie ihn Jesus predigte und lebte, die bedingungslose Nähe Gottes zu jedem Menschen in seiner Individualität und Eigenart (vgl. dazu ausführlicher: Grünstäudl/Schiefer Ferrari 2012).

Im Folgenden sollen Personen beschrieben werden, deren Lebensweg tatsächlich durchkreuzt wurde, die aber auch zeigen, wie man das Leben meistern kann. Das kann anderen Menschen Hoffnung geben und insgesamt den Blick darauf verändern, was gelingendes Leben ist.

Zuvor einige Beispiele im Überblick:

Es ist beeindruckend, wie die 29-jährige Profi-Radbahnsportlerin und zweimalige Olympiasiegerin Kristina Vogel ihr Schicksal meistert: Nach einem schweren Unfall im Jahre 2018 ist sie vom 7. Brustwirbel abwärts gelähmt. Die Radbahnsportlerin ist buchstäblich aus der Lebensbahn geworfen. Aber in Interviews mit ihr, bei Galaveranstaltungen und Preisverleihungen und natürlich in den sozialen Medien wird ihr unbändiger Lebenswille deutlich: »Ich will leben, das ist alles. Leben wie jede in meinem Alter.« Selbst die Ärzte sind von ihrer Zielstrebigkeit und von ihrem Optimismus beeindruckt (dpa, PNP 279/3.12.2018, 15; Zoé 2/2019, 16).

In der Local-heroes-Datenbank findet man zahlreiche Beispiele von Menschen, die körperlich beeinträchtigt sind, aber durch den Umgang damit beeindrucken – die Liste ließe sich sicher mit vielen Beispielen aus anderen Orten erweitern: Adrei Chiriches, geboren in Rumänien, ist seit einem Badeunfall im 18. Lebensjahr vom Hals ab gelähmt und auf den Rollstuhl angewiesen. In Deutschland wird er behandelt, lernt sehr schnell die deutsche Sprache, schafft das Abitur. Unterstützt wird er in dieser Zeit aufopferungsvoll von seiner Familie, vor allem von seiner Schwester. Nach einem Studium arbeitet er nun als Trainingskoordinator bei einer Firma, die international tätig ist. Sein Vorteil: Er spricht Rumänisch, Deutsch, Italienisch und Englisch.

Übrigens: Disablity-Forscher weisen auf die Unart hin, Menschen auf ihre körperliche Beeinträchtigung hin zu reduzieren und die anderen Aspekte ihres Menschseins auszublenden. »Er ist an den Rollstuhl gefesselt.« – »Der Rollstuhlfahrer Andrei.« – Das ist ungefähr genauso sinnvoll wie vom »Brillenträger Hans Mendl« zu sprechen.

In unserer Ausstellung »Helden auf Augenhöhe« findet man eine Schautafel zur Familie Giltner: zwei Kinder der Familie leiden unter der seltenen Erbkrankheit Osteopetrosis: eines der Kinder ist vor einigen Jahren verstorben. In einem Schulprojekt (siehe dazu auch Kap. C 3) arrangiert die Studentin Kristina Falter einen Besuch der Familie in einer Realschulklasse: Die Jugendlichen sind tief beindruckt, nachdenklich und bewegt. Wir wissen aus der Arbeit mit unserem Local-heroes-Projekt, dass Beispiele wie diese und auch andere (z. B. die beiden schwer kranken Kinder der Familie Haugeneder) dazu beitragen, dass Kinder und Jugendliche über ihre Wertesysteme und Vorstellungen vom guten Leben ins Nachdenken kommen!

Der fünfzehnjährige Thomas Hackinger hat sich einen Traum erfüllt: Er engagiert sich bei der Feuerwehr; die Besonderheit: Er sitzt im Rollstuhl. Im Rahmen seiner körperlichen Möglichkeiten beteiligt er sich an den Übungen und genießt die Gemeinschaft bei der Feuerwehr – und vor allem seine Uniform: »Sie ist für mich wie eine Trophäe.«

Menschen, die ihr Leben meistern – das ist der eine Blickwinkel, der in diesem Kapitel im Vordergrund stehen soll. Er muss selbstverständlich ergänzt werden mit einem zweiten: Menschen, die sich um die Menschen kümmern, die eine Beeinträchtigung haben: Dazu zählen die Menschen, die ihre Angehörigen pflegen, beispielsweise schwerkranke Kinder (siehe oben, die Eltern Giltner und Haugeneder), sich über Jahre hinweg um ihre dementen oder im Wachkoma liegenden Ehepartner oder um Geschwister mit Behinderungen kümmern.

Mirco und Jason von Juterczenka aus Kassel haben ein beeindruckendes Buch mit dem Titel »Wir Wochenendrebellen« geschrieben: Jason ist Autist, er hat das Asperger-Syndrom. Und er ist Fußballfan. Weil er nicht weiß, für welchen Verein er sich entscheiden soll, tourt sein Vater mit ihm an den Wochenenden in verschiedene Fußballstadien. Liebevoll, humorvoll, einfühlsam und manchmal drastisch beschreibt der Vater die eigene Weltsicht seines Jungen und so manch kuriose Begebenheit auf den Reisen durch die Stadien Europas. Mit dem Erlös des Buchs unter-

stützen die beiden die Neven-Subotic-Stiftung (Mirco von Juterczenka, Wir Wochenendrebellen: Ein ganz besonderer Junge und sein Vater auf Stadiontour durch Europa, Wals bei Salzburg 2018).
Hervorzuheben sind auch Unternehmer, die in ihrem Betrieb überdurchschnittlich viele Menschen mit Behinderungen einstellen. So hat das Freyunger Unternehmen Pauli Heizungsbau völlig zurecht den Job-Erfolg-Preis aus den Händen der damaligen Bayerischen Sozialministerin und des Landtagspräsidenten erhalten: 22,2% beträgt der Anteil der Schwerbehinderten in diesem Betrieb – ohne irgendeinen gesetzlichen Druck. »Es kann jeden von uns treffen«, meint Werner Pauli, dessen Vater halbseitig gelähmt ist und von seiner Frau gepflegt wird. Beim Bäcker um die Ecke war er vom querschnittsgelähmten Wirtschaftsinformatiker Hans Königseder angesprochen worden, ob er nicht Arbeit für ihn habe. Wieso nicht?
Durch die Presse ging im Sommer 2018 ein anrührendes Beispiel:

Porträt: Dirk Harmsen

Dirk Harmsen, ein Unternehmer aus Landshut, hatte eine Gruppe von zehn behinderten Kindern mit ihren Betreuern aus der Straubinger Bildungsstätte St. Wolfgang in einem Fast-Food-Restaurant beobachtet und spontan ihre Zeche bezahlt – mit dem schlichten Hinweis auf einem Zettel verbunden: »Vielen Dank, dass sie sich um diese außergewöhnlichen Kinder kümmern!« Sensibilisiert hatte ihn ein Schicksal, das ihm und seiner Frau erst vor kurzem widerfahren war: Ihre Tochter Mila, die an Trisomie 18 litt, verstarb im Alter von vier Monaten. Seitdem sieht er die Welt mit anderen Augen; andere, wie er schmerzhaft im Restaurant miterleben musste, wandten sich bewusst von der Gruppe der Behinderten ab, weil sie sich ekelten, er wandte sich ihnen zu.

Drei Personen sollen ausführlicher porträtiert werden, ein Promi und zwei sicher unbekannte Local heroes:

Porträt: Samuel Koch

Samuel Koch kennt man, seit er im Dezember 2010 bei einer spektakulären Wette in der Fernsehsendung »Wetten, dass …?« beim Überspringen des vierten PKWs mit Vorwärtssaltos schwer verunglückt war und seitdem vom Hals ab gelähmt war. In einer Autobiographie (Fasel/Koch 2012) beschreibt er die schwere Zeit während der Reha – und überhaupt die Zeit danach und seine Einstellung zum Leben. Wie hält man das aus? »Ich halte es gar nicht aus!«, möchte er manchmal herausschreien. »Ich will wieder gehen können! Ich will wieder turnen können, Sand unter meinen Füßen spüren, jemanden umarmen, einen Spaziergang machen, mich ins Gras legen und die Hände hinter dem Kopf verschränken«, schreibt er in seinem Buch. Samuel war ein begeisterter Sportler, hatte gerade ein Schauspielstudium begonnen und arbeitete nebenher als Stuntman. Auf die Frage nach seinen TOP 10 der Lebensziele hätte er sicher »Bewegung« angegeben. Wie geht man mit derart zerstörten Träumen um? Samuel schreibt in seinem Buch viel über seine Kraftquellen: Die Familie, die Freunde, der Glaube. »Zwischendurch habe ich auch regelrecht um Hilfe gefleht. Denn ich weiß: Gott betreibt keine Bestellannahme für menschliche Wünsche und Forderungen. Und erst recht keine Reklamationsabteilung, wenn sie nicht erfüllt werden.« Andererseits fordert er uns in der Bibel immer wieder auf, mit unseren Bedürfnissen und Ängsten zu ihm zu kommen und darauf zu vertrauen, dass er etwas Gutes damit anfängt; auch wenn das nicht unbedingt dem entspricht, wie wir es uns eigentlich vorgestellt hatten. »In diesem Spannungsfeld bewege ich mich auch, und Gott hat mir nicht einfach die Schmerzen genommen.« Ein Freund fragt ihn einmal, ob er überhaupt noch das »Vaterunser« beten könne. Dort stehe doch: Dein Wille geschehe! War der Unfall Gottes Wille? Die Genesung bleibt Samuels sehnlichster Wunsch. Eines Tages stößt er auf einen Bibeltext: »Denn wo dein Schatz ist, da ist auch dein Herz« (Mt 6,21). Seitdem begleiten ihn Sinnfragen: »War meine körperliche Wiederherstellung das wichtigste und einzige Thema für mich? Und sollte das vielleicht nicht so sein? Verfolgte Gott einen anderen Plan, und wenn, wie sah er aus?« Seine Lebensziele verändern sich. Trotzdem: Es vergeht kein Tag, an dem er Gott nicht um Heilung bittet! Sein Buch endet mit folgendem Bibelzitat: »Es ist aber der Glaube eine feste Zuversicht auf das, was man hofft, und ein Nichtzweifeln an dem, was man nicht

Bild 15: Buchcover »Zwei Leben«

sieht« (Hebr 11,1). – Samuel hat inzwischen sein Schauspielstudium beendet, arbeitet als Schauspieler und hat geheiratet. Seinen Bekanntheitsgrad nutzt Koch, um sich für soziale Projekte starkzumachen: Er unterstützt beispielsweise die »Deutsche Stiftung Querschnittlähmung« oder die Aktion »Weihnachten im Schuhkarton« des Vereins »Geschenke der Hoffnung.« (vgl. Mendl 2014, Extra M 18)

Anregungen

- Samuel hätte jeden Grund zur Klage, auch an Gott, gehabt: Sammelt mögliche Vorwürfe und diskutiert sie! Wie sieht Samuel sein Verhältnis zu Gott?
- In seinem Buch berichtet Samuel von vielen Briefen, die er im Krankenhaus erhalten hat. Besonders beeindruckt hat ihn der Brief des 12-jährigen Clemens, der nach einem Kopfsprung ins Wasser querschnittsgelähmt ist. Clemens ist für Samuel ein Vorbild: »Unsere Gespräche über unser gemeinsames Schicksal haben uns verbunden. Noch heute freuen sich Clemens und ich über jeden Kontakt. Wer ein Vorbild für Mut und Stärke sucht, sollte sich den kleinen Clemens aus Thüringen anschauen! Von ihm lerne ich in jedem Gespräch etwas.« – Menschen, die in ähnlichen Situationen stehen, können anderen weiterhelfen: Sucht andere Beispiele für Menschen, die durch die Art beeindrucken, wie sie ihr Leben trotz Beeinträchtigungen meistern!

Porträt: Petra Asenbauer: behindert? Von wegen!

»Du Spasti!« ist nach wie vor ein beliebtes Schimpfwort unter Heranwachsenden. Wer einen Tag mit Petra Asenbauer verbracht hat, wird vermutlich in Zukunft darauf verzichten. Denn Petra ist Spastikerin: Sie hat Mühe, ein Bein vor das andere zu setzen, und es dauert, bis sie ihre Sätze vollendet.

So ist sie von Geburt an, für sie ist das also normal. In einem Zeitungsinterview äußert sie sich durchaus mit Ironie: Ein Leben ohne Behinderung wäre ihr viel zu langweilig!

Wer sie kennengelernt hat, weiß, dass sie hintersinnig und schlagfertig ist. Klar, als Kind wurde sie immer wieder nachgeäfft oder beleidigt. Das hat sie verletzt. Inzwischen geht sie lockerer damit um. Was sie aber überhaupt nicht haben kann: Mitleid! Das nervt sie. Dass auch

Bild 16: Petra Asenbauer; Foto: Thomas Jäger, PNP

unter Jugendlichen Peergroups nicht durchlässig sind, merkte sie schmerzhaft am eigenen Leib: Sie fand lange Zeit keinen Anschluss, war aus der Gemeinschaft der »Gesunden« ausgeschlossen. Deshalb wurde sie selbst aktiv und gründete im Zeughaus, einem Jugendzentrum in Passau, das Projekt »stufenlos«, bei dem sich Jugendliche mit und ohne Behinderung treffen, um ihre Freizeit miteinander zu verbringen. Im November 2019 erhält sie dafür von der Sozialministerin den »Bayerischen Miteinander-Preis 2019« überreicht.

Seit einigen Jahren ist Petra ein aktives Mitglied im Musical-Verein Jägerwirth und tanzt mit und ohne Rollstuhl in der Tanzgruppe mit. Sie gehört selbstverständlich dazu, und sowohl für die gleichaltrigen jungen Erwachsenen, als auch für die Kinder und älteren Mitglieder ist Petra ein ganz normales Mitglied.

Nach Schule und Ausbildung beim Bischöflichen Ordinariat arbeitet Petra nun im Bischöflichen Archiv als Bürokauffrau. Petra ist ein eigenständiges Leben wichtig: Deshalb hatte sie schon viele Jahre eine eigene Wohnung im Elternhaus auf dem Land und ist nun nach Passau gezogen. Klar, der Alltag fordert sie heraus, aber sie möchte möglichst eigenständig sein. Sie hat den Führerschein gemacht und fährt selbst mit dem Auto.

Sie war beim Weltjugendtag in Rio de Janeiro und mehrmals in Taizé. Sie liebt Taizé-Gebete und nimmt daran teil, wo immer eines angeboten wird.

Ihr Lebensmotto: »Ich will möglichst viel erleben«, sagt Petra Asenbauer. »Das ist doch schließlich Sinn und Zweck, warum man auf der Welt ist.« Handicap hin oder her.

(nach einer Reportage von Elke Zanner sowie eigenen Recherchen)

Anregungen

- Erstellt ein Plakat zu Petra Asenbauer: Beschreibt mit Stichworten, was ihr Leben kennzeichnet!
- »Ich will möglichst viel erleben. Das ist doch schließlich Sinn und Zweck, warum man auf der Welt ist«, lautet das Lebensmotto von Petra Asenbauer. Formuliere einen kurzen Satz, der dein Lebensmotto darstellt, und gestalte es kreativ aus!
- Informiert euch über die verschiedenen Arten von Behinderungen!
- Kennt ihr Menschen mit Behinderungen? Erzählt einander!
- Jeder Mensch kann manche Dinge besonders gut und andere nicht so gut! Überlege, was das bei dir ist.
- Behinderte Menschen stoßen häufig auf Barrieren – auf zwischenmenschliche, aber auch auf ganz konkrete bauliche: Sammelt zu beiden Bereichen Beispiele, was behinderten Menschen das Leben schwer macht! Macht mit dem Rollstuhl eine Stadt- oder Dorfrallye!
- Recherchiert, welche Einrichtungen es für Menschen mit Behinderungen in eurer Gegend gibt. Wählt eine davon aus und beschreibt sie mit allen Aufgaben und Funktionen.
- Organisiert den Besuch einer Behinderteneinrichtung! Befragt die Kinder und Jugendlichen dort nach ihren Vorstellungen von einem guten und glücklichen Leben!

Porträt: Walter Bichlmeier – »Ich kann den Augenblick besser machen!«

Der Mensch des 21. Jahrhunderts ist ein »Augenmensch«, für den es unvorstellbar ist, nicht mehr sehen zu können. Blickt man von dieser dominanten Bedeutung des Visuellen aus auf diejenigen, die die Fähigkeit zu sehen nicht besitzen, dann entsteht sehr leicht eine Haltung des Mitleids.

Bild 17: Walter Bichlmeier; Foto: Hans Mendl

Umso wichtiger sind Menschen wie Walter Bichlmeier. Er ist seit einem schweren Motorradunfall als 23-Jähriger erblindet. Wenn er von seinem Leben erzählt, wird sehr schnell deutlich:

Dieser Mensch erwartet kein Mitleid, er verdient vielmehr Respekt. Denn er verdeutlicht, dass man würdevoll und lebensfroh auch mit einer Behinderung zurechtkommen kann. Und er kreist nicht um sich selbst, sondern engagiert sich seit Jahren für den Bayerischen Blinden- und Sehbehindertenbund (BBSB). Er hilft anderen Menschen mit Sehbehinderungen, betreibt aber auch Lobby-Arbeit, indem er Schulen und andere Bildungseinrichtungen besucht. Wir haben ihn in ein Uni-Seminar zum Thema »Lernen an fremden Biografien« eingeladen; selten wurde in einer universitären Veranstaltung so viel gelacht! Aus Mitleid wird Respekt, die Haltung der Überlegenheit in der Lebensbewältigung schlägt um in ein Gespräch auf gleicher Augenhöhe (vgl. dazu ausführlicher: Mendl 2017, 52f; Local-heroes-Homepage unter »Schulprojekt« bzw. »Behinderung«).

Diese Wahrnehmungs- und Einstellungsänderung wird in den nachfolgenden Reflexionen von zwei Seminarteilnehmerinnen deutlich (vollständig nachzulesen auf der Local-heroes-Homepage):

»Ich war sehr gespannt auf den Besuch von Herrn Bichlmeier. Zuvor kannte ich Blinde nur von der Straße und bewunderte dort deren Orientierung. Doch Herr Bichlmeier begeisterte mich mit seinen Erzählungen, angefangen bei den alltäglichen Kleinigkeiten im Haushalt über den Umgang mit seinen Kindern hin zur Büroorganisation. Es scheint, als könnte ihn nichts aus der Bahn werfen. Die lockere, unkomplizierte, angenehme und entspannte Erzählweise von Herrn Bichlmeier ließ alle Hemmung und Anspannung fallen, wodurch ein tolles Gespräch zu Stande kam. Mit seinen Geschichten hat mir Herr Bichlmeier Mut gemacht, jeden noch so großen Stein, der im Weg liegt, zu überwinden, mit den Worten von Herrn Bichlmeier, ›der is dazu da ihn wegzuräumen‹. Ich bin sehr dankbar für diese tolle Erfahrung.« (Karin Weber)

»Er hat mir gezeigt, dass vieles im Leben von einer positiven Einstellung abhängt. Manchmal verzweifelt man selbst schon daran, wenn einem ein kleiner Stein in den Weg gelegt wird und man spontan keinen Ausweg weiß. Wenn man allerdings in eine solch ausweglose Situation wie Herr Bichlmeier gerät und trotzdem so positiv eingestellt ist, ist das schon bewundernswert.« (Christina Wagner)

Anregungen

- Überlegt euch Interviewfragen, die ihr Walter Bichlmeier oder einem anderen blinden Menschen während eines Besuchs an eurer Schule stellen möchtest.
- Blinde Menschen haben oftmals Schwierigkeiten, sich in Alltagssituationen zurechtzufinden, die für uns ganz selbstverständlich sind. Was könntet ihr unternehmen, um einem Sehbehinderten das Leben zu erleichtern?
- Fühlt euch respektvoll in die Situation eines Menschen mit bestimmten Beeinträchtigungen ein: Erledigt beispielsweise einfache Aufgabenstellungen mit verbundenen Augen. Oder besorgt euch einen »Alterssimulationsanzug«, um zu erfahren, wie es sich anfühlt, alt und eingeschränkt zu sein!
- Wenn ihr einmal im eigenen Leibe erleben möchtet, wie es sich anfühlt, blind zu sein, dann besucht ein »Dunkelcafe« in euerer Umgebung. So besteht beispielsweise in Nürnberg die Gelegenheit, das »Erfahrungsfeld zur Entfaltung der Sinne« zu besuchen und hier eine »Begegnung im Dunkeln« zu buchen. Weiterführende Infos findest du im Internet unter: https://www.nuernberg.de/internet/kuf_kultur/dunkelerfahrung.html

8. Hilfsprojekte für andere Länder und im Ausland

Von Januar bis September 2018 haben die Deutschen 3,3 Milliarden Euro für gemeinnützige Organisationen oder Kirchen gespendet. Das ist beachtlich! Am meisten Zuwendung erfuhren die Opfer der Dürre in Afrika, des Taifuns auf den Philippinen oder der Flut in Indien. Die Weihnachtsaktion 2018 der Passauer Neuen Presse, »Ein Licht im Advent«, erbrachte 534.000 Euro an Spendengeldern für Ärzte ohne Grenzen.

Kritisch wird allerdings immer wieder angemerkt, dass der Mechanismus einer Geldspende für Arme und Bedürftige in anderen Ländern in mehrfacher Hinsicht nicht unproblematisch ist:

- Er steht im Verdacht, es könnte sich um eine Geldwäsche der besonderen Art handeln: Menschen in reichen Ländern waschen so ihr Gewissen rein, weil sie um die globalen Folgen unseres Lebensstils und der internationalen Abhängigkeiten wissen. Und Geld spenden ist allemal bequemer als sich aktiv für etwas zu engagieren.
- Eine Spende kann von einer gönnerhaften Haltung geprägt sein, wie sie in den Zeiten einer Missionspädagogik geprägt war (vgl. Mendl 2004): Die Reichen, Gebildeten und Rechtgläubigen bringen den armen Menschen in der dritten Welt Geld, Kultur und den wahren Glauben – der »Nickneger« ist das klassische Symbol für diese Haltung; nach eine Geldspende beginnt der Kopf dankbar zu wackeln. Mit Recht reden wir heute von der Einen Welt und begreifen weltweite Vernetzungen als eine Verschränkung von Geben und Empfangen.
- Und ein dritter Einwand: Gerade in pädagogischen Kontexten lautet ein unverzichtbarer Imperativ, dass jede Form des Engagements für andere mit einer Aufklärung über die gesellschaftlichen Rahmenbedingungen von Armut und Globalisierung verbunden sein muss. Gerade bei schulischen Projekten sollte man deshalb immer die Anregung zur guten Tat (ein Spendenlauf – siehe Kap. B 17, Sportlich helfen; eine Adventsaktion, ein Basar …) mit einer Bewusstseinsbildung verbinden. Ein Beispiel: Die Katholische Landvolkbewegung unterstützt ein Baumpflanz-

projekt im Senegal. Anlässlich einer Spendenübergabe im Jahre 2018 wird in einem Bildervortrag über die Lebensbedingungen im Land und über die besondere Anlage des Projekts berichtet: Hier werden Frauen und Männer in Gartenbau, Gemüseanbau, Gemüsekonservierung sowie Baum- und Bodenpflege ausgebildet (PNP 293/19.12.2018, 38).

Diese kritische Sicht ist bedenkenswert, aber: Man sollte das eine tun und das andere nicht lassen. Die Menschen, denen mit dem Geld geholfen werden kann, werden zunächst einmal über jede Form der Hilfe dankbar sein.

Der Blick für Menschen in anderen Ländern erscheint gerade in Zeiten, in denen allerorts wieder völkische Nationalismen aufkeimen, die Grenzen der Festung Europa geschlossen und auch die USA mit einer Mauer vor Zuwanderung geschützt werden sollen, als eine äußerst wichtige Horizontweitung: Die Welt endet nicht vor der eigenen Haustüre! Gleichzeitig sind aber selbst die Gegner von Migration einem Argument gegenüber zugänglich, das bei solchen Hilfsaktionen durchaus positiv zu verstehen ist: Armut sollte in erster Linie dort gemindert werden, wo die Menschen leben; und Hilfe sollte wenn möglich als Hilfe zur Selbsthilfe organisiert werden. Die Bekämpfung von Missständen in den Ländern selbst reduziert die Neigung zum letzten Ausweg Migration.

In den Blick genommen werden sollen im Folgenden besonders Menschen, die nicht nur Geld spenden, sondern Lebenszeit. Unter dem sicher nicht besonders glücklich gewählten Begriff »Armenhilfe« und unter dem der »Einen Welt« in der Local-heroes-Datenbank findet man erstaunlich viele Beispiele von Menschen und Organisationen, die persönlich und unmittelbar, aber auch indirekt und von Deutschland aus in anderen Ländern Not lindern wollen:

- Ärzte wie Dietrich Adam, Tanja Dietz, Anna Katharina Eser oder Matthias Haun, die ihren Jahresurlaub opfern, um für Hilfsorganisationen wie German Doctors, Humedica oder Ärzte ohne Grenzen in Entwicklungsländern, Flüchtlingslagern und Slums zu arbeiten.
- Menschen wie Margaretha Fischer (siehe ausführlicher unten), die voller Hingabe und mit großer Ausdauer spezifische Hilfsprojekte beispielsweise in Indien durchführen, dabei im Inland Geld

und andere Spenden sammeln und damit in anderen Regionen der Welt helfen.

- Lokale Organisationen, Initiativgruppen oder Netzwerke, die sich gegründet haben, weil irgendwann einmal irgendwer ein Faible für ein bestimmtes Land entwickelt hat, und seitdem kontinuierlich Kulturabende durchführen, Kalender gestalten, deren Erlös in die entsprechenden Projekte beispielsweise in Nepal einfließt (z. B. www.nepalhilfe-beilngries.de), gleichzeitig aber auch über das Land und seine Kultur sowie über die Projekte informieren, so z. B. Alexander Fischer, der nach einem Auslandspraktikum in Guatemala den Verein Elote e. V. gegründet hat, der unter anderem eine Schule für Ländliche Entwicklung und ein Straßenkinderprojekt unterstützt. Heidi Lorenz aus Heining betreute mit ihrem Verein »Mulekva« viele Jahren lang ein Waisenkinder-Projekt in Uganda. Der Redakteur der Passauer neuen Presse, Helmuth Rücker, engagiert sich bereits seit über zehn Jahren mit dem Rotary-Club Passau für das Dorf »Dindefelo« im Senegal und konnte die örtlichen Schulen in Vilshofen zur Mitarbeit motivieren (siehe dazu auch weiter unten).
- Aber auch Einzelpersonen wie Joseph Sahunta, der ein gut frequentiertes indisches Restaurant in Passau betreibt und aus Dank über sein Glück in Deutschland in Indien ein »Chadni-Projekt« betreibt, durch das vor allem eine Mädchenschule im nordindischen Bundesstaat Punjab unterstützt wird; der Landwirt Georg Rodler, der Geld für einen Brunnen im Senegal gesammelt hat (beispielsweise anlässlich seines 50. Geburtstag, wo er auf Geschenke verzichtete und dafür um Spenden für den Senegal bat) und auch schon vor Ort war; Claudia Baumgartner, die sich für ein halbes Jahr als Englischlehrerin auf Bali engagiert, um benachteiligte Frauen für eine Arbeit im Hotel- und Gaststättengewerbe vorzubereiten; die Passauer Musikschulleiterin Barbara Blumenstingl, die in ihrer Freizeit den Ausbau einer Musikschule in Uganda unterstützt und eine Patenschaft für einen 13-jährigen Jungen übernommen hat: »Ich hatte einfach das Bedürfnis, zu helfen. Die Kinder sind so aufgeschlossen, wissbegierig, so lernbegeistert. Das hat mich beeindruckt.« Die Idee: Musik berührt

alle Menschen, sie schlägt Brücken und sie stärkt das Selbstbewusstsein der Kinder, so Blumenstingl.

- Junge Erwachsene, die als Missionare auf Zeit nach Südamerika oder Afrika gehen (siehe dazu das eigene Kapitel B 16).
- Ein ganz herausragendes bundesweites Projekt ist die Sternsingeraktion (www.sternsinger.de: siehe auch Kap. B 9): Seit ihrer Gründung im Jahr 1959 wurde hier über 1 Milliarde Euro gesammelt (!), im Jahr 2019 waren es 50 Millionen Euro. Auf vorbildliche Weise verbinden sich beim Sternsingerprojekt eine Spendenaktion mit einer globalen politischen Bewusstseinsbildung. Für das jeweilige Schwerpunktland und Jahresmotto werden vielfältige Aufklärungs- und Bildungsmaterialien dargeboten: So im Jahre 2020 unter dem Motto »Segen bringen, Segen sein. Frieden! Im Libanon und weltweit«; informiert wird über die gesellschaftliche und politische Situation im Libanon, über die Bildungs- und Gesundheitssituation dort und über Spannungen und Ausgrenzungen auch unter Jugendlichen.
- Menschen wie Ingrid Probst, die sich am eigenen Wohnort engagieren (z. B. ehrenamtlich in einem Eine-Welt-Laden mitarbeiten) und so für eine gerechte Welt und einen fairen Handel eintreten.
- Schulklassen werden aktiv: Gerade in der Adventszeit gibt es an vielen Orten Projekte, z. B. Weihnachtsbazare oder Konzerte, deren Erlös Hilfsaktionen zugutekommt, oder Geschenkprojekte, bei denen in Kooperation mit den entsprechenden Einrichtungen Hilfspakete (wie z. B. »Weihnachten im Schuhkarton«) zusammengestellt werden, die Bedürftigen in unterschiedlichen Ländern zugeeignet werden. Natürlich sollte hier auch ein kritischer Blick auf die Arbeitsmodalitäten der jeweiligen Einrichtungen gerichtet werden, weil es im Interesse aller ist, dass die Gelder und Sachspenden korrekt verteilt werden. Es hängt immer vom Engagement von einzelnen oder Gruppen ab, wie ausdauernd solche Projekte am Leben gehalten werden können, weil damit eine Fülle an Arbeitsschritten und organisatorischen Vorarbeiten nötig sind – vom Einsammeln von Hilfsgütern über die Organisation des Transports bis hin zur Verteilung der Waren vor Ort, nicht zu vergessen die Öffentlichkeitsarbeit, die bei solchen Projekten unabdingbar ist. Seit vielen Jahren organisieren die Schü-

lerinnen und Schüler des Maristengymnasiums in Fürstenzell ein Benefizkonzert und unterstützen mit den Spenden Hilfsbedürftige und Hilfsaktionen lokal und weltweit – eine »Erfolgsgeschichte«, so der Schulleiter Roland Feucht beim Konzert im November 2018. Denn die caritative Einrichtung »Turma do Flao««, welche dereinst von Ordensschwestern in Zusammenarbeit mit ehrenamtlichen Helfern gegründet wurde, kümmert sich um Kinder aus den brasilianischen Favelas. Diese Kleinen sind dann nicht sich selbst überlassen, sondern dürfen den ganzen Tag über in dieser Einrichtung »Turma do Flao« verbringen, wo sie beaufsichtigt werden. Sie bekommen eine warme Mahlzeit am Tag. Sie werden unterrichtet, wie in Lesen und Schreiben, handwerklichen Fertigkeiten, Musik und Tanz, auch religiöse Erziehung hat ihren Stellenwert. Wichtig ist das soziale Lernen in der Gruppe, das gemeinsame Spiel, besonders zur Sicherung des Selbstwertgefühls. Das gerade spreche die Gesellschaft diesen unterprivilegierten Kindern ab. (Marita, Pletter, Musizieren für einen guten Zweck, https://plus.pnp.de/lokales/passau_land/3147610_Musizieren-fuer-den-guten-Zweck.html 23.11.2018).

Wenn immer wieder auch junge Menschen in fremde Länder reisen, um zu helfen, dann ist das mit einer Abenteuerlust und mit einem Interesse an anderen Ländern, Kulturen und Menschen verbunden. Wie aus den Berichten hervorgeht, ist das bei den älteren Helfern nicht anders – natürlich ist es eine Herausforderung, in fremden Kulturen zurechtzukommen, unter beschränkten Bedingungen zu operieren und mit organisatorischen Problemen kämpfen zu müssen. Die Motive reichen aber tiefer. »Ich wollte durch einen persönlichen Einsatz einen kleinen Teil dazu beitragen, dass sich etwas verändert«, meint Dr. Matthias Haun, der aus einer christlichen Lebensauffassung heraus über die Jahre hinweg in vielen Einsätzen Menschen z. B. auf den Philippinen, in Pakistan, Äthiopien, Haiti und im Kongo half. »Ich bin einfach dankbar, dass ich das Leben führen kann, das ich habe: Ich habe drei gesunde Kinder und einen Beruf, mit dem ich aktiv etwas bewirken kann«, meint Haun, und: »Ich bekomme ein Verständnis für andere Gesellschaften und Kulturen, das ich anders nicht erfahren hätte.«

Auch Florian Westphal, Geschäftsführer von Ärzte ohne Grenzen, betont den Gewinn, den die Mitarbeiter durch ihr Engagement erwerben

(siehe dazu auch Kap. A 4): die Gewissheit, etwas Gutes zu tun und Menschenleben zu retten, die Zusammenarbeit mit Menschen aus verschiedenen Kulturkreisen und den Zuwachs an Lebens- und Berufskompetenz (Florian Westphal, Geschäftsführer von Ärzte ohne Grenzen, Deutschland, Interview in der PNP 291/17.12.2018, 17).
Helmuth Rücker, der vor zehn Jahren das Hilfsprojekt Dindefelo begonnen hat und bis heute engagiert betreut, beschreibt seinen Weg so:

Porträt: Helmuth Rücker

Bild 18: Helmuth Rücker; Foto: privat

Ich kam durch Zufall in das Dorf am Ende aller Straßen an der Grenze zu Guinea. Dort erfuhr ich, dass die Menschen Probleme beim Brunnen hatten, da die Pumpe defekt war. Man begann im Dorf mit dem Sammeln von Geld – doch das würde ewig dauern. Ich gab ihnen meine 400 Euro aus dem Geldbeutel. Ein Jahr später fragte mich jemand aus dem Dorf per Mail, ob ich nicht noch einmal kommen wolle. Dieses Mal hatte ich 4000 Euro dabei, vermeintlich sehr, sehr viel Geld. Bei der Abreise sagte mir eine im Senegal lebende Deutsche, die das Dorf kennt: »Jetzt bist Du für das Dorf verantwortlich. Kümmere Dich bitte darum.«
Na klar, es ist nur ein Dorf. Doch wenn es genug Menschen gibt, die sich um ein Dorf, um »ihr Dorf« kümmern, dann kommen wir unserem Ziel, die Welt ein wenig besser zu machen, täglich ein bisschen näher.
Helmuth Rücker

Helmuth Rücker gewinnt die Rotary-Clubs Passau und Vilshofen als Kooperationspartner für seine vielfältigen Projekten für Dindefelo. Ihm gelingt es, die Realschule Schweiklberg zur Mitarbeit zu motivieren; sieben Schweiklberger Realschüler und vier Schülerinnen der Mädchen-Realschule Neustift unternehmen eine neuntägigen Reise zum Hilfsprojekt »Dindefelo« und berichten im Anschluss zuhause – ein

Schneeballeffekt, weil so die Bedeutung und Notwendigkeit dieser Hilfsaktion nahegebracht werden kann und so weitere Spenden eingeworben werden können. (http://www.uni-passau.de/local-heroes/artikel/hilfsprojekt-dindefelo/)
Was die Möglichkeit, ein Hilfsprojekt in einem anderen Land durchzuführen, ungemein erleichtert, sind die vielen kirchlichen und staatlichen Organisationen, die weltweit gut vernetzt sind. Die größten haben sich im Bündnis »Aktion Deutschland hilft« zusammengeschlossen (www.aktion-deutschland-hilft.de). Die aus der Distanz durchaus kritisch betrachtete Missionstätigkeit der Kirche in früheren Jahrhunderten (Hauptvorwürfe: kultureller Imperialismus, Zwangsmissionierung, zu viel Überfremdung und zu wenig Enkulturierung) sollte differenziert bewertet werden: Die Missionare brachten mit dem Evangelium auch Aufklärung, Entwicklung, Bildung und Fortschritt. Viele sahen sich selbst als interkulturell Lernende, setzten sich für Menschenrechte und Gleichberechtigung ein und legten den Grundstein für die Weltkirche. Vor allem aber: Gerade die im 19. Jahrhundert aufgebauten Netzwerke der Missionsorden bieten heute noch jungen Menschen die Möglichkeit eines gut betreuten sozialen Jahres in einer Kirche, die sich hier tatsächlich als »katholisch«, allumfassend und weit, begreift. Und die kirchlichen Hilfswerke sind mit ihren guten Verbindungen weltweit Ansprechpartner und bieten vor allem auch hervorragende Materialien für die Bildungsarbeit, Liturgie und Pastoral (vgl. Bauer 2014).
Im Folgenden sollen drei Local heroes ausführlicher dargestellt werden:

Porträt: Pfarrmesner Georg Wagner – ein grenzenloser Helfer

Der Pfarrmesner von Fürstenzell, Georg Wagner, bringt seit nunmehr über zwanzig Jahren regelmäßig Hilfsgüter nach Ploesti in Rumänien – 1300 km von der Heimat entfernt. Vereine, Schulen, private Spender unterstützen ihn mit Geld- und Sachspenden. Die Hilfsgüter kommen armen Familien, kranken Menschen und Waisenkindern zugute. Vor Ort wird die Hilfsaktion von italienischen und deutschen Ordensschwestern organisiert. Inzwischen hat Wagner bereits über 25 Fahrten durchgeführt, über die in der lokalen Presse immer wieder berichtet wird (Local-heroes-Homepage: z.B. unter »Armenhilfe«).
Seinen Beginn hatte alles im Krankenhaus von Fürstenzell, in dem Georg Wagner als Hausmeister arbeitete. Im Laufe seiner dortigen Tätig-

keit lernte er zwei rumänische Asylbewerber kennen, mit denen er durch gemeinsame Brotzeiten ins Gespräch kam. Allmählich baute sich ein Vertrauensverhältnis zwischen dem Hausmeister und den beiden Malern auf. Als einer der beiden Asylbewerber erwähnte, unter welch ärmlichen Verhältnissen seine Mutter in Rumänien leben müsse, zögerte Georg Wagner nicht lange und fuhr in den nächstgelegenen Supermarkt, um dort ein Essenspaket zusammenzustellen. Obwohl die meisten Lebensmittel auf dem Weg nach Rumänien gestohlen wurden, machte Georg Wagner eine wichtige Erfahrung, die großen Einfluss auf sein zukünftiges Leben hatte: Es bedarf keiner allzu großen Taten, um seinen Mitmenschen zu helfen – man muss nur damit anfangen!

Bild 19: Georg Wagner in Ploesti; Foto: privat

1994 geschah etwas Überraschendes: Marius, einer der beiden rumänischen Asylbewerber, wurde aus Deutschland ausgewiesen. Georg Wagner entschloss sich spontan, ihn in sein Heimatland zu begleiten. Dort erlebte der damals 50-Jährige mit eigenen Augen, unter welch elenden Bedingungen Marius' Familie leben musste. Erschüttert von der bitteren Armut im Barackenviertel von Ploesti versprach Georg Wagner, Marius und seine Familie von nun an finanziell und materiell zu unterstützen. Schnell führte eins zum anderen: Italienische Ordensschwestern, die in der örtlichen Pfarrei arbeiten, stellten einen Kontakt zum nahegelegenen Waisenhaus her und erklärten sich bereit, die in zahlreichen Fahrten mitgebrachten Lebensmittel, Kleidungsstücke, Medikamente und Geldspenden an die Bedürftigen in Ploesti zu verteilen. Aus den ehemals privaten Hilfslieferungen sind über die Jahre hinweg Großtransporte geworden. 2007 beispielsweise rollte ein ganzer Lastzug mit Krankenbetten, Matratzen, Nachttischen, Rollstühlen und an-

deren Krankenhauseinrichtungsgegenständen, die in Deutschland nicht mehr benötigt wurden, nach Rumänien.
Trotz der zunehmenden Routine bedeuten die Rumänienfahrten für den mit der Stephanus-Plakette geehrten Pfarrmesner nach wie vor große Strapazen und Stress. Er spricht von menschenverachtenden Schikanen an der Grenze sowie Spenden, die während der Fahrten oder beim Ausladen abhandengekommen sind. Aber man spürt deutlich, was Georg Wagner bis heute angetrieben hat und wohl nie wirklich zur Ruhe kommen lässt: sein unermüdlicher Idealismus und das Bedürfnis, das mit eigenen Augen erfahren Leid der Menschen in Ploesti mit seinem Engagement zumindest etwas zu lindern.

Wenn Georg Wagner vor Schulklassen von seinem Projekt berichtet, zeigt er Bilder und Videofilme, vor allem aber erzählt er anschaulich davon, wie die Menschen in Rumänien leben: Ein warmes Essen, Orangen, Bananen, etwas Schokolade sowie einige kleine Geschenke – für die große Mehrheit der deutschen Kinder und Jugendlichen sind Dinge wie diese an Weihnachten zu einer Selbstverständlichkeit geworden. Nicht so für die jungen Bewohner eines Waisenhauses im rumänischen Ploesti. Viele der Kinder haben den ganzen Tag noch nichts gegessen, sodass ihnen ein Hühnchen mit einer großen Portion Pommes wie ein Festmahl vorkommen muss. Dass dazu auch noch der Nikolaus mit einem Sack voll Spielzeug vorbeischaut – davon haben die allerwenigsten von ihnen zu träumen gewagt. Doch nicht nur Waisenkinder, sondern auch Obdachlose, Kranke, Senioren sowie mittellose Familien erfahren in Ploesti in Form von Bar- und Sachspenden Hilfe.
Wenn Georg Wagner von all dem erzählt, dann beeindruckt das auch Grundschulkinder. Zugleich motiviert Wagner die Kinder aber zum eigenen Handeln. Neben Geldspenden sind vor allem Kleidung und Spielsachen gefragt.
Übrigens: Die spontane Reaktion Georg Wagners, als ich ihn vor vielen Jahren auf mein Projekt Local heroes hinwies und zu einem Studientag einlud, war: »Ich bin doch kein Held!« Und als ich ihn für die Schautafel zu seiner Person für die Ausstellung »Helden auf Augenhöhe« um ein Foto bat, kramte er aus einer Blechkiste eine Fülle von Bildern, zu denen er jeweils eine leidenschaftliche Geschichte erzählen konnte. Er selbst war auf keinem der Bilder zu sehen. Auf meine Bitte, vom nächsten Hilfs-

transport ein großes Porträtbild von sich mitzubringen, ließ er mir das Bild (S. 132) zukommen, verbunden mit dem Satz: »Ich bin doch nicht so wichtig!«
In jedem Ort gibt es Menschen wie Georg Wagner. Sie arbeiten bei Eine-Welt-Vereinen, in Sozialausschüssen von Pfarrgemeinden, es sind Einzelpersonen, die für ein Sozialprojekt eintreten. Man muss nur die Augen offen halten und nachfragen …

Porträt: Margaretha Fischer

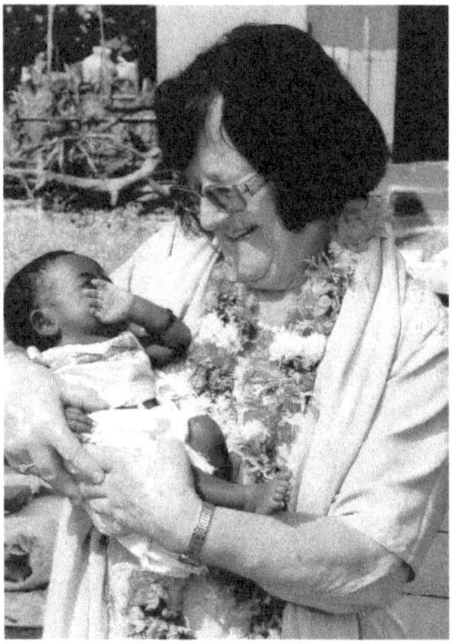

Bild 20: Margaretha Fischer; Foto privat

Margaretha Fischer, eine pensionierte Lehrerin, hat in Indien mehrere Brunnen, Schulen und »Dörfer des Friedens« gebaut und ist unermüdlich auch in anderen Regionen der Welt für die Ärmsten der Armen tätig; im Laufe ihres langjährigen Engagement konnte sie über vier Millionen Euro an Spendengeldern einwerben und hat in Indien und weltweit 20 Dörfer und 28 Schulen errichtet.
Alles begann mit einer Brieffreundschaft vor über 60 Jahren: Ihr indischer Brieffreund gab später zu, dass er in sie verliebt war und sie zur Frau nehmen wollte. Dazu kam es zwar nicht, aber das Land hat sie seitdem nicht mehr losgelassen. Sie war tief bewegt von der großen Not und dem erbarmungslosen Hunger, den sie bei ihrem ersten Besuch in Indien wahrnehmen musste. In Indien engagierte sie sich über viele Jahre hinweg für die »Village Reconstruction Organisation« des Jesuitenpaters Michael A. Windey. Ihr Verein »Leben teilen« bildet seit 2001 die finanzielle Basis für ihre Projekte. Es war immer ein besonderes Ereignis, wenn mit Spenden aus dem bayerischen Wald wieder der Grundstein für ein neues Projekt gelegt werden konnte: »Die Grundsteinlegung ist dort eine heilige Zeremonie«, erzählt Mar-

garetha Fischer. Die Erde des neuen Dorfes wird gesegnet und ins Loch für den ersten Stein werden Körner geworfen, die wachsen und gedeihen sollen. Die Menschen dort sind dankbar, ihre strahlenden Gesichter empfindet Margaretha Fischer als Entgelt für ihr Tun. Kein Wunder, dass sie in der Region in Indien, in der sie hauptsächlich tätig ist, im Bundesstaat Tamil Nadu, wie eine Heldin verehrt und gefeiert wird und den Beinamen »Jyothi« – zu Deutsch »Licht« erhielt. Dabei ist ihr auch wichtig, für einen kulturellen Austausch zu sorgen, indem sie in Indien von den Menschen aus Deutschland erzählt, den Ministranten aus Bodenmais, den Grundschülern aus Grafenau, den Realschülern aus Eggenfelden, die mit fantasievollen Aktionen Projektgelder eingeworben haben. Als ehemaliger Lehrerin liegt ihr besonders die Bildung von Mädchen am Herzen: Im Januar 2019 konnte mit ihrer Hilfe ein »Boarding House« fertiggestellt werden: 100 indisches Mädchen erhalten in diesem Internat eine Bleibe, eine Schule soll das Projekt ergänzen.

Sie begründet ihr Engagement selbstverständlich religiös: »Wenn man für den Willen Gottes offen ist, dann geschehen mit den Menschen Dinge, die man sich nicht erträumen kann. Das klingt sehr religiös, aber ich sehe das wirklich so. Ich wäre sonst mit meinen Hilfsprojekten niemals so weit gekommen.« Und in einem Brief an mich (ebenfalls dokumentiert auf unserer Homepage) schreibt sie: »Von ›Heiligen der Unscheinbarkeit‹ sprechen Sie. Unscheinbar – das mag auf mich zutreffen. Eine Heilige – oh ja – die möchte ich einmal werden! Heiligkeit ist all jenen Menschen sicher, die sich ganz auf Gott einlassen, die alles von Gott erwarten und bereit sind, ihr Ego abzubauen, um dem Sein in Gottes Geborgenheit und Liebe Raum zu schenken. Für mich persönlich ist es ganz, ganz wichtig, nicht am Willen Gottes vorbeizugehen. Eigentlich wollte ich selber ganz etwas anderes. Aber statt der Kontemplation fiel mir die Aktion zu. Ich selber muss nun den Mittelweg finden, um ja nicht in Aktion und Hektik auf- und unterzugehen. Sie sehen: Mein Herz gehört Gott – und seinen Armen. Durch das ›Ja‹ zu seinem Willen fiel mir eine ungeheure innere Freiheit zu.«

Porträt: Susanne Klaus packt die Zahnbürsten ein

Bild 21: Susanne Klaus; Foto: Thomas Jäger, PNP

Gleich nach dem Studium der Zahnmedizin reiste die Zahnärztin Susanne Klaus für den Hilfsverein »Dentists for Afrika« nach Kenia, um dort für zehn Wochen in einer Praxis zu arbeiten. Diese hat der Verein in Kooperation mit den dort ansässigen Franziskaner-Schwestern aufgebaut. Neben der Zahnbehandlung für mittellose Patienten hat sie Schulen besucht, um die Kinder aufzuklären, wie man richtig Zähne putzt. Und natürlich hatte sie Zahnbürsten und Zahncremes für die Kinder dabei, was den größten Teil ihres Gepäcks dargestellt hat. Die Arbeit war anstrengend, aber auch erfüllend.
Nach dem Ende ihrer Assistenzzeit reiste sie wieder in ein fremdes Land – nach Kambodscha, um dort ebenfalls Straßenkinder zahntechnisch zu betreuen. Diesmal läuft die Kooperation über das »Mini-Molars«-Programm von buddhistischen Mönchen.
Was motiviert Susanne Klaus? Zunächst einmal war sie schon immer sehr reiselustig und in vielen Ländern unterwegs. Außerdem hat sie sich bewusst für einen Beruf entschieden, mit dem sie anderen Menschen helfen kann. Das Helfergen hat sie augenscheinlich von ihren Eltern geerbt, denn die ganze Familie engagiert sich selbstverständlich auf vielfältige Weise in der Pfarrei. Susanne Klaus bezeichnet sich selbst zwar als »nicht erzkatholisch«, aber das christliche Gebot der Nächstenliebe war für sie von Kleinauf handlungsleitend.
Ihr Mann Timo war zwar zunächst von ihrer Reise nach Südostasien nicht begeistert, hat sie aber letztlich doch unterstützt.

O-Ton Susanne Klaus

In meiner Jugend hatte ich sehr viele Interessen, doch bei meiner Berufswahl stand eine Frage im Vordergrund: Wie kann ich anderen Menschen helfen, die es nicht so gut haben wie wir in Deutschland?
Deswegen entschied ich mich für Zahnmedizin. Während des Studi-

ums habe ich mich über einige Hilfsorganisationen informiert und meine erste Wahl fiel auf Dentists for Africa. Es ist eine kleine Organisation deutscher Zahnärzte, die in Kenia vor allem Mundhygieneaufklärung betreibt. Abgesehen von der zahnmedizinischen Versorgung der Bevölkerung gibt es mittlerweile auch ein Patenschaftsprojekt und eine Witwenkooperative, die es Frauen erlaubt, ihr eigenes Geld durch Handarbeit zu verdienen.

Bei meinem Hilfseinsatz hat mich vor allem die Freundlichkeit und Dankbarkeit der einheimischen Bevölkerung beeindruckt. Die meisten kenianischen Kinder besitzen keine Zahnbürste und wissen auch nicht, dass man Zähne putzen muss oder welche Ernährung für die Gesundheit der Zähne wichtig ist. Deswegen liegt noch ein weiter Weg vor uns, aber in den letzten 20 Jahren hat sich die Situation trotzdem schon stark verbessert.

Mittlerweile habe ich auch ein Patenkind. Francis ist zehn Jahre alt und wohnt mit seiner kleinen Schwester bei seiner Großmutter. Die Patenschaft ermöglicht kenianischen Kindern eine Schul- und Berufsausbildung. Francis möchte gerne Arzt werden. Es besteht ein reger Briefkontakt und die Abrechnung erfolgt direkt je nach Bedarf des Kindes. Somit gibt es keine Pauschalen und es liegt absolute Transparenz vor.

Ich kann jedem nur empfehlen sich auf die eine oder andere Art zu engagieren und Menschen zu helfen. Dankbarkeit und Zufriedenheit sind die schönsten Geschenke, die man dabei zurückbekommt. Während eines Hilfseinsatzes merkt man, wie wenig man im Leben braucht um glücklich zu sein und welch Überfluss hier in der westlichen Welt herrscht. Wieder zu Hause angekommen, fällt es vorerst schwer, sich im Alltag zu Recht zu finden, aber schon bald steigt die Vorfreude auf das nächste Mal!

Anregungen

- »Einer allein kann kein Dach tragen«, lautet ein afrikanisches Sprichwort, mit dem die Organisation »Projekt Schwarz-Weiß« (www.kenia-hilfe.com) wirbt: Erstellt zu einem der vorgestellten Projekte eine Liste der beteiligten Menschen!
- Ermittelt aus den Texten die Gründe, wieso sich Georg Wagner, Margaretha Fischer oder Susanne Klaus für ihre Projekte engagieren.

- Gestaltet ein Plakat, in dem ihr einen Überblick über ein Projekt (Georg Wagner, Margaretha Fischer oder ein anderer Local hero aus der Datenbank) gebt (Situation im jeweiligen Land, Motive, Ziele, Formen der Hilfe ...).
- Stell dir vor, du würdest ein Päckchen für einen Hilfstransport für die Waisenkinder von Ploesti packen: Womit würdest du ihnen eine Freude machen wollen?
- Diskutiert folgende Situation: Du siehst, wie ein Klassenkamerad deutlich erkennbar minderwertige Kleidung und Süßigkeiten, deren Haltbarkeitsdatum abgelaufen ist, in sein Päckchen packt. Sprichst du ihn darauf an und wenn ja, wie?
- Überlegt Fragen, die ihr einer der Personen stellen möchtet!
- Verfasst eine Ehrenurkunde für eine Person oder Hilfseinrichtung!
- Könntest du dir vorstellen, nach deiner Schulzeit oder nach dem Arbeitsleben ins Ausland zu gehen, um arme Menschen in Entwicklungsländern zu unterstützen?
- Angenommen, dein Vater oder deine Mutter haben einen »runden« Geburtstag: Würdest du ihm/ihr raten, statt der zu erwartenden Geburtstagsgeschenke um Spenden für ein Eine-Welt-Projekt zu bitten? Begründe deine Meinung!
- Stell dir vor, dein Vater oder deine Mutter überlegen, statt des Familienurlaubs im Sommer für ein Hilfsprojekt in ein fremdes Land zu reisen, um mit dem, was sie können, zu helfen: Würdest du sie dabei unterstützen oder nicht? Diskutiert eure Einschätzungen in der Klasse!
- Sucht nach Einzelpersonen oder Organisationen in eurem Wohnort, die sich für Projekte in anderen Ländern einsetzen! Ladet jemanden zu euch in die Schule ein!
- Bereitet den Besuch des Vertreters der Organisation vor: Sammelt Fragen, z. B. nach seiner Motivation, dem Zeitaufwand, den Problemen, der Situation im Land.
- Schreibt über den Besuch des Local heroes einen Beitrag für die Schülerzeitung.
- Empathieübung: »Ich wäre arm, wenn ich ... nicht hätte.«
- Geht auf der Local-heroes-Homepage in der Datenbank auf die Rubrik »Armenhilfe« und sichtet jeweils einzelne Beiträge. Erstellt eine

Liste mit den konkreten Missständen, gegen die die Helfer ankämpfen.

- Bereitet Weihnachtspäckchen für ein Projekt vor: Neben den Geschenken könnt ihr einen persönlichen Brief, Zeichnungen oder Bilder von eurem Alltag hineinlegen.
- In der Local-heroes-Datenbank findet ihr das Projekt einer Sporthauptschule in Hauzenberg: Ein Lehrer hat dort über die Kindernothilfe e. V. in Duisburg ein Patenschaftsprojekt für ein Mädchen auf den Philippinen durchgeführt. Das Geld, das die Schülerinnen und Schüler sammeln, ermöglicht dem Mädchen eine Schulausbildung. Sie bedankt sich mit Zeichnungen und Briefen. – Diskutiert, ob ihr ein ähnliches Projekt durchführen möchtet!

9. Jung und engagiert – auch kirchlich!

Man denkt bei kirchlich engagierten Menschen sicher zuerst an die professionell in der Kirche Tätigen (Priester, Ordensleute, kirchliche Mitarbeiter in Pfarreien und Organisationen) und an die zahlreichen ehrenamtlichen Helferinnen und Helfer in Gemeinden und Verbänden. Im Folgenden soll aber der Fokus auf Jugendliche gerichtet werden, die sich in kirchlichen Einrichtungen engagieren. Die besondere Herausforderung dieses Personenzuschnitts lässt sich gut aus der Perspektive zweier Bedenkenträger formulieren:

Bedenkenträger 1 meint: »Die heutige Jugend ist von Grund auf verdorben, sie ist böse, gottlos und faul.« – Und er fügt hinzu: »Die Jugend hält sich doch nur noch in digitalen Welten auf, ist sozial verkümmert und engagiert sich nicht mehr.«

Bedenkenträger 2 äußerst sich so: »Es gibt kaum mehr jugendliche Milieus, die eine Affinität zur Kirche aufweisen. Kirche gilt als altmodisch, langweilig und unattraktiv.«

Beide Bedenken müssen relativiert werden. Leider lässt sich das Zitat des ersten Bedenkenträgers nicht personalisieren, es handelt sich um eine Inschrift auf einer babylonischen Tontafel ungefähr aus dem Jahre 1000 v. Chr. Mich erstaunt immer wieder, dass entgegen dem dargestellten Trend, die eine Katastrophentheorie des Jugendalters pflegen, die empirischen Daten in eine andere Richtung verweisen: Für viele Jugendliche gehört ein Engagement für gesellschaftliche Angelegenheiten und für andere Menschen ganz selbstverständlich zum persönlichen Lebensstil, auch wenn die Daten vor allem bei Schülerinnen und Schülern (klar: verkürzte und verdichtete Schulzeit, modularisierte Studiengänge!) etwas rückläufig sind. Jugendliche setzen sich für die Interessen von Jugendlichen und eine sinnvolle Freizeitgestaltung ein, aber auch für sozial Schwache und Benachteiligte, dies zeigen die Shell-Studien eindrucksvoll: 34 % der Jugendlichen geben an, »oft«, weitere 38 % »gelegentlich« für soziale oder gesellschaftliche Zwecke in ihrer Freizeit aktiv zu sein. »Charakteristisch sind hier vor allem individuelle und niederschwellige Beteiligungsformen. Vieles spricht dafür, dass mit Partizipations- und Beteiligungsangeboten, die über das Internet zugänglich sind und in die sich Jugendliche online einbringen können, sich an dieser Stelle neue Möglichkeiten eröffnen« (Shell Deutschland Shell Holding 2015, 200).

Dem zweiten Bedenkenträger muss entgegengehalten werden, dass es immer noch eine kontinuierlich angelegte Jugendarbeit gibt; immerhin ca. 660.000 Jugendliche in Deutschland sind allein im Bund der Deutschen Katholischen Jugend (BDKJ) organisiert. Daneben kann man zunehmend ausdifferenziertere und niederschwellige Formen einer Partizipation ausmachen, die der Vielzahl von Lebensstilen gerecht wird und verschiedene Milieus anspricht, zeitlich begrenzte Projekte (z. B. Zeit für Helden, 72-Stunden-Aktionen) und offene Angebote (z. B. Schülercafés, Jugendkirchen, liturgische Angebote wie Jugendvespern und Night-Fever), die durch einen Event-Charakter geprägt sind. Auch wenn die Tendenz einer Kirchendistanz bei Jugendlichen, die gerade in den Sinus-Milieu-Studien deutlich werden, sicher richtig ist und die Gesamtdynamik einer Entfremdung der Menschen von kirchlichen Milieus von kirchlicher Seite als Warnsignale für fundamentale pastorale Erneuerungsbemühungen ernst genommen werden muss, lassen sich doch zahlreiche Beispiele von engagierten Jugendlichen finden (vgl. Calmbach u. a. 2016). Religiös orientierte Jugendliche sind übrigens sozial engagierter, wie eine neuere Studie zeigt: Je religiöser Jugendliche sind, umso mehr Mitgefühl und soziales Verhalten zeigen sie, so Mirjam Hoffmann (Hoffmann 2019).

Die Personengruppe der Jugendlichen ist in pädagogischen Kontexten insofern besonders bedeutsam, weil die allgemeinen Vorteile der Local heroes (siehe Kap. C 2) hier noch konkreter ausgeführt werden können:

- Die Jugendlichen verdeutlichen, dass man inmitten der Wohlstandsgesellschaft lebend sich in kirchlichen Feldern engagieren und für andere einsetzen kann.
- Gerade die jugendlichen Vorbilder sind in einem ähnlichen Alter wie die Schülerinnen und Schüler; sie sind also Menschen »wie du und ich«, stehen vor ähnlichen Lebensentscheidungen, haben ähnliche Hobbies. Und doch engagieren sie sich in der Kirche!
- Moralpsychologisch betrachtet entspricht dies der sogenannten »+1-Stimulation«: Man ist geneigt, Argumente als herausfordernd zu akzeptieren, die nur wenig über dem eigenen Argumentationsniveau angesiedelt sind. Dies entspricht der oben skizzierten

Bereitschaft von Jugendlichen, sich punktuell sozial und kirchlich zu engagieren – und eben nicht gleich radikal und lebenslang.

- Der große Vorteil von Local heroes besteht darin, dass man mit ihnen in einen Dialog treten kann – sei es unmittelbar im Rahmen einer Begegnung, aber auch virtuell, wie die folgenden Praxisprojekte zeigen.

Aus diesem Grund besteht unser Bemühen bei der Bestückung der Local-heroes-Datenbank darin, immer wieder neue Beispiele von Jugendlichen zu finden, die sich zivilcouragiert verhalten, sich in Vereinen und in der Schule engagieren, an sozialen Projekten mitarbeiten oder ein soziales Jahr ableisten (siehe dazu Kap. B 16 Soziales Jahr).

Gerade solche Personen eignen sich auf besondere Weise für ein orientierendes Lernen, weil sie in ihrer Normalität zum nächsten Schritt auf der Stufenleiter zur persönlichen Heiligung einladen – und man sie dann tatsächlich in den Unterricht oder in die Gruppe einladen kann: Kinder und Jugendliche erzählen, wieso sie Ministranten oder Übungsleiter sind oder in einer Jugendgruppe verantwortlich mitarbeiten.

Oder sie geben Auskunft, wieso sie in den Weihnachtsferien bei der größten Kinderhilfsaktion, den Sternsingern (www.sternsinger.de), mitmachen, sich als die Heiligen Drei Könige verkleiden und bei Wind und Wetter durch die Straßen ziehen, um den Menschen hier ein gutes neues Jahr zu wünschen und die Häuser mit dem »CMB« (Christus mansionem benedicat – Christus segne dieses Haus) zu kennzeichnen und fürs Kindermissionswerk Spenden zu sammeln. »Wir gehören zusammen – in Peru und weltweit«, lautet das treffende Motto der Sternsingeraktion 2019, »Segen bringen, Segen sein. Frieden! Im Libanon und weltweit« das der Aktion 2020. Seit Beginn der Aktion im Jahre 1959 haben die Sternsinger in Deutschland über eine Milliarde Euro für Hilfsprojekte in der ganzen Welt gesammelt. Aus dem Jahresbericht für 2017 geht hervor, dass bei der Sternsingeraktion im Jahr 2018 über 300.000 Kinder und Jugendliche und weitere 90.000 Unterstützer (z. B. Organisatoren in den Gemeinden, Fahrdienste, Essensversorgung) in die Aktion eingebunden waren, es wurden über 48 Millionen Spenden »ersungen«. Ähnlich sind die Zahlen für 2019 (wie aus dem Infomaterial zur Aktion 2020 hervorgeht): Das Sammelergebnis beträgt 40 Millionen Euro, rund 300.000 Sternsinger mit ca. 90.000 Begleitern waren unterwegs, seit 1959 konnten mehr als 74.400 Projekte weltweit gefördert werden. Die Sternsinger machen dabei ganz unterschiedliche Erfahrungen – sie werden herzlich empfangen, manchmal wird ihnen aber nicht geöffnet bzw. die Türe mit bösen Kommentaren versehen zugeschlagen (»Ich gebe nichts für Kinder in Afrika – die sind doch eh bald alle hier« – so ein Eintrag bei Twitter). Was motiviert Jugendliche, sich an der Aktion zu beteiligen? »Es macht einfach Spaß, ich treffe auf diese Weise neben der Schule Gleichaltrige ... Außerdem ist es für einen guten Zweck«, so die 16-jährige Oberministrantin Simone Gutsmiedl aus der Pfarrei Heining (PNP 3/2019, 17).

Bei einem universitären Seminar wurden bewusst solche jugendliche (bzw. junggebliebene) »Helden auf Augenhöhe« gesucht und bearbeitet (dokumentiert auf der Local-heroes-Homepage unter »Schulprojekte«, man findet dort die entstandenen Schautafeln und weitere didaktische Materialien aus dem Jahr 2016): Julia Althammer hat Daniel Nau (22 Jahre) porträtiert, der sich in der Pfarrgemeinde als Ministrant, Lektor und Pfarrgemeinderat engagiert, Jasmin Augustin den 23-jährigen Johannes Hof, der über den Verein »weltwärts« für ein Jahr nach Peru ging, um in einem Kinderheim zu unterrichten und mit den Kindern zu spielen, ähnlich wie Anna Eineder, die als Entwicklungshelferin auf Zeit in Tansania tätig war und von Sarah Kaiser darstellt wurde. Sabrina Geiß interviewte die 21-jährige Ministrantin und im BDKJ engagierte Theresa Schneck, Theresa Gsödl Stefan Wenninger (19 Jahre), der als Ministrant und bei der Kolpingjugend aktiv ist, Christina Pirkl Katharina Fröhler, die seit vielen Jahren als Sanitäterin beim Bayerischen Roten Kreuz tätig ist, Irene Raster präsentierte den jungen Mesner Florian Kapsner. Marion Richter porträtierte Anna-Lena Holzapfel, die seit ihrem 18. Lebensjahr im Kreisjugendring aktiv ist, Sebastian Rinnerer widmete sich Sandra Seidel, die in der Studierendenvertretung des Departments für Katholische Theologie Verantwortung übernahm, Jaqueline Roßner erarbeitete ein Projekt zu Tobias Legner (25), der in der Familienbetreuungsstelle der Bundeswehr die Kontakte zwischen Soldaten im Auslandseinsatz und ihren Familien in der Heimat betreut, Nicole Springer präsentierte Daniel (25) und Maximilian (24), die seit Jahren bei der Wasserwacht mitarbeiten und kürzlich einen Vierjährigen erfolgreich wiederbelebt haben, und Nadine Tiefenböck verdeutlichte den hohen Einsatz von Simon Urlberger, der regelmäßig den Asylbewerber Kidane aus Eritrea zum Fußballtraining bringt und dafür eine weite Anfahrt in Kauf nimmt (siehe ausführlicher Kap. B 5).

Was bei den Personenbeschreibungen auffällt: Die Jugendlichen engagieren sich mit voller Überzeugung, empfinden ihr Tun als persönlich äußerst bereichernd, identifizieren sich mit ihrer Einrichtung und sind sich des (zeitlichen) Preises bewusst, den sie für ihr Engagement zahlen, und der Grenzen, die sie gelegentlich erfahren: »Die Wasserwacht ist ein Teil von mir«, meint Maximilian. »Man wächst in die neuen Aufgaben hinein«, stellt Sandra Seidel fest, »ja, manchmal würd ich auch lieber im Bett bleiben.« Stefan Wenninger macht es »einfach Spaß, mit Jugendlichen zu arbeiten und mich für sie einzusetzen«. Theresa Schneck äußert sich ähnlich. Anna Eineder hat in Tansania gelernt, »worauf es ankommt im Leben und dass wir uns von Kleinigkeiten nicht stressen lassen brauchen. Außerdem habe ich mich intensiv mit mir selbst befasst und habe viel Selbstvertrauen gewonnen«. Daniel Nau findet es toll »gebraucht zu werden«.

Für die Studierenden war die Erprobung der Materialien, die sie zu den porträtierten Personen erstellt hatten, äußerst aufschlussreich. So wurde deutlich, dass aus der Perspektive von 10–15-Jährigen ein gesellschaftliches Engagement durchaus kritisch gesehen wird (»Würd ich nicht machen!«), manche gesellschaftliche Felder, z. B. ein Studium, noch außerhalb des Horizonts liegen und die Schülerinnen und Schüler zwischen einer positiven Bewertung eines Engagements (»Find ich toll!«) und der eigenen Einstellung dazu (»Wär mir zuviel!«) unterscheiden.

Zwei Beispiele sollen ausführlicher dargestellt werden, der 17-jährige Mesner Florian Kapsner und der 18-jährige Ministrant und Verantwortliche in der Jugendarbeit Stefan Wenninger. Beide sind normale Jugendliche – oder vielleicht doch nicht?

Florian hat neben seiner Tätigkeit als Mesner noch weitere typische Hobbies eines Jugendlichen. Aus der Perspektive von kirchendistanzierten Kindern und Jugendlichen wirkt sein überzeugtes Engagement als Mesner sicher exotisch, aber gerade die Lebens- und Altersnähe können eine Brücke für eine interessierte Auseinandersetzung sein.

Porträt: Florian Kapsner – Pfarrmesner

Sonntagmorgen, 7.30 Uhr, der Wecker klingelt. Viele Jugendliche würden um diese Uhrzeit am Wochenende überhaupt nicht daran denken, schon aufzustehen. Entweder ist es bei der Party am Vorabend wieder mal etwas länger geworden oder man will einfach nur ausschlafen.

Bild 22: Florian Kapsner; Foto: Irene Raster

Anders Florian Kapsner: Er steht jeden Sonntag um halb acht auf und macht sich auf den Weg in die Kirche.

Florian arbeitet seit mittlerweile zwei Jahren ehrenamtlich als Mesner in seiner Heimatkirche. Wie ist er dazu gekommen, Mesner zu werden? »Ich bin von klein auf immer mit meinen Eltern in die Kirche gegangen und habe nach der Erstkommunion mit dem Ministrieren angefangen. Ich wollte mich aber auch dann aktiv am Gottesdienst beteiligen, wenn ich nicht zum Ministrieren eingeteilt war. Also habe ich spontan den Mesner gefragt, ob ich ihm helfen kann«, erzählt Florian. Der war sofort einverstanden, hat Florian in die Aufgaben eines Mesners eingeführt und ihm sogar eine Mappe zusammengestellt, in der alles Wichtige rund ums »Mesnern« aufgeschrieben ist. Seitdem arbeiten die beiden als Mesner-Team zusammen.

Wenn Florian am Sonntagmorgen in die Kirche kommt, richtet er als erstes Wein und Hostien für den Gottesdienst her und zündet alle Kerzen an. Wenn später der Pfarrer und die Ministrantinnen und Ministranten eintreffen, hilft Florian ihnen beim Anziehen ihrer Gewänder. Während des Gottesdienstes darf er dann die Glocken läuten und die Kollekte einsammeln. »Wenn ich beim Geld einsammeln bei meinem Opa vorbeikomme, merke ich immer, wie stolz er ist, dass ich der Mesner bin«, sagt Florian. Eigentlich haben alle positiv darauf reagiert, dass er sich in der Kirche engagiert. »Der Pfarrer war zwar anfangs schon etwas überrascht, dass ich mit 15 Jahren schon Mesner werden möchte, insgesamt hat er es aber gut aufgenommen«, lacht Florian. Am Anfang war er vor dem Gottesdienst manchmal nervös, ob denn alles vorbereitet ist und alles klappen würde, mittlerweile ist das »Mesnern« für Florian aber zur Routine geworden.

Manchmal kostet es Florian schon Überwindung, am Sonntag um halb

acht aufzustehen. Schließlich muss er während der Woche jeden Tag früh aus dem Bett, um rechtzeitig in der Arbeit zu sein: Florian hat eine Ausbildung zum Elektroniker für Energie und Gebäudetechnik begonnen und inzwischen abgeschlossen. »Grundsätzlich gehe ich schon jeden Sonntag in die Kirche«, sagt Florian. »Es gibt aber auch Ausnahmen. So wie nächste Woche, da feiert ein guter Freund am Samstag Geburtstag, da kann ich am Sonntag dann nicht aufstehen«, lacht er.
Zusätzlich zum Sonntagsgottesdienst findet am Mittwochabend ein Gottesdienst statt. Da nimmt sich Florian aber meist frei, schließlich braucht er auch noch Zeit, um seinen Hobbies nachzugehen. Momentan nimmt er an einer Skigymnastik teil, um fit für die kommende Skisaison zu werden. Und auch sonst ist Florian sportlich aktiv: Er geht gerne Laufen und ist im Schützenverein.
Wenn sein Mesner-Kollege in den nächsten Jahren in den »Ruhestand« geht, kann sich Florian vorstellen, das Mesner-Amt alleine zu übernehmen. Er hofft aber, dass sie noch lange im Team arbeiten, da sein Kollege ein wesentlicher Grund dafür ist, warum ihm das Mesnern so viel Spaß macht: »Wir verstehen uns einfach super!«
Irene Raster

Anregungen

- Finde heraus, warum sich Florian dazu entschieden hat, Mesner zu werden.
- Florian erzählt, dass er jeden Sonntag um 7.30 Uhr aufsteht. Überlege, ob du jeden Sonntag so früh aufstehen würdest, um in die Kirche zu gehen. Wenn nicht, aus welchem Grund würdest du am Sonntagmorgen aufstehen?
- Schreibe Florian einen Brief, in dem hervorgeht, was du von seinem Engagement hältst!
- Suche nach anderen Jugendlichen, die sich in der Kirche engagieren und frage sie, warum sie das machen.

Porträt: Stefan Wenninger – Ministrant und Kolping-Jugend
Was ist für einen jungen Mann mit knapp über 18 Jahren das Wichtigste in seinem Leben? Disco-Besuche oder eine Hausparty am Wochenende, immer top gestylt zu sein, um bei der Frauenwelt möglichst gut anzukommen – diese Antworten würde man bestimmt von vielen

Menschen auf die gestellte Frage bekommen. Vielleicht liegen sie damit gar nicht so falsch. Anderes ist es jedoch bei Stefan Wenninger (19) aus Landau an der Isar.

Bild 23: Stefan Wenninger; Foto: privat

Für Discobesuche und andere Aktivitäten dieser Art bleibt an vielen Wochenenden keine Zeit. Stefan Wenninger ist nämlich sehr aktiv in der Ministrantenarbeit in seiner Pfarrei und in der Kolpingsfamilie der Stadt Landau. Seit einem Jahr nun ist er auch Diözesanleiter der Kolpingjugend im Diözesanverband Passau. Da gibt es natürlich immer viele Aktionen, die organisiert und durchgeführt werden müssen.

Die Nähe zur Kolpingsfamilie kommt nicht von ungefähr: Stefans Eltern sind sehr aktiv in der Vorstandschaft der Kolpingsfamilie Landau, deshalb ist Stefan seit seiner Geburt mit dabei. Im Laufe seiner Kindheit ist er so richtig in die Gemeinschaft hineingewachsen.

In der dritten Klasse entschloss er sich, der Ministrantengruppe seiner Pfarrei beizutreten. In dieser Gruppe übernahm er dann später auch Verantwortung und war vier Jahre lang als Oberministrant und Gruppenleiter tätig. Für ihn ist es immer wieder ein Ansporn, »zu sehen, wie aus so kleinen Dingen eine so große und wunderbare Gemeinschaft werden kann«. Durch dieses Arbeiten mit und für Kinder und Jugendliche kann er auf seine persönliche Weise seine Nächstenliebe zum Ausdruck bringen, was ja ein Kerngedanke des christlichen Glaubens ist.

Seit knapp einem Jahr ist er nun Diözesanleiter der Kolpingjugend im Diözesanverband Passau. Zunächst war sich der Jugendliche nicht sicher, ob er dieser Aufgabe gewachsen ist. Doch er hatte während eines Schnupper-Jahres in der Diözesanleitung genügend Zeit, dies zu überdenken. Er half mit, die Großaktion »Losgelöst« zu planen, eine Veranstaltung, die von allen bayerischen Diözesanverbänden in Altötting auf die Beine gestellt worden ist. Danach war er sich sicher, dass er dieses Amt übernehmen will. »Es macht mir einfach Spaß, mit Jugendlichen

zu arbeiten und mich für sie einzusetzen.« Stefan versucht somit, andere für seinen Glauben begeistern zu können und die Welt damit ein Stückchen zu verbessern.
Zu seinem Aufgabenfeld gehören nun das Organisieren und die Durchführung verschiedener Veranstaltungen für bestimmte Altersgruppen. In den kommenden Pfingstferien steht zum Beispiel eine Freizeit für Kinder von 9 bis 13 Jahren zum Thema »Asterix und Obelix« auf dem Programm. Außerdem ist er verantwortlich dafür, die Kolpingjugend Passau auf der Landes- und Bundesebene zu vertreten. »Dieses Wochenende war ich auf einer Sitzung in Düsseldorf, nächstes Wochenende in Vierzehnheiligen und in zwei Wochen in Fulda, da kommt man ganz schön herum in Deutschland«, so Stefan. Es ist zwar nicht immer leicht für ihn, wenn man jedes Wochenende unterwegs ist, aber er ist einfach überzeugt von seiner Tätigkeit und begeistert von der Gemeinschaft. Er ist froh, dass ihn seine Freunde weitgehend unterstützen und seine Arbeit für gut heißen, auch wenn sie an manchen Wochenenden beim Kneipen- oder Kinobesuch auf ihn verzichten müssen.
Theresa Gsödl

Anregungen

- »Es macht mir einfach Spaß, mit Jugendlichen zu arbeiten und mich für sie einzusetzen.« Für Stefan ist sein ehrenamtliches Engagement eine Bereicherung, aber es gibt auch einige Nachteile. Suche nach Beispielen für Vorteile und Nachteile von ehrenamtlichem Handeln im Text und überlege dir zusätzliche Aspekte aus deiner eigenen Erfahrung.
- Schreibe eine E-Mail an Stefan, in der du ihm mitteilst, ob du seine Tätigkeit gut/schlecht/bewundernswert/langweilig/etc. findest und warum.

Projekt: »72 Stunden Aktion« des BDKJ »Uns schickt der Himmel«

Die kirchliche Jugendverbandsarbeit verfolgt aufmerksam, wie sich Jugendliche und Jugendkulturen von Kohorte zu Kohorte verändern. Ein Trend, der seit langem beobachtet werden kann, besteht da-

Bild 24: Logo »Uns schickt der Himmel«

rin, dass sich Jugendliche ungern längerfristig binden, in ihrem Bezug zu kirchlichen Einrichtungen autonom bleiben wollen und Engagement und Spaß miteinander verbinden wollen. Seit vielen Jahren gibt es deshalb periodisch wiederkehrend und auf verschiedenen Ebenen organisiert neben den normalen beständigen Jugendarbeitsstrukturen Angebote für ein Engagement auf Zeit: »Activity«, »48 Stunden Aktion«, »Zeit für Helden«, »72 Stunden Aktion«, so die Titel. Der Clou dabei: Jugendliche verpflichten sich, an einem zwei- oder dreitägigen Projekt mitzuarbeiten – und können danach wieder »abtauchen«. Getragen werden solche Projekte natürlich in erster Linie von Jugendlichen und Jugendgruppen, die sich eh engagieren, die aber für solche Projekte auch Jugendliche anwerben, die ansonsten keine Bezüge zu Kirche haben. Der pfiffige Titel des Projekts, das der Bund der Deutschen Katholischen Jugend (BDKJ) vom 23.–26. Mai 2019 durchführte, lautete: »Uns schickt der Himmel«. Die beteiligten Gruppen engagierten sich im eigenen Umfeld; die Aktionen waren interreligiös, politisch, ökologisch oder international ausgerichtet. Jede Gruppe konnte sich für eine der Projektvarianten entscheiden – entweder, man führte ein selbst konzipiertes Projekt durch oder man wählte eine »Überraschungsvariante« (die Gruppe bekam eine Aufgabe gestellt, die sie vorher noch nicht gekannt haben) oder man führte das Projekt zusammen mit einer bereits bestehenden Gruppe (z. B. einer Flüchtlingshilfe) durch. Was motiviert Jugendliche, an solchen Projekten teilzunehmen? Jugendliche aus der Diözese Passau äußern sich in einem extra fürs Projekt gestalteten »Adventskalender« (jeden Tag gibt es das Statement eines anderen Jugendlichen) so:

> »Ich mache bei der 72 Stunden Aktion mit, weil es einfach schee is zu sehen, was Jugendliche zusammen erreichen und bewirken können. Darauf wird sicher noch nach vielen Jahren mit einem Lächeln zurückgeblickt.« (Julia Preiß, Freyung-Grafenau)
> »Ich mache bei der 72 Stunden Aktion mit, weil viele junge Menschen bereit sind, sich für was Gutes einzusetzen und so ein großes Solidaritäts- und Gemeinschaftsgefühl geschaffen wird.« (Elisabeth Lanz, Diözesanleiterin der KJG Passau)
> »Ich engagiere mich bei der 72 Stunden Aktion des BDKJ, weil unsere Gesellschaft mehr braucht als nur darüber reden. Wir müssen handeln.« (Julien Pursch, Osterhofen)

> »Zeit nemma für unsan Glauben, fiad Schöpfung, fia alle Menschen. Zeit nemma fürd Gemeinschaft. 72 Stunden Zeit um das ›richtige Gold‹ in unsam Leben zu finden.« (Thomas Ott, Passau)
> »Ich mache bei der 72 Stunden Aktion mit, weil man hier live miterlebt, wie wir jungen Leute das Land bewegen.« (Julia Bopp, Diözesanvorsitzende KLJB Passau)
> »72 Stunden Gutes tun – sich für andere einzusetzen, zu helfen und dabei in der eigenen Gruppe einen riesen Spaß haben! Das ist die 72 Stunden Aktion!« (Flo Lechner, Altötting)

Beeindruckend ist die Bilanz des Projekts: Gut 160.000 Menschen beteiligten sich an »Uns schickt der Himmel«; 3400 ökologische, soziale, politische und religiöse Projekte entstanden. Die Jugendlichen legten Kräuterspiralen und Barfuß- oder Schöpfungspfade an, erneuerten Schulgärten, erstellten rollstuhlgerechte Stadtkarten und organisierten Feste für Kinder und alte Menschen.

Anregungen

- Schreibt »Uns schickt der Himmel« in die Mitte eines Plakats und notiert die Argumente, die die Jugendlichen für die Teilnahme am Projekt motivieren!
- Überlegt euch Ideen für eine 72-Stunden-Aktion in eurem Umfeld!
- Interviewt einen Jugendlichen, der sich kirchlich engagiert (als Ministrantin, in einer Jugendgruppe, in einem Chor). Befragt ihn bzw. sie zu ihren Beweggründen.
- Wie würdet ihr diese Person charakterisieren: Spaßbremse/Heiliger/Vorbild/Held/Nichtsnutz?
- Führt folgende Satzanfänge weiter: Was ist nicht verstehe … Was ich als vorbildlich empfinde … Was mich nachdenklich macht … Was ich komisch finde …
- Erstellt eine Pro- und Contra-Liste bezüglich des Engagements der Person!
- Anstatt die Person über eine Schautafel oder einen Lehrervortrag zu präsentieren, bieten sich Video- oder Audioprodukte an (das Gespräch mit der Person wird aufgezeichnet und vorgespielt).
- Bei einer Skype-Konferenz kann die Person unmittelbar befragt werden.

- Als kirchlicher »Insider« sollte man darauf achten, die Handlungsfelder der jugendlichen Local heroes zu erläutern: Was ist ein Mesner, was macht ein Ministrant, was ist ein Jugendverband … Das gilt auch für die nichtkirchlichen Einrichtungen (z. B. was macht die Wasserwacht).
- Weitere Beispiele von engagierten Jugendlichen findet man auch im Internet, so z. B. einen kurzen Dokumentationsfilm über einen anderen 18-jährigen Mesner, Rico, aus der Pfarrei Simbach am Inn: »Mit 18 Jahren im Mesnerdienst – aus Überzeugung«: https://www.youtube.com/watch?v=nLVEC3cFO9w

Tipp für die Suche nach jugendlichen Local heroes:

- O-Töne: Wichtig sind Original-Aussagen der Jugendlichen, in denen sie sich über Motive und Folgen ihres Tuns äußern. – Das kann bei den entsprechenden Impulsen von den Schülerinnen und Schülern herausgearbeitet werden.
- Human touch: Die Darstellung einer Person gewinnt an Anschaulichkeit und Tiefenschärfe, wenn nicht nur das soziale Engagement dargestellt wird, sondern auch sonstige Informationen über Familie, Freundschaften, Hobbies etc. einfließen.

10. Kranke und Sterbende begleiten

»Uns allen blüht der Tod«, lautete der Titel eines Musicals von Peter Janssens aus den 1980er-Jahren. Der mehrdeutige Titel verweist bereits auf die unterschiedlichen Wege eines Zugangs zum unvermeidlichen Ereignis, das jeden trifft: Das »Blühen« kann als Drohung oder als Verheißung aufgefasst werden. Aus einer christlichen Perspektive ist nicht der Tod, sondern die Taufe das heilsdramatisch zentrale Ereignis: Der irdische Tod bedeutet einen Übergang in ein neues Leben in Gott. Dennoch dürfen auch Christen trauern und ihr Unverständnis formulieren, wenn Kinder, junge und alte Menschen leiden und selbst guten Menschen im Leben Böses widerfährt. Sie fühlen sich bereits durch eine Krankheit aus dem normalen Leben gerissen, geraten in eine Sinnkrise und benötigen Hilfe.

Gesellschaftlich erleben wir ganz unterschiedliche, teilweise einander widersprechende, Trends: Die Verdrängung und Tabuisierung des Sterbens und des Tods einerseits, die öffentliche Bearbeitung privater Erfahrungen andererseits, wie dies beispielsweise vor einigen Jahren Herbert Grönemeyer mit seinem Lied »Der Weg« (auf dem Album »Mensch«) gelang, in dem er den Krebstod seiner Frau verarbeitete, aber auch die Entwicklung einer nicht-christlichen Todeskultur in Naturfriedhöfen, die zwischen einer radikalen Anonymisierung und einer extremen Individualisierung, z. B. bei der Grabgestaltung, angesiedelt ist, aber auch Bewegungen, die eine aktive Sterbehilfe legalisieren wollen. Den wenigsten Menschen ist heute ein Sterben im häuslichen Kreis der Familie vergönnt, die meisten sterben in Krankenhäusern und Altenpflegeheimen.

Kranke nicht nur körperlich betreuen

Krankheit ist nicht nur eine körperliche Angelegenheit, sie betrifft den ganzen Menschen. Gerade ein Krankenhausaufenthalt wirft einen aus der Bahn, unterbricht tatsächlich schmerzlich den Alltag und führt zu einer Trennung vom gewohnten Umfeld. Die Kostenexplosion im Gesundheitswesen und die drastischen personellen Versorgungslücken im Gesundheitspersonal führen dazu, dass das Klinikpersonal kaum Zeit für Anliegen der Patienten hat, die über die grundlegende ärztliche Versorgung der Patienten hinaus gehen. Hier setzen die verschiedenen Besuchsdienstprojekte von Pfarreien und kirchlichen Einrichtungen an.

Porträt: Gelbe Engel im Klinikum

Ein Beispiel: Die »gelben Engel« des katholischen Frauenbunds, die sich im Klinikum Passau engagieren. »Gelbe Engel« heißen sie, weil sie durch ihre gelben Westen erkennbar sind (und keinesfalls mit den »Gelbwesten« in Paris verwechselt werden sollten!). Sie bieten Gespräche am Krankenbett an und kümmern sich vor allem um schwerkranke und einsame Patienten. »Wir wollen Menschen helfen, die im Krankenhaus liegen und alleine sind«, erzählt Jutta Kreilinger bei einem Treffen im Klinikum. »Wir möchten ihnen das Gefühl geben, dass jemand für sie da ist, unsere Zeit verschenken«, ergänzt Einsatzleiterin Christa Kölbl. Die gelben Engel erledigen auch kleine Besorgungen. Das Engagement wird von Seiten der Klinik geschätzt: »Die gelben Engel sind für uns eine riesengroße Hilfe. Wenn wir sie nicht hätten, wäre für uns der ganze Betreuungsdienst für die Patienten um einiges ärmer«, betont Wirtschaftsleiterin Karin Freund-Strohm. Die Aktion wird vom Katholischen Frauenbund Passau organisiert; die ehrenamtlichen Helfer erhalten einen Ausbildungskurs, der sie auf ihren Einsatz vorbereitet und beispielweise Kompetenzen auf dem Gebiet der Gesprächsführung vermittelt. Neue Mitarbeiterinnen und Mitarbeiter sind herzlich willkommen!

(nach einem Bericht von Theresia Wildfeuer, PNP, 18.02.2010, Nr. 40, S. 28)

Gelbe Engel

Die Stationen werden von Zimmer zu Zimmer besucht, in einzelnen Fällen können die Mitarbeiterinnen über das Haustelefon zu Patienten gerufen werden. Sie sind durch die gelbe Kleiderschürze mit dem Aufdruck »Krankenbetreuungsdienst« und ihrem Namen zu erkennen. Pflegerische Aufgaben dürfen sie nicht übernehmen.

– Sie nehmen sich Zeit für das persönliche Gespräch mit den Patienten/innen.

– Sie können für Patienten Briefe schreiben und telefonieren, um Gespräche zu vermitteln.

– Sie geben Zuwendung in Form von Besuchen bei alleinstehenden und auswärtigen Patienten/innen.
– Sie erledigen kleine Besorgungen innerhalb des Klinikums, wenn es dem/der Patienten/in nicht möglich ist, das Bett zu verlassen.
– Sie helfen Angehörigen oder Patienten, sich auf den Gängen des Klinikums zurechtzufinden.
https://www.klinikum-passau.de/patienten-besucher/soziales-angebot/gelbe-engel/

Anregungen

- Tauscht euch über eure Erfahrungen mit Krankheit und Klinikaufenthalten aus – sowohl eigene als auch von Verwandten und Freunden. Welche Bedürfnisse haben diese Menschen, was fehlt ihnen?
- Plant eine Besuchsaktion in einem Krankenhaus oder einem Altenheim!

Sterbende begleiten – Hospiz und Palliativmedizin

Dass die »Werke der Barmherzigkeit« (Mt 25) in der christlichen Tradition mit der Aufforderung »Tote begraben« erweitert wurde, haben wir dem alttestamentlichen Buch Tobit zu verdanken: Der gläubige Israelit Tobit lebt im Exil in der Stadt Ninive. Anders als viele seine Glaubensbrüder hält er konsequent an seinem Glauben fest, ist wohltätig und bestattet unter Lebensgefahr die Israeliten, die vom Herrscher getötet wurden, wird angezeigt und muss fliehen (Tobit 1,17–22), was ihn nicht daran hindert, nach seiner Rückkehr wieder einen Leichnam zu begraben (Tobit 2,4–7).

Seit Ende der 1980er-Jahre gibt es in Deutschland Hospize für Sterbende. Aus einer ursprünglich ehrenamtlich aufgestellten Bewegung, die von engagierten Christen initiiert wurde, entstand ein sich zunehmend professionalisierendes Hospizwesen, das weit über das Christentum hinaus von der Bürgergesellschaft getragen wird (siehe dazu ausführlicher: Lutterbach 2018). Derzeit gibt es in Deutschland ca. 1500 ambulante und 230 stationäre Hospize und weitere hospizähnliche Palliativstationen in Krankenhäusern. Das Hauptziel der Hospizbewegung besteht darin, Menschen, die kurz vor dem Tod stehen, ein möglichst körperlich schmerzfreies Leben in Würde und weitgehender Selbstbestimmung zu ermöglichen. Die Hospizbewegung hat ihre eigenen Local heroes – die Protagonistinnen und Protagonisten wie die englische Ärztin und Sozialarbeiterin Cicely Saunders (1918–2005) oder die Priester Heinrich Pera (1938–2004), Wegbereiter der Hospizbewegung in der DDR, und Paul Türks (1920–1998), Gründer des ersten Hospizes in Aachen 1986 (»Haus Hörn«). Aus heutiger Sicht ist es kaum mehr verständlich, dass die Resonanz in Deutschland auf den Hospizgedanken zunächst verhalten bis feindselig war – man (miss)deutete die Einrichtung als Sterbeghetto und stellte sie in den Kontext einer aktiven Sterbehilfe und Euthanasie. Ein nachvollziehbares Motiv sehen die Fachleute, die sich mit der Hospizgeschichte beschäftigen, darin, dass der Umgang mit Sterben und Tod für die Kriegsgeneration provozierend war, da sie die eingefrorene kollektive Trauer über die Kriegserfahrungen berührte (Lutterbach 2018, 165); noch im Jahre 1978 antworteten Kirchen und Wohlfahrtsverbände auf eine Umfrage des Bundesministerium für Jugend, Gesundheit und Familie, ob auch in Deutschland Hospize eingeführt werden sollten, größtenteils mit »nein«! Nach wir vor ist der Bedarf an Hospizplätzen größer als das vorhandene Angebot. Dies spricht aber auch dafür, dass die Hospizidee Anklang findet: Für Sterbende ist die familiäre Betreuung optimal – am besten unmittelbar am Ort, so dass Freunden und Verwandten ein Besuch möglich ist.

Porträt: Cicely Saunders

Cicely Saunders (1918–2005) gilt als eine der zentralen Gründungspersonen der Hospizbewegung. Sie arbeitete als Krankenschwester und Krankenfürsorgerin in verschiedenen Hospitälern in London vornehmlich mit Krebskranken. Weltanschaulich war sie eher atheistisch orientiert, öffnete sich aber allmählich fürs Christentum. Sie wollte mehr als nur eine Fürsorge für Sterbenskranke, sondern sah die »Notwendigkeit, im Dienst eines möglichst ganzheitlichen Verständnisses von Krankheit und Sterben in die Schmerzkontrolle und Schmerztherapie von Schwerstkranken einzugreifen« (Lutterbach 2018, 158). Mit 33 Jahren begann sie ein Medizinstudium und engagierte sich dann als Ärztin leidenschaftlich für die Begleitung sterbender Menschen und für die tiefere Erforschung und Umsetzung von Schmerztherapien. Bei ihrer Therapie setzte sie Morphium mit individueller Dosierung ein, kümmerte sich auch um die Angehörigen der Kranken und führte einen regen Austausch mit der Sterbeforscherin Elisabeth Kübler-Ross. Ihr Motto: »Es geht nur um die Würde des sterbenden Menschen.« Mit Zähigkeit schaffte sie die Einrichtung des St.-Christopher-Hospizes in London; 1967 wurde dort der erste Kranke aufgenommen. Ihren Patienten »einen guten Tod« zu ermöglichen, war ihr Ziel; sie entwickelte hilfreiche Rituale im Umgang mit Sterbenden und Verstorbenen, z.B. das Ritual, etwas Gutes über den Verstorbenen zu erzählen. Zunehmend wuchs sie ins Christentum hinein und ließ sich von den Texten des Alten und Neuen Testaments, besonders von den Psalmen, und von den Mystikern inspirieren. »Das St. Christopher's Hospiz wurde gegründet und ist gewachsen aus dem Glauben, dass Gott in Jesus Christus für alle seine Kinder durch den Tod gegangen ist« sagte sie. Sie verstand ihre Einrichtung nicht exklusiv christlich und hatte eine weltanschaulich bunte Schar von Mitarbeitern.

Die Hospizbewegung lässt sich historisch aus der Armen- und Krankenfürsorge des altkirchlichen und mittelalterlichen Christentums ableiten, aus der Tradition der Mitmenschlichkeit der Kirche und der Gastfreundschaft der Klöster. Der zunächst schwierig anmutende Begriff »palliative care« von Cicely Saunders bringt die christliche Motivation treffend auf den Punkt: Es geht um »care«, eine liebevolle Zuwendung, und um einen Mantel (lat. pallium), eigentlich ein Herrschaftssymbol, das hier als Schutzmantel verstanden wird: Die Betreuenden sollen den Sterbenden einen Mantel der Fürsorge und Liebe zueignen. So verwundert es nicht, dass das Hospiz Cicely Saunders den Namen »St. Christopher's Hospiz« bekam – mit Bezug auf den bärenstarken Ophorus (der »Lastenträger«), der als Fährmann Reisende über einen reißenden Fluss trug und schließlich, nachdem er ein Kind über den Fluss getragen hatte, der sich als der Heiland zu erkennen gab, den Namen Christophorus, Christus-Träger, bekam (Lutterbach 2018, 171f).
Zahlreiche Menschen engagieren sich ehrenamtlich in der Hospizbewegung: Sie nehmen sich Zeit für Kranke, Sterbende, Angehörige und Trauernde. Sie sind bei ihnen, um mit ihnen zu sprechen und mit ihnen zu schweigen. Sie geben, wo es gewünscht wird, praktische Hilfe und Unterstützung für die letzte Phase des Lebens. Das Motto der Vorarlberger Hospizbewegung ist in seiner Mehrdeutigkeit eindeutig: »Endlich leben« – um das geht es: Angesichts der Endlichkeit des Lebens, die gerade im

Hospiz drastisch in den Blick kommt, zu leben – vielleicht noch mal so richtig und endlich aufleben!
Zwei Beispiele, die auch in der Wanderausstellung »Helden auf Augenhöhe« präsentiert werden, sollen im Folgenden ausführlicher dargestellt werden: Die Hospizhelferin Tatjana Mayer und die Schülerin Leah Spitzenpfeil. Außerdem soll die Hospizhelferin Susanne Zink mit einem besonders anrührenden Ritus zu Wort kommen.

Die Hospizhelferin Tatjana Mayer formuliert es treffen: »Wenn man den Tod verstanden hat, wird man auch das Leben verstehen.« Ein starker, herausfordernder Satz!

Porträt: Tatjana Mayer

Tatjana Mayer aus Aldersbach beginnt schon in jungen Jahren, sich mit Hilfe von Büchern intensiv mit dem Thema Tod auseinanderzusetzen. Durch ihr Engagement in der örtlichen Pfarrei stößt sie schließlich auf einen Hospiz-Kurs, in dem die Teilnehmer zum richtigen Umgang mit Todkranken befähigt werden sollen. Für die damals 32-Jährige stellt der Besuch des Kurses ein Schlüsselerlebnis dar. Sie weiß mit einer noch nie dagewesenen Bestimmtheit: Auf den Tod zugehende Menschen während ihres letzten Lebensabschnitts begleiten und ihnen dabei Trost und Hoffnung spenden zu dürfen – das ist es!

Bild 25: Tatjana Mayer; Foto: privat

Tatjana Mayer engagiert sich in der Folgezeit viele Jahre hinweg im Hospizkreis Vilshofen ehrenamtlich. Die Frage, ob ihr Engagement nicht eine große Belastung für sie darstelle, verneint die Mutter von zwei Kindern. Im Gegenteil bereite ihr die Tätigkeit eine »tiefe innere Freunde«, so die Sterbebegleiterin. Ihrem Glaubensverständnis nach ist der Tod kein furchtbares Ereignis, sondern bedeute vielmehr das Hinterlassen einer Hülle – ähnlich einem Schmetterling, der seinen Kokon verlässt. Tatjana Mayer ist es wichtig, dieses Verständnis an die im Sterben liegenden Menschen weiterzugeben. Auf diese Weise möchte sie deren Glauben an Gott stärken und ihnen so die Angst vor dem Tod nehmen.

Selbst wenn die im Sterben liegenden Personen nicht mehr ansprechbar sind, setzt die Hospizhelferin ihre Besuche fort und bittet Gott im Gebet darum, ihnen beim Loslassen vom irdischen Dasein zu helfen. Aktive Sterbehilfe lehnt Tatjana Mayer jedoch entschieden ab. Sie weiß, dass es für viele Betroffene und Hinterbliebene bitter klingen mag – aber ihre feste Überzeugung ist: »Auch das Leid zum Schluss hat seinen Sinn.« Deswegen liege es auch nicht in unserer Hand, das Leben zu beenden, so die damals 40-Jährige.

Ein weiteres Anliegen der Aldersbacherin ist es, gegen die Tabuisierung des Todes in unserer Gesellschaft anzugehen. Viele Menschen weigern sich strikt, sich mit dem Sterben auseinanderzusetzen und vermeiden deswegen oft den Kontakt mit Todkranken. Die Folge: die Betroffenen sind nicht selten stark isoliert und leiden unter Einsamkeit. »Plötzlich kommt kein Nachbar mehr vorbei und auch die Verwandtschaft macht sich rar«, klagt die Hospizhelferin. Zwar möge es vielleicht etwas Überwindung kosten, einen schwer kranken Menschen zu besuchen – letztendlich sei der Umgang mit ihnen aber ganz einfach. Es genüge schon, mit den Menschen zu reden, ihnen die Hand zu halten oder ihnen einfach nur zuzuhören.

Eines Tages wird Tatjana Mayer dann selbst mit dem Tod eines ihr nahestehenden Menschen konfrontiert: Ihr geliebter Vater stirbt. In dieser für sie nicht gerade einfachen Zeit hilft der Hospizhelferin ihr Glaube daran, dass der Tod nur der Abschied von unserem irdischen Dasein ist. Dass es ein Wiedersehen mit ihrem Vater geben wird, davon ist sie fest überzeugt. Zwar empfindet die zweifache Mutter durch das für sie einschneidende Ereignis eine tiefe Trauer – dennoch glaubt sie, dass uns die aktive Auseinandersetzung mit der menschlichen Vergänglichkeit dabei hilft, den Tod uns nahestehender Personen besser zu verwinden. Tatjana Mayer ist der festen Überzeugung: »Wenn man den Tod verstanden hat, wird man auch das Leben verstehen«.

Es rührt an, wie die Hospizhelferin Susanne Zink aus Augsburg ein besonderes Ritual beschreibt, das ihr bei der Hospizarbeit ans Herz gewachsen ist, das Handauflegen:

Porträt: Susanne Zink – Ein O-Ton

Bild 26: Susanne Zink; Foto: privat

Seit vielen Jahren bin ich ehrenamtlich in der Hospizarbeit tätig. Jede Begegnung mit Schwerkranken und Sterbenden auf der Palliativstation fordert mich von Neuem heraus und erfordert viel Kraft. Eine Freundin erzählte mir von einem Kurs, bei dem es um die Praxis des Handauflegens ging. Da ist sofort ein Funke übergesprungen und hat in mir eine Leidenschaft entfacht. Denn ich habe gemerkt, dass dieses Ritual meinem spirituellen Weg entspricht.
Das Handauflegen ist mittlerweile für mich ein Ritual, das zu meinem täglichen Leben gehört. Und doch bleibt es ein unbegreifliches Geschenk, das ich auf der Grundlage einer christlichen Kontemplation praktiziere. Die Hauptaufgabe besteht darin sich zu öffnen, die göttliche heilende Kraft fließen zu lassen, und zu danken. Was bedeutet das Handauflegen für die Patienten? Wenn ich bei einem Schwerkranken bin, frage ich, ob er oder sie es möchte, dass ich die Hand auflege. Wird dem zugestimmt, sage ich, dass ich nichts versprechen kann, dass wir's ausprobieren und sehen, ob es guttut. Zu Beginn spreche ich ein Gebet, anschließend berühre ich den Körper des Kranken, z. B. an der Schulter, am Bauch, am Rücken oder den Beinen. Teilweise wird mit Abstand behandelt, d. h. am Kopf, über dem Herzen oder im Intimbereich bleibt meine Hand ungefähr fünf Zentimeter über dem Körper stehen. Das dauert zwischen zehn und 30 Minuten. Zum Abschluss setze ich mich in der Stille neben den Patienten. Dieser kann der Be-

handlung noch in Ruhe nachspüren und ich danke innerlich dafür, dass dies geschieht und segne uns.

Beim Handauflegen ist faszinierend, dass die Heilung auf der physischen, mentalen, emotionalen und spirituellen Ebene geschieht. Die Patienten fühlen sich nach der Behandlung tiefenentspannt, können leichter atmen, oft sind Schmerzen gelindert, Ängste und Unruhe verschwinden, viele schlafen besser, und man bekommt einen anderen Blick auf sich selbst und die Probleme.

Das Wundervolle daran ist, man kann es immer und überall ohne Aufwand anwenden, da die Hände und die innere Einstellung stets da sind.

Susanne Zink

Von besonderer Bedeutung für Kinder und Jugendliche sind Helden von nebenan, die ihnen altersmäßig nahestehen. »Leah Spitzenpfeil aus Heining ist erst 14 Jahre alt und doch so etwas wie eine Heldin. Sie ist zwar ein ganz normales Mädchen ...« So beginnt eine Zeitungsreportage über die 14-jährige Leah. Anlass für den Bericht ist die aktuelle José-Carreras-Leukämie-Gala, an der Leah teilnimmt. Die Journalistin arbeitet sehr anschaulich beide Seiten, den »normalen« Teenager und den besonderen Akzent von Leahs Tuns heraus: Leah nimmt über thematische Internetportale Kontakt mit krebskranken Kindern auf.

Angesichts der Tatsache, dass der Tod immer noch ein Tabu-Thema ist, beeindruckt das Engagement der 14-Jährigen. Schließlich muss es in einem Alter, in dem die Tragweite des Sterbens auch als das eigene Selbst betreffend verstanden werden kann, emotional belastend sein, Beziehungen aufzubauen, die von den Themen Krankheit und Tod geprägt sind. Bezeichnenderweise kann Leah selbst keine direkte Antwort darauf geben, was sie zu dieser doch für eine 14-Jährige sehr ungewöhnliche Aktion motiviert hat, oder, wie die Journalistin fragt, woher sie »ihre soziale Ader hat«: »Vielleicht von meinen Eltern.« Da scheint etwas dran zu sein: Das Vorbild der Eltern ist für die Entwicklung prosozialen Verhaltens ganz entscheidend. Aber auch kleine Ereignisse verbinden sich mit einer grundlegenden Achtsamkeit im Leben: Ein mit der Familie befreundeter Arzt erzählt auf der José-Carreras-Gala von einem leukämiekranken Kind, das auch Leah hieß: Leah Spitzenpfeil fühlte sich irgendwie ergriffen, mit dem Kind verbunden, und dachte: »Das könnte auch ich sein.« – Das ist übrigens ein häufiges Motiv: Die vierjährige Florence möchte

nach dem gleichnamigen Hurrican »Florence«, bei dem im September 2018 37 Menschen in den USA zu Tode kamen, dass der Name wieder positiv besetzt wird, und sammelt in der Nachbarschaft unverderbliches Essen und Hygieneartikel für die Opfer (PNP 224/27.9.18, 18).
Leahs Mutter, eine Religionslehrerin, berichtet, dass ihre Tochter ganz von selbst auf die Idee kam, dieses Projekt in Angriff zu nehmen und keine Scheu hatte, davon in Schulklassen und vor Fremden zu erzählen. Das ermutigt mich dazu, Leah zu einem Studientag zum Thema einzuladen. Per E-Mail nehme ich Kontakt auf mit ihr auf. Sie sagt zu, bittet aber: »Ach ja, und bitte siezen Sie mich nicht länger, ich bin erst 15, da komme ich mir schon so alt vor.«
In den Gesprächen mit Leah bin ich beeindruckt von der Entschiedenheit und Selbstverständlichkeit, mit der sie ihr Projekt kontinuierlich verfolgt. Sie überlässt mir Material, z. B. Auszüge aus dem E-Mail-Wechsel mit der inzwischen 5-jährigen Julia und deren Mutter oder einen Beitrag, den sie für die Schülerzeitschrift geschrieben hat, und zeigt mir Bilder von einem Treffen mit Julia an der Nordsee (Leah leitete den familiären Urlaub in England bei der Heimfahrt um, damit das Treffen mit Julia möglich wurde). Leah stimmt der Veröffentlichung des Materials auf der Local-heroes-Homepage zu (Stichworte »Kinder«, »Tod«, »Nächstenhilfe«; siehe auch die Wandtafel in der Ausstellung »Helden auf Augenhöhe«, Mendl 2017, 54f).
Ich frage nach. Was motiviert sie, was bringt ihr das alles? Sie antwortet: Sie hat den Eindruck, dass sie konkrete Hilfe leisten kann. Das erfährt sie über die Rückmeldung der kranken Kinder und deren Angehörigen. Die Konfrontation mit Leid und Tod nimmt sie freilich mit, und das jedes Mal aufs Neue. Aufgewogen wird dies aber durch die vielen schönen Augenblicke, den intensiven Austausch mit den Kindern und Jugendlichen und die positiven Rückmeldungen. Das gibt ihr Kraft und Motivation für die Schule – sogar für das ungeliebte Fach Latein. Im Laufe des Heranwachsens hat sich die Berufswahl verändert – Leah studiert Sprachtherapie in München, sie hat inzwischen ihr Studium abgeschlossen, hat eine Familie und arbeitet in einer Rehaklinik mit neurologischen Patienten. Die Zeit, in der sie leukämiekranke Kinder betreut hat, möchte sie nicht missen (siehe im Porträt unten): Ihr ist die Endlichkeit des Lebens um einiges bewusster geworden. Sie hat gelernt, Dankbarkeit dafür zu entwickeln, einfach nur gesund zu sein.

Porträt: Leah Spitzenpfeil

»Ich möchte hier keinen unrealistischen, mitleiderregenden und auf die Tränendrüsen drückenden Artikel über ein krebskrankes Mädchen schreiben – davon gibt es schon viel zu viele … Ich möchte euch etwas erzählen, das genau so passierte, wie ich es hier schildern werde, um euch zu zeigen, dass man todkranken Menschen manchmal schon durch etwas so Normales wie E-Mails helfen kann, sich nicht aufzugeben und um das Leben zu kämpfen.«

Bild 27a: Leah mit ihrer 4-jährigen Brieffreundin Julia; Foto: privat

So beginnt der Schülerzeitungsartikel einer Achtklässlerin des Gymnasiums Niedernburg in Passau. Die damals 14-jährige Leah Spitzenpfeil berichtete in diesem Beitrag über eine nicht gerade gewöhnliche Freizeitbeschäftigung: Tagtäglich setzt sie sich vor ihren Computer und schreibt E-Mails an leukämiekranke Kinder und Jugendliche. Wie es dazu kam? Auf einer Veranstaltung der José-Carreras-Leukämie-Stiftung hört Leah zufällig einen Vortrag über ein leukämiekrankes Mädchen. Dieser hinterlässt einen so tiefen Eindruck bei der Schülerin, dass sie sofort versucht, das Mädchen zu kontaktieren – leider ohne Erfolg. Anstatt dessen erhält sie von einem Bekannten die E-Mail-Adresse eines 16-jährigen Mädchens mit akuter Leukämie. Leah beschließt, ihr zu schreiben.

Anfangs steht Leah noch vor dem Problem, nicht so recht zu wissen, wie sie mit einer Leukämiekranken überhaupt umgehen soll. Was darf man in solch einer Situation fragen und was nicht? Und wie würde das Mädchen auf die E-Mail reagieren? Leahs Unsicherheit löst sich jedoch sehr schnell in Luft auf, als sie am darauffolgenden Tag gleich eine Antwort erhält, die einen sehr sympathischen Eindruck auf sie macht. Von da an schreibt sie dem 16-jährigen Mädchen regelmäßig, für gewöhnlich jeden zweiten Tag. Auch dann noch, als es der Brieffreundin so schlecht geht, dass sie wochenlang nicht auf Leahs Nachrichten antworten kann.

So unerträglich das wochenlange Warten auf eine Antwort war, so groß ist dann die Erleichterung, als Leah letztendlich erfährt, dass sich die Leukämiekranke wieder auf dem Wege der Besserung befindet. Auch die 16-jährige ist unheimlich glücklich und dankbar, dass ihre neue Freundin sie zu keiner Zeit im Stich gelassen hat:

»Du hast mir immer und immer wieder geschrieben und meine Mutter hat mir die letzten Mails alle vorgelesen, weil ich noch nicht mal mehr lesen konnte. Du hast mich aber trotzdem nicht vergessen, obwohl ich nicht zurückgeschrieben habe. Ach Leahchen, immer wenn meine Mutter vorgelesen hat, habe ich in Gedanken alles nachvollzogen. Manchmal habe ich auch geheult, als ich gehört habe, was du so alles gemacht hast. Ich war dann unheimlich traurig, weil ich hier liegen musste und nichts tun konnte. Das hat mir Kraft gegeben, denn durch deine Mails hast du mir gesagt, dass ich all das nicht mehr erleben kann, wenn ich mich aufgebe. Du glaubst gar nicht, was du durch deine Mails alles bei mir ausgelöst hast. Ich danke dir dafür! – Jetzt schreibe ich dir wieder öfter, denn ich hoffe ganz doll, dass es mir mit jedem Tag besser geht. Deine Noreen«

Einen Monat nach dieser E-Mail erhält Leah jedoch die niederschmetternde Nachricht, dass ihre neugewonnene Freundin verstorben ist. Trotz ihrer großen Traurigkeit über den plötzlichen Tod der 16-jährigen ist die Passauer Gymnasiastin dankbar dafür, diese überhaupt kennengelernt und die Chance gehabt zu haben, ihr in einer für sie schweren Zeit beistehen zu können. Zudem gibt es da noch andere Schicksale, die ihr wieder neuen Mut machen; so wie das der erst 4-jährigen Julia, die stets von Leahs fröhlichen E-Mails aufgemuntert wurde und die ihre Krankheit letztendlich besiegen konnte.

Die Jahre vergehen, Leah studiert und ist inzwischen berufstätig, verheiratet und zweifache Mutter. Dass ihr zweites Kind an Allerheiligen zur Welt gekommen ist, betrachte ich als Fügung der Vorsehung: Aller-Heiligen – das Fest auch der Local heroes! Immer

Bild 27b: Leah als Jugendliche; Foto: privat

wieder blickt Leah im Laufe der Jahre auf ihr Engagement für leukämiekranke Kinder zurück. Sie möchte die gewonnenen Erfahrungen auf keinen Fall missen. Durch ihr damaliges Engagement ist ihr die Endlichkeit des Lebens um einiges bewusster geworden. Leah hat gelernt, Dankbarkeit dafür zu empfinden, einfach nur gesund zu sein. Und sie weiß jetzt, dass gute Freunde, die auch in schlechten Zeiten zu einem stehen, mit das Wichtigste im Leben sind.

Anregungen

- Was motiviert Menschen, sich für Kranke und Sterbende einzusetzen? Ermittelt aus den Beispielen entsprechende Motive!
- »Wenn man den Tod verstanden hat, wird man auch das Leben verstehen«, sagt Tatjana Mayer. Sprecht darüber, wie ihr diesen Satz deutet!
- Erstellt zwei Listen: Was gewinnen Menschen, die sich für Sterbende engagieren? Was ist der Preis für das Engagement?
- Was wollt ihr Tatjana Mayer, Leah Spitzenpfeil oder Susanne Zink fragen? Sammelt die Fragen und überlegt, was sie wohl antworten würden! Schickt die Fragen an den Autor des Buchs! Er kann sie an die drei Frauen weiterleiten!

  Eine Schulklasse hat Leah beispielsweise folgende Fragen gestellt:
  - Konntest du mit deiner Familie über den Tod deiner Freundin sprechen?
  - Wie fühlst du dich, wenn du jetzt an deine Freundin denkst?
  - Musst du oft an sie denken?
  - Hast du keine Angst, dass wieder jemand stirbt, den du ins Herz geschlossen hast?
  - Kann es passieren, dass andere Jugendliche vielleicht denken, du tust das nur, um dich in den Mittelpunkt zu stellen?
  - Wie reagiert deine Schule auf deine Arbeit?
  - Hattest du noch mal Kontakt zu Noréens Eltern oder Geschwistern?
  - Was würdest du uns raten, wenn wir selbst einem kranken Kind schreiben wollten?
- Nehmt Kontakt zu einem örtlichen Hospizverein auf und ladet eine Mitarbeiterin oder einen Mitarbeiter ein. Lasst euch ins Hospiz einladen.
- Redet über eigene Erfahrungen mit dem Tod. Was hilft in der Situation des Leids, was empfindet man als ärgerlich oder hinderlich?

- ▶ Unternehmt eine Exkursion auf einen Friedhof und untersucht, wie Grabsteine heute gestaltet sind (Materialien, Symbole, Sprüche).
- ▶ Tauscht euch über Jugendbücher zum Thema Krankheit und Tod aus, z. B. John Green »Das Schicksal ist ein mieser Verräter«!
- ▶ Dilemmageschichte: Hospize – eine unzumutbare Nachbarschaft (nach einer wahren Begebenheit): Eine Schwester, die seit langem in der Hospiz-Bewegung aktiv ist, hat in Bernried ein Haus geerbt. Der Wille der Verstorbenen, die von der Schwester bis zu ihrem Tod gepflegt wurde, ist, dass im Haus ein Hospiz für 6–8 Personen eingerichtet werden soll. In der Straße regt sich Widerstand. Schließlich lehnt der Gemeinderat das Hospiz ab, weil sich die Örtlichkeit laut Bebauungsplan in einem reinen Wohngebiet befindet. (Quelle: Süddeutsche Zeitung 129/2003)

  Bausteine für die Bearbeitung einer Dilemma-Geschichte (Idee von Carolin Grillhösl-Schrenk)

Herr Kraus wohnt direkt neben dem Haus, das die Schwester für das Hospiz geerbt hat. Im Grunde findet er das Engagement der Schwester bewundernswert. Auch ein Hospiz hält er eigentlich für eine gute Sache. Dennoch ist ihm nicht wohl bei dem Gedanken, dass gleich neben seinem Haus ein Hospiz eingerichtet wird. Vor der ständigen Konfrontation mit dem Tod hat er Angst.

Situation 1: Die übrige Nachbarschaft kommt zu Herrn Kraus mit einer Unterschriftenliste gegen das Hospiz.

Was soll er tun?

Situation 2: Herr Kraus beschließt nicht zu unterschreiben. Die Nachbarn versuchen ihn zu überreden: Welche Argumente könnten sie bringen? Was könnte er dagegenhalten?

Situation 3: Herr Meier, ein alleinstehender Mann, war ein großer Gegner des Hospizes und setzte mit allen Mitteln durch, dass das Hospiz in seiner Nachbarschaft nicht eingerichtet wurde. Kurze Zeit später hat Herr Meier einen Unfall und wird zum Pflegefall. Die Ärzte teilen ihm mit, er könnte in seinem Haus wohnen bleiben, falls er jemanden fände, der ihn pflegen würde. In seiner Not bittet er die Schwester, die das Hospiz einrichten wollte, um Hilfe.

– Soll ihm die Schwester helfen, obwohl sie sich nach der Ablehnung des Hospizes vorgenommen hatte, sich in dieser Gegend nicht mehr einzusetzen?

– Die Schwester sucht Rat bei einer ihrer Ordensschwestern. Wie könnte das Gespräch aussehen?

- Rollenspiel. Mögliche Positionen:

Bürgermeister Beer ist Vorsitzender des Hospizvereins. Bei der Abstimmung über das Hospiz enthält er sich schweren Herzens, weil er die Änderung des Bebauungsplans für rechtlich bedenklich hält; damit würden die umliegenden Grundstücke abgewertet.

Pfarrer Teiler war lange Jahre in Afrika. Dort war der Tod etwas Selbstverständliches für die Menschen. Ihm fällt es sehr schwer, dass die Menschen hier den Tod als eine Beeinträchtigung ansehen.

Frau Huber hat die eigene Mutter bis zu ihrem Tod zu Hause gepflegt. Sie habe von ihren Kindern damals schon Rücksichtnahme verlangt. Deshalb könne sie es sich nicht vorstellen, dass die Nachbarn des Hospizes fröhlich im Garten feiern, während nebenan Menschen sterben und dann in der umgebauten Garage aufgebahrt würden.

Schwester Anna versteht die Entscheidung des Gemeinderats nicht. Ein Hospiz sei doch kein Gewerbe; schließlich haben alle anderen staatlichen Instanzen zugestimmt und es stünden sogar Zuschussgelder bereit. Und der Tod gehöre zum Leben: »Es stirbt jemand, und das Leben geht weiter, und dann kann man auch lachen.«

- Alternativ zu dem Rollenspiel können die Schüler aus der Position einer der Personen einen Leserbrief an die SZ verfassen.
- Selbsteinschätzung: Würdest du der Einrichtung eines Hospizes in deiner Nachbarschaft zustimmen? Begründe.
- Umfrage: Startet in eurer Nachbarschaft eine Umfrage, wer einem Hospiz in eurer Straße zustimmen würde und sammelt die gebrachten Argumente. Welche Argumente gegen das Hospiz könnt ihr nachvollziehen? Welche nicht? Begründet.

LITERATURTIPPS

Littger, Benno, Christliche Hospiz- und Palliativkultur. Grundlagen, Erfahrungen und Herausforderungen, Würzburg 2014.

Lutterbach, Hubertus, So prägt Religion unsere Mitmenschlichkeit. Aktuelle Initiativen gesellschaftlichen Engagements, Kevelaer 2018.

Homepage des Deutschen Hospiz- und Palliativ-Verbands e. V. (Aachener Str. 5, 10713 Berlin): www.dhpv.de

11. Leben retten

Im Unterschied zu den »Helden des Alltags«, die sich kontinuierlich für ein Hilfsprojekt engagieren, handelt es sich bei den Lebensrettern in der Regel um eine einmalige herausragende Tat: Sie reagieren aufmerksam, schnell und mutig, wenn das Leben anderer Menschen bedroht ist.

Medial groß thematisiert wurde ein im negativen Sinn beeindruckender Vorfall in Essen vor einigen Jahren: Im Vorraum einer Bankfiliale war ein 82-jähriger Mann zusammengebrochen. Weitere Kunden betraten die Bank, erledigten ihre Finanzgeschäfte und verließen die Filiale – ohne sich um den hilflosen Mann zu kümmern. Manche gingen direkt am Mann, der am Boden lag, vorbei oder stiegen sogar über ihn hinweg. Das alles wurde von der Überwachungskamera festgehalten. Erst nach 20 Minuten rief ein weiterer Kunde den Rettungsdienst. Der 82-Jährige starb einige Tage später. Die achtlosen Bankkunden wurden vor Gericht gestellt und erhielten eine Strafe, denn: »Wer bei Unglücksfällen oder gemeiner Gefahr oder Not nicht Hilfe leistet, obwohl dies erforderlich und ihm den Umständen nach zuzumuten, insbesondere ohne erhebliche eigene Gefahr und ohne Verletzung anderer wichtiger Pflichten möglich ist, wird mit Freiheitsstrafe bis zu einem Jahr oder mit Geldstrafe bestraft«, heißt es im Strafgesetzbuch § 323c. Dieser Paragraph zeigt, wie ein biblisches Verhaltensmuster – die Beispielerzählung vom barmherzigen Samariter (Lk 10,25–37) unmittelbar Auswirkung auf unser Rechtswesen hat. Doch Gesetz und Bibel hin oder her – Nächstenhilfe und Zivilcourage lassen sich nicht verordnen. Das zeigt sich immer wieder, wenn Helfer sich beklagen, dass viele andere eben nicht helfen: So beispielsweise Roland Schneiderbauer, der nach einem schweren LKW-Unfall auf der Autobahn A 3 nahe Neuhaus am Inn einen Fahrer, der in seinem vollkommen demolierten Führerhaus eingeklemmt war, befreit hat: Kein anderer Autofahrer hat ihm dabei geholfen! (PNP 145/26.6.2019, 3: »Wenn Helfer keine Hilfe bekommen«, Reportage von Christina Hackl). Schneiderbauer kam zugute, dass er ein erfahrener Feuerwehrmann war, der sein Know-How bei der Rettung des Lastwagenfahrers einsetzen konnte.

Es gibt aber Gott sei Dank genügend Gegenbeispiele. Zu den herausragendsten Lebensrettern im Jahr 2018 zählt sicher der Elitepolizist Arnaud

Beltrame, der sich nach einem islamistischen Anschlag in Südfrankreich für eine Geisel austauschen ließ; er rettete andere und kam dabei selbst ums Leben. Zivilcouragierte mutige Menschen nehmen Gefahren auf sich um andere zu retten; zu wünschen ist freilich, dass sie selbst keinen Schaden davontragen (vgl. auch den tragischen Tod von Dominik Brunner, Kap. B 18). Eine der am breitesten bestückte Rubrik in unserer Datenbank ist die der »Lebensretter«. Auch hier einige Beispiele:

Es überrascht, wie viele Menschen heute noch im und am Wasser verunglücken: Das Ehepaar Birndorfer rettete einen 88-Jährigen vor dem Ertrinken aus dem Inn. Christian Klein reanimierte am Strand in Tunesien ein Badeopfer, das sich bei ihm überschwänglich bedankte. »Das erwarte ich überhaupt nicht, aber es ist natürlich trotzdem schön«, meint Christian Klein, der eine Ausbildung als Rettungssanitäter macht und dem sein Know-How bei seiner Rettungstag zu Gute kam. Die Internatsschülerinnen Nicky und Conny retteten einen gekenterten Kajakfahrer aus dem eiskalten Chiemsee. Die 13-jährige Sabrina Zaglauer zog ein zweijähriges Kind aus dem Regen. Die Mutter des Kindes weinte vor Glück: »Ich habe Sabrina umarmt und mich bei ihr und ihren Freunden bedankt. Die Eltern von Sabrina dürfen stolz sein, dass sie so eine mutige Tochter haben.« Sabrina Zaglauer sah ihre Aktion als »Selbstverständlichkeit« an: Danach ging sie mit ihren Freunden noch ins Kino »vielleicht etwas aufgeregter als sonst«. Der 13-jährige Justin Fischer aus Windischeschenbach bemerkte im Nichtschwimmerbecken einen leblosen vierjährigen Buben und handelte sofort: Der Bub konnte gerettet werden (PNP 158/11.7.2019, 9). Justin erhielt viel Lob und Dank; er selbst sagte: »Das war doch selbstverständlich!«

Ein wichtiges Feld, auf dem Lebensretter tätig werden, ist der Straßenverkehr: Josef und Inge Eder zogen ein schwer verletztes Unfallopfer aus einem qualmenden Auto und kümmerten sich um die Person: »Wir haben instinktiv gehandelt«, sagte Josef Eder bescheiden im Gespräch mit der Presse. »Wir haben einfach nur funktioniert.« Ähnlich handelte Hans Kaiser, der eine Frau vor dem Flammentod in ihrem brennenden Auto rettete. Manfred Kick stoppte mit einem waghalsigen Manöver mit seinem Tesla ein Fahrzeug, dessen Fahrer bewusstlos hinter dem Steuer saß (PNP 40/17.2.2017, 10): Er setzte sich vor das Auto und bremste es ab. – Tesla zeigte sich großzügig und bezahlte die Reparatur. Der Lateinlehrer Matthias Vogel griff beherzt ein, als der Fahrer des Busses, mit dem er mit seiner Schulklasse unterwegs war, am Steuer zusammenbrach. Er konnte den Bus zum Stehen bringen. Stefan Stadler und Lukas Rottenaicher verhinderten, dass eine Frau in selbstmörderischer Absicht auf eine stark befahrene Bundesstraße sprang.

Immer wieder werden die Lebensretter mit den entsprechenden Auszeichnungen, z. B. mit Rettungs- und Christophorus-Medaillen, geehrt – in unserer Datenbank findet man die entsprechenden Sammelberichte. Da sind aber noch die vielen Menschen zu nennen, die unspektakulär und andauernd in einer Einrichtung wie dem Roten Kreuz, den Maltesern oder der Wasserwacht Dienst schieben: etwa Katharina Fröhler, die seit 13 Jahren ehrenamtliche Sanitäterin beim Bayerischen Roten Kreuz ist (Christina Pirkl hat sie im Rahmen eines Schulprojekts porträtiert); Daniel Huber und Maximilian Liebhardt sind Wasserwachtler aus Leidenschaft (porträtiert von Nicole Springer, siehe ausführlicher weiter unten).

Drei unterschiedlich gelagerte Beispiele sollen im Folgenden ausführlicher darstellt werden: Christian Bachl, ein spontaner Lebensretter; Georg Ochsenbauer, der wenig Wertschätzung für seine mutige Tat bekam, und Daniel und Maximilian, die sich mit Leidenschaft für die Wasserwacht engagieren und dabei schon Leben retten konnten.

Porträt Christian Bachl – ein Lebensretter

Es ist ein ganz gewöhnlicher Dienstagnachmittag. Der 47-jährige Bauingenieur Christian Bachl befindet sich auf dem Heimweg von der Arbeit und möchte seinen Wagen wie jeden Tag über einen unbeschrankten Bahnübergang lenken. Doch dieser ist blockiert – und das nicht etwa von einem heruntergefallenen Ast oder einer verirrten Kuh, sondern von einem liegen gebliebenen roten BMW. Dessen Hinterrad hat sich beim Wenden unglücklich im Gleis verfangen, der Motor lässt sich nun nicht mehr starten.

Christian Bachl begreift sofort, wie ernst die Situation ist. Es ist 17:15 Uhr, in nur wenigen Minuten wird ein Zug die Bahnstrecke passieren. Ohne zu zögern versucht er mit allen Kräften, den Wagen von den Gleisen zu schieben – jedoch ohne Erfolg. Was den 47-Jährigen noch heute fassungslos macht: Die offenbar alkoholisierten Insassen das BMWs, eine 43-jährige Frau und ihr 18-jähriger Sohn, weigern sich vehement, ihr Auto zu verlassen. Als Christian Bachl den Zug schließlich pfeifen hört, versucht er in seiner Verzweiflung, die Tettenweiserin aus dem Wagen zu zerren. Diese reißt sich jedoch sofort los, kurbelt das Fenster hoch und verriegelt die Türen.

Bild 28: Mit Lichtzeichen macht Christian Bachl den Lokführer auf den liegengebliebenen BMW aufmerksam; Foto: Jörg Schlegel, PNP

Da der Familienvater weiß, dass der Bahnübergang direkt hinter einer Kurve liegt und der Lokführer den liegen gebliebenen Wagen viel zu spät erkennen wird, um noch rechtzeitig bremsen zu können, überlegt er nicht lange: Mit einer Taschenlampe bewaffnet rennt er dem herannahenden Zug entgegen und gibt dem Lokführer Lichtsignale. Dieser begreift sofort, dass etwas nicht stimmt und bringt den Zug zum Stehen. Sowohl die beiden Autoinsassen als auch die Bahnpassagiere bleiben auf diese Weise unverletzt. Nicht einmal Sachschaden ist entstanden.

Obwohl der Vorfall ohne das geistesgegenwärtige und beherzte Eingreifen Christian Bachls leicht hätte tödlich enden können, sieht sich der heute 50-Jährige »nicht unbedingt« als Lebensretter oder gar Helden. Es sei ja nochmal alles gut gegangen, so der Familienvater ganz bescheiden.

Anregungen

- Bereite mit deinem Partner ein Interview mit Christian Bachl vor, z. B.: Was ging ihm zuerst durch den Kopf, als er den Zug pfeifen hörte? Wie kam er auf die Idee des Lichtzeichens? Derartige Fragen können als Anregungen für das Interview dienen. Das Interview kannst du dann als Rollenspiel mit deinem Partner führen, der sich in die Person Christian Bachl hineinversetzt.
- Viele Lebensretter wie Christian Bachl betrachten ihre Tat als eine Selbstverständlichkeit und stehen deswegen nur sehr ungern im Mittelpunkt des Interesses. Dennoch verleiht das Bayerische Staatsministerium jedes Jahr die Bayerische Rettungsmedaille. Es möchte damit ein wichtiges Zeichen setzen: »Helfen statt Wegsehen« ist der richtige Weg! Auf welche Art und Weise würdest du einen Lebensretter ehren?

Georg Ochsenbauer schickte mir vor einigen Jahren die eigene Geschichte zu – die Geschichte eines Lebensretters, der zu wenig Wertschätzung erfahren hat!

Porträt: Georg Ochsenbauer: – Helden erwarten keinen Lohn
Der Fahrdienstleiter Georg Ochsenbauer dachte nicht lange nach, als er im Januar 1988 im Bahnhof Eggenfelden Dienst hatte. Eine Frau trat, als sich ein Zug annäherte, auf das Gleis und blieb dort mit dem Gesicht zum einfahrenden Zug stehen. Der Lokführer bemerkte die Frau zwar, konnte aber nicht mehr stärker bremsen. Georg Ochsenbauer lief auf die Frau zu. Im letzten Augenblick konnte er sie vom Gleis wegstoßen und auch sich selbst noch in Sicherheit bringen. »Es war meine Pflicht«, begründet er sein mutiges Verhalten noch nach Jahren und will gar nicht als »Held des Alltags« bezeichnet werden. Was ihn allerdings bis heute beschäftigt, sind die Reaktionen der verschiedenen Beteiligten auf seine Tat. Die Frau, der er das Leben rettete, meinte danach: Er sei schuld, wenn sie nun in die Psychiatrie käme. Er hat nie mehr von ihr gehört. Geärgert hat sich Georg Ochsenbauer auch über die Aussage eines Polizisten, der den Fall aufgenommen hatte, die ihm bis heute in den Ohren klingt: »Hätt'st sie im Gleis stehen gelassen, dann hätten wir uns einen Haufen Arbeit erspart.« Seine Dienststelle fand die Tat des Lebensretters nicht besonders erwähnenswert; die Anerkennung beschränkte sich auf ein recht nüchtern gehaltenes Schreiben (»Wir bedanken uns für Ihre Aufmerksamkeit und Ihr zweckmäßiges Handeln«) und einer Sonderzahlung von 100 DM brutto. Nach einiger Zeit las eine Angehörige einen Aufruf in der Zeitung, man möge Lebensretter vorschlagen. Sie benannte Georg Ochsenbauer. Wenige Tage danach rief jemand aus der Regierung von Niederbayern an und erfragte die Einzelheiten. Aber da es sich um eine mutige Tat während der Ausübung des Berufs handelte, fiel Georg Ochsenbauer durch das Orden-Raster. Georg Ochsenbauer meint dazu: »Ich brauche keinen Orden, keine Belohnung, keine Anerkennung und keinen Dank, aber so ein Verhalten von den Beteiligten ärgert mich. Und trotzdem würde ich es wieder so machen.«

Anregungen

- Zeichnet die Frustrationserfahrung von Georg Ochsenbauer nach, indem ihr den einzelnen Personen Sprechblasen zuordnet und sie mit einer zentralen Aussage der Person füllt!
- Überlegt, wie man einem Lebensretter wie Georg Ochsenbauer eine angemessene Wertschätzung zukommen lassen könnte! Geht dabei auch auf den Begriff »Wert-Schätzung« ein!

Porträt: Daniel und Maximilian – Wasserwachtler aus Leidenschaft!
Eigentlich hatten Daniel Huber und Maximilian Liebhardt an jenem Vormittag frei, aber ihre Freizeit widmen die beiden Vollblut-Wasserwachtler ganz dem Ehrenamt und verbrachten sie deshalb im Trostberger Freibad. Als sie sich in der Wache schon wieder umzogen, hörten sie Hilferufe aus der Richtung des nahegelegenen Nichtschwimmerbeckens und sahen eine größer werdende Menschenmenge direkt davor. Sie erkannten sofort den Ernst der Lage: »Auf geht's, Dani, schnapp dir den Rettungsrucksack!«, rief Maxi seinem engen Freund und Kollegen zu. Am Becken angekommen, fanden sie einen leblosen Jungen, dessen Opa und den Bademeister vor. Sie leiteten direkt die 1000-fach geübten Wiederbelebungsmaßnahmen ein. Nach wenigen Beatmungen übergab sich der Junge und bekam wieder Farbe. »Wir sind für solche Situationen geschult und haben ähnliche Szenarien oft nachgespielt, was im Training auch langweilig werden kann. Aber dadurch konnten wir wie Maschinen funktionieren. Das kommt dann alles ganz von alleine, ohne dass man groß nachdenken muss.« Richtig darüber nachdenken konnten die zwei erst einige Zeit später: »Wir waren fertig mit der Welt. Da spielt man dann im Kopf alles durch und fragt sich, was man besser hätte machen können. Auch wenn es gut ausgegangen ist, bei einem Kind macht man sich da nochmal mehr Gedanken. Uns kommt das heute noch oft unter.« Was den beiden besonders in Erinnerung geblieben ist, war die Reaktion des Notarztes, der ihnen zufällig bekannt war: »Er hat den Vorfall dann nochmal mit uns durchgesprochen und uns auf die Schulter geklopft. Er meinte, dass es genauso ablaufen muss und dass der Junge wegen uns überlebt hat – das tat schon gut!« Der Opa des Vierjährigen hat sich anschließend nochmal bei den Jungs gemeldet: »Er hat uns die Geschichte nochmal von vorne erzählt, wie's dem Jungen geht und dass er ohne uns nicht mehr leben

würde. Er ist sogar Mitglied bei der Wasserwacht geworden.« »Ich weiß jetzt aber nicht, ob ich mich deswegen als Held fühle«, meint Daniel, worauf Maximilian mutmaßt: »Da hätte jeder so gehandelt.« Auf die Frage, ob ihn Vorfälle wie diese und die quasi nicht vorhandene Freizeit zum Aufhören verleiten würden, antwortet Maximilian: »Nein, die Wasserwacht ist ein Teil von mir!«
Nicole Springer

Bild 29: Daniel Huber und Maximilian Liebhardt; Foto: Nicole Springer

Anregungen

- Informiere dich im Internet über die Aufgaben der Wasserwacht!
- Maxi und Dani fühlen sich nicht wie Helden. Zeige den beiden, dass ihr Auftreten heldenhaft war, indem du ihnen eine Urkunde bastelst. Orientiere dich bei der Formulierung am Text.
- Daniels Schwester hat nach dem Vorfall die Ausbildung zur Rettungsschwimmerin absolviert. Hast du Vorbilder in der Familie, die dich für etwas begeistern?
- Diskutiert, ob es auch nachvollziehbare Gründe gibt, in konkreten Situationen nicht zu helfen!
- Wähle einen der Lebensretter aus: Schreibe in ein paar aufgemalten Gedankenblasen, was ihm wohl durch den Kopf gegangen sein könnte, als er gemerkt hat, dass gerade was Schlimmes passiert!
- Gestaltet den Text einer Dank-Urkunde für einen Lebensretter! Überlegt euch danach zu zweit, wie ihr einem Lebensretter eine kleine Freude machen könntet für seine großzügige Bereitschaft, spontan anderen Menschen zu helfen.
- »Der größte Fehler ist es, nicht zu helfen!« Tausche dich mit deinem Banknachbarn darüber aus, was dieser Satz für euch bedeutet. Könnt ihr die Meinung, die in diesem Satz ausgedrückt wird, teilen? Würdet ihr ebenfalls spontan helfen? Wart ihr selbst schon einmal in

einer ähnlichen Lage und habt jemandem geholfen oder das Leben gerettet? Wenn ja, beschreibt, was dabei in euch vorging!

Vor der Hölle bildet sich eine lange Menschenschlange. Die übelsten Verbrecher sind versammelt. Ein Mann steht teilnahmslos da. Er wird von einem Serienmörder gefragt: »Was hast du denn gemacht?« Er antwortet: »Nichts, ich weiß eigentlich gar nicht, wieso ich in der Reihe stehe!« Da wendet sich ihm der Teufel zu: »Hereinspaziert, Ihnen ist ein Platz garantiert!«

12. Nachbarschaftshilfe

Es gibt zahlreiche lokale Initiativen, die es sich zum Ziel gesetzt haben, in Not geratenen Menschen aus der unmittelbaren Umgebung zu helfen. Das hat übrigens eine lange Tradition. Die so genannten »Unterstützungsvereine«, die als Solidargemeinschaft im 19. Jahrhundert gegründet wurden, sorgen sich nach Todesfällen um die Hinterbliebenen von Verstorbenen, geben ihnen eine finanzielle Unterstützung und bieten menschliche Bindung, Anteilnahme und Zuwendung unter den Mitgliedern. Ein Beispiel: Der Unterstützungsverein Schaibing bei Untergriesbach hat im Jahre 2018 1.692 Mitglieder. Aber auch hier gibt es neue Initiativen: Der Passauer Richard Kühberger hat den Tauschkreis »Wir gemeinsam« gegründet: 60 Mitglieder, viele davon an der »unteren Finanzgrenze«, wie Kühberger es formuliert, zählt die Regionalgruppe der österreichischen Organisation in Passau (http://www.wirgemeinsam.net/) bereits. Der Verein verfolgt auch ein sozialpolitisches Ziel: Es geht um den Aufbau nachhaltiger und sozialer Wirtschaftskreisläufe durch ein »soziales Tauschen«. Dienstleistungen oder Waren werden ohne Geld ausgetauscht, bei »wir gemeinsam« dient Zeit als Währung. Zwischen 30 und 70 Jahre alt sind die Menschen, die Richard Kühbergers Treffen besuchen, um Lebensmittel, Waren oder Dienstleistungen zu tauschen. Es handelt sich um eine praktische Nachbarschaftshilfe: Wer einer anderen Person hilft, bekommt Zeit gutgeschrieben und kann den Zeitgutschein wieder einlösen (Therese Eisele, Der Weltverbesserer, PNP 245/ 23.10.2013, 19).

Steht bei solchen und ähnlichen Vereinen noch die solidarische Wechselseitigkeit im Zentrum, so haben andere Vereine primär einen sportlichen, musikalischen oder einfach geselligen Zweck; gleichzeitig wird aber immer wieder das durch Vereinsaktionen erwirtschaftete Geld eingesetzt, um Hilfsbedürftigen zu helfen: So engagiert sich der FC-Bayern-Fanclub »Pomperlbuam« aus Bad Griesbach (https://www.fcb-pomperlbuam.de/), dessen Mitglieder sich natürlich in erster Linie für das Fußballspiel ihrer glorreichen Mannschaft interessieren, auch für die Leukämiehilfe in Passau und unterstützt Typisierungsaktionen. Der Musicalverein Jägerwirth (www.musicalverein.de) hat in den letzten Jahren mit den erwirtschafteten Einnahmen von Musicalprojekten verschiedene aktuelle Hilfsprojekte, Kirchengemeinden und Kindergärten unterstützt. Man könnte die Liste fortsetzen mit Chören in der Region, die Teile der Erlöse von Konzerten immer wieder lokalen Hilfseinrichtungen und konkreten Personen in Not zukommen lassen: Der St.-Michaels-Chor Untergriesbach (Samico) veranstaltet immer wieder Benefizkonzerte; der Erlös kommt bedürftigen Menschen zu. Vier Jägerwaldmusikanten wollten »einfach mal was Gutes tun« (PNP 100/2019, 8): die vier Musiker tourten mit ihrem »Warum ned?«-Programm durch Bayern, hatten dafür eigens Urlaub genommen und spielten tagsüber in Fußgängerzonen und abends in Kneipen. Die Gagen flossen der Stiftung Aktion Knochenmarkspende Bayern zu.

Aber auch Einzelpersonen engagieren sich: Isolde Kronpaß, Tanja Höhenberger-Plechinger und Christine Stadler haben in der Adventszeit beispielsweise am Fürstenzeller Wochenmarkt Kuchen und Plätzchen gebacken und verkauft und den Erlös von über 1400 € dem Bürgermeister überreicht, um sozial schwache Bürger und Tiere in Not zu unterstützen (PNP 301/31.12.2018, 34: »Großes Lob für private Benefizaktion«).
Der Passauer Helferverein »Mia fia di« hilft Familien in Not in der Umgebung; er veranstaltete Gala-Abende, Theateraufführungen, Konzerte oder Verkaufsaktionen. Dabei verbindet sich der Spaß an einem Hobby (z. B. Musik machen, Motorradfahren, Theaterspielen, handwerklich tätig sein …) mit der Freude an der guten Tat. Das »Bräuhausensemble«, bei dem mehrere Vereinsmitglieder aktiv sind, veranstaltet immer wieder Benefizaufführungen oder spendet Erträge für den Verein, die veranstaltenden Wirte legen gerne etwas drauf. Der Bekanntheitsgrad des Vereins und seine Reputation trägt dazu bei, dass ganz unterschiedliche Einrichtungen und Einzelpersonen spendabel sind, weil sie wissen, dass die Gelder sinnvoll verwendet werden: So haben Grundschüler in Passau Grubweg das Geld einer Spendenaktion bei der Weihnachtsfeier dem ortsansässigen Verein »Mia fia di« überreicht, die Einnahmen eines Motorradcorsos werden zur Verfügung gestellt, der Verein erhält Spenden von Firmen und Banken, die freie Christengemeinde Passau veranstaltet ein Gospelkonzert und spendet den Erlös an »Mia fia di«. Die Stadt Passau und die Unternehmer der Stadt unterstützen den Verein bei einer Wichtl-Aktion in der Stadt, der Fotografenmeister Peter Geins hat einen Kalender für den Verein gedruckt … man könnte die Liste noch fortsetzen mit kreativen Ideen, die der Verein entwickelt hat oder die dem Ver-

ein zugutegekommen sind! Auf diese Weise konnten im Jahre 2018 25.000 Euro an Hilfsbedürftige verteilt werden, die von Seiten der Pfarreien, Kommunen oder Schulen vorgeschlagen werden; insgesamt sind es seit der Vereinsgründung schon fast 300.000 Euro.

Porträt: Mia fia di e. V.
(übersetzt: Wir für dich)

Der Verein beschreibt die Entstehung so:

Ein paar Worte zur Entstehung. Im Sommer 2014 hat Susi Siglmüller, die Frau von einem unserer Gründungsmitglieder, bei einem Gespräch von dem schlimmen Schicksalsschlag der 10-jährigen Lena aus Grubweg erfahren und erzählte es ihrem Mann. Dieses Schicksal ließ ihm keine Ruhe mehr. Er stellte fest, dass er die Familie ja seit Jahren kennt, und für ihn war klar: Ich muss helfen! Ein paar Telefonate unter Freunden und »mia fia lena« war entstanden. Unser Ziel war klar: Schnell und unbürokratisch helfen. Aber wie? »Mach ma hoid a Benefizfest und sammln ma, mia fia lena«, war der Gedanke. Alle waren sofort dabei und legten los. Facebook posten, telefonieren, organisieren. Eine Welle der Solidarität und Hilfsbereitschaft begann zu rollen. Einige Fragen tauchten dann doch auf. Spenden einsammeln ja, aber dürfen wir das einfach so? Benefizfest anmelden? Und schon kam unser Gedanke »schnell und unbürokratisch helfen« ins Wanken. Was tun? »Dann gründen wir einen Verein«, war der gemeinsame Gedanke. Gesagt, getan, am 08.10.2014 trafen wir uns zur Gründungsversammlung. Die Satzung unseres Vereins wurde besprochen und der Vorstand gewählt. Der Name des Vereins, wie sollte es auch anders sein, »mia fia di«, war ja schon geboren … Unschuldig in Not geratenen sowie hilfsbedürftigen Menschen zu helfen und ihnen dadurch zu zeigen, »Ihr seid nicht allein!«, ist unser gemeinsames Ziel für die Zukunft. »Mia fia di, und jeda fia den andern – so soll es sein.«

http://www.mia-fia-di.de/ein-paar-worte-zur-entstehung/

Porträt: Oliver Robl

Oliver Robl, ein gebürtiger Passauer, Gymnasiallehrer und zweifacher Vater, ist der Vorsitzende des Vereins »Mia fia di«; er beschreibt sein Engagement so:

Bild 30: Oliver Robl; Foto: privat

Unsere Hilfe kommt von Herzen, das Bemerkenswerte daran: In Passau gibt es immer wieder viele Menschen, die gerne solidarisch sind, und eine Hilfsbereitschaft, die ihresgleichen sucht. In unserer Stadt fühlt man sich oft besonders verpflichtet, wenn Not am Mann ist. Und wenn man anpackt, merkt man schnell, dass dann schon mal der ganze Stadtteil hinter dir steht. Wer selbst Kinder hat, weiß, dass sie das Wertvollste auf der Welt sind. Und deshalb sind wir halt besonders dafür sensibilisiert, wenn Kinder und Familien in Not geraten. Da wollen wir helfen!

Freilich erfordert die Organisation einer Veranstaltung viel Planung; da sind wir anfangs etwas naiv herangegangen, haben aber bald gemerkt: Man kann ein Fest für einen guten Zweck nicht einfach so auf die Beine stellen, wir müssen das alles auch sachgemäß abwickeln. Deshalb haben wir den Verein gegründet. Toll ist, dass ganz viele Begabungen und Kompetenzen bei unseren Projekten zusammenfließen: Da braucht es jemanden, der mit Geld umgehen kann, einen Steuerberater, eine Kreativabteilung, Organisatoren, Menschen, die anpacken und Allrounder, die überall einspringen.

Inzwischen sind wir so gut bekannt, dass wir von überall her – von Pfarreien, Kindergärten bis hin zu den Sozialämtern, aber auch von den eigenen Mitgliedern – Hinweise erhalten, wo Hilfe nötig ist.

Natürlich berühren mich manche Bittbriefe – ich erinnere mich an einen über zehn Seiten in kleinster Handschrift. Da spürt man viel Verzweiflung. Da musste ich mich erst mal hinsetzen, das dauert einige Zeit, bis man sich wieder gefasst hat. Letztlich handelte es sich nur um wenige hundert Euro, die die Familie als Überbrückung benötigt hat. Highlights meiner bisherigen Tätigkeit im Verein sind überraschende

Spenden, auch in vierstelliger Höhe; da spürt man das Vertrauen, das man genießt, und das stimmt einen zuversichtlich für die Zukunft des Vereins. Höhepunkt sind auch die großen Spendenveranstaltungen, da ist dann der ganze Ort auf den Beinen und zeigt sich solidarisch – vom Kind, das sein Taschengeld spendet, bis zum Geschäftsmann, der uns mit einer großen Summe unterstützt. Viele Spender sagen: Mensch, mir geht's doch besser als die, für die ihr euch engagiert, da geb' ich gern was her! Dass die Not der anderen nicht unberührt lässt, wurde mir bei einem Vortrag vor gut 250 Schülern in der Grubweger Grundschule deutlich: Die waren mucksmäuschenstill, als ich erzählt habe, was unser Verein so macht! Wer selbst unterrichtet, weiß, was das bedeutet, wenn es gelingt, Kinder zu fassen und zu begeistern!

Ja, natürlich hab ich selbst auch Vorbilder, sie stammen aus dem Nahbereich: zum Beispiel die altehrwürdige Gemeinschaft der »Lamplbruderschaft«, Passaus älteste Vereinigung, die Hilfsbedürftige unterstützt. Und ich bin ein Fan von jeder Art eines ehrenamtlichen Engagements. Wir pflegen gute Kontakte zu ähnlichen Einrichtungen wie der unseren, zum Beispiel zur »Kinderhilfe Holzland«, die wir im Rahmen des Benefizcorsos kennenlernen durften.

Was die Zukunft betrifft: Derzeit bin ich als der Vorsitzende des Vereins der Häuptling, ich bin dann aber auch gern mal ein guter Indianer! (nach einem Interview von Christian Karl mit Oliver Robl: »Nicht Helfer-Syndrom, eher Passau-Syndrom«, in: PNP 5/6.1.2018, 3)

Auf ähnliche Weise ist die »Kinderhilfe Holzland in den Landkreisen Rottal-Inn und Passau aktiv und sammelt Spenden, die an Familien, die in Not geraten sind, weitergegeben werden. Seit Bestehen des Vereins wurde fast eine halbe Million Euro eingeworben und zielgerichtet weitergegeben: So werden beispielsweise einem Jungen, dessen Mutter Selbstmord begangen hatte, sein sehnlichster Wunsch erfüllt, und er bekommt Saxophonstunden finanziert. Eine siebenköpfige Familie, deren Mutter wegen psychischer Probleme in eine Klinik eingeliefert wurde, wird finanziell unterstützt. Für eine Familie, deren Kind an einer schweren Form der Epilepsie leidet, wird ein Auto organisiert. Die Organisation versteht ihre Zuwendung als Sprungbrett: »Den Weg heraus müssen die Menschen selbst finden«, so der Vereinsvorsitzende Peter Stuiber. Der Verein springt auch dort ein, wo Krankenkassen oder Ämter aus manchmal schwer nachvollziehbaren Gründen eine Unterstützung verweigern. Unter »Warum wir uns engagieren« findet man auf der Homepage des Vereins weniger persönliche Beweggründe als vielmehr Einblicke in eine Sensibilität für menschliche Schicksale und ein gesellschaftspolitisches Versagen und die Folgerungen, die der Verein daraus zieht: »Not kommt oft aus dem sprichwörtlichem ›heiteren Himmel‹«, »In Deutschland erkranken jedes Jahr 2000 Kinder an Krebs«, »In Deutschland leben: 2 Mio. Kinder leben in Armut«, »Angeblich: Jedes 5. Kindergartenkind ›verhaltens-auffällig‹« »2016 in Bayern: 5000 Kinder misshandelt oder vernachlässigt« lauten die Analysen und die Folgerung: »Jede Spende geht zu 100 % an die, die Hilfe brauchen«, »Diskretion ist selbstverständlich« und »Wir unterstützen Eltern, Ämter, soziale Dienste und Initiativen«, »Wir kümmern uns um Familien in extremen Lebenssituationen«. Die gute Reputation des Vereins und eine überzeugende Pressearbeit hat zur Folge, dass viele Firmen, Vereine und Einzelpersonen Erlöse als Sammelaktionen der »Kinderhilfe Holzland« zukommen lassen – eine eindrucksvolle Liste findet man auf der Homepage des Vereins (Informationen: Doris Kessler, Fast eine halbe Million Euro für Familien in Not, in: PNP 7/9.1.2019, 34 und www.kinderhilfe-holzland.de).

Porträt: Peter Stuiber, Kinderhilfe Holzland

Bild 31: Peter Stuiber; Foto: Hans Mendl

»Ich bin kein Held!«, lautet der spontane Ausruf von Peter Stuiber, als ich den Titel meines Buchprojekts nenne. »Helden sind doch vielmehr manche der Menschen, denen wir helfen, beispielsweise Alleinerziehende mit schwerkranken Kindern.« 60–80 Familien aus den Landkreisen Passau und Rottal-Inn werden derzeit vom Verein »Kinderhilfe Holzland« betreut. Dass in einem reichen Staat wie Deutschland eine solche Hilfe überhaupt nötig ist und die soziale Schere immer mehr auseinandergeht, darüber ärgert sich Peter Stuiber. »Diese Menschen haben halt keine Lobby, sie werden oft vom Staat allein gelassen.« Von den Politikern ist er maßlos enttäuscht; er spürt hier keine Bereitschaft und möchte gerne auch politisch mehr Druck machen. Denn die Not, die er in den betreuten Familien sieht, stellt nur die Spitze eines Eisbergs dar. Auf die Frage nach dem Auslöser für sein Engagement antwortet Stuiber, ohne lange überlegen zu müssen: Im Jahr 2000 hatte ein Blitzeinschlag sein Gehöft getroffen; Stuiber war damals überwältigt von der Hilfsbereitschaft der Nachbarn und der Feuerwehr. »Zusammenhalten, das ist es, was ich da erfahren habe. Und ich möchte etwas zurückgeben.« Als er in dieser Zeit seinen an Leukämie erkrankten Neffen im Krankenhaus besuchte, sah er noch andere Kinder von Familien, denen es nicht so gut ging wie der seinen, ohne Rückhalt und ohne Beziehungsnetz. »Da wurde mir klar: Ich muss was tun!« Sehr zurückhaltend spricht Stuiber davon, er betrachte das als eine Eingebung, die ihn nachts getroffen habe. »Des kimmt ned von ungefähr.« Ja, er glaube an Gott, da muss es etwas geben ... Als Sohn eines Heimatvertriebenen aus dem Sudetenland hatten er und seine fünf Geschwister eine arme, aber glückliche Kindheit. Er möchte, dass es auch Kindern heute gut geht. Er hat mit seinem Projekt ganz einfach begonnen, mit Flyern, Tassen und Spendendosen in Geschäften. Immer mehr Vereine spendeten. Also wurde ein gemeinnütziger Verein gegründet. Peter Stuiber hat inzwischen ungefähr 20 Gleichgesinnte, die den Verein mittragen, auch junge Leute. Früher konzentrierten sich die Aktivitäten des Vereins auf die Weihnachtszeit, inzwischen ist er das ganze Jahr über aktiv. Stuiber freut sich, wenn es Familien nach der Anschubfinanzierung durch den Verein wieder schaffen, auf die eigenen Beine zu kommen. Ganz wichtig ist ihm, dass das Handeln des Vereins transparent ist; die große Reputation führt dazu, dass viele Gruppen, Schulen, Firmen und Vereine die »Kinderhilfe Holzland« gerne unterstützen. Der Verein hat ein Netzwerk mit verschiedenen Hilfseinrichtungen und der Jugendhilfe entwickelt und versteht sich als Sprachrohr für die hilfsbedürftigen Familien. Was Stuiber zu schaffen macht, sind neben dem Versagen der Sozialpolitik vor allem die Prügel, die ehrenamtlichen Vereinen zwischen die Beine geworfen werden: Da reicht das Stichwort »Datenschutz«! Auf die abschließende Frage nach einem Foto zögert Peter Stuiber: »I mag des ned, ich möchte nicht im Mittelpunkt stehen.« Als ehemaliger Hobbyfußballer ist er ein Mannschaftssportler, ein Teamplayer; er kann auf die

Menschen zugehen und andere motivieren, er verwendet das Bild vom »Fische auswerfen«. Nun gut, ein Foto ist erlaubt. Beruflich ist Peter Stuiber ein selbstständiger Fliesenleger. Die Grundhaltung, die ihm in diesem Beruf wichtig ist, überträgt er auf seinen Verein: »Man muss genau arbeiten, Schritt für Schritt, und am Ende freut man sich, wenn wieder ein Projekt abgeschlossen werden konnte.«

Anregungen

- Erkundigt euch nach Nachbarschafts-Hilfsprojekten an eurem Wohnort! Interviewt die Organisatoren!
- Studierende aus der Passauer Hochschulgruppe »Aktion Augen Auf e. V.« und dem »Leo-Club Dreiflüssestadt Passau« organisieren jedes Jahr einen »Passauer Schwitztag«: Sie stellen einen Tag lang ihre Arbeitskraft Menschen zur Verfügung, die Hilfe brauchen, mähen Rasen, putzen und erledigen anfallende Arbeiten in Haus und Garten. Im Jahr 2019 wurden mit den Spenden, die die Studierenden erhielten, die Stiftung Kinderlächeln und damit die Kinderklinik Passau unterstützt. – Organisiert mit eurer Klasse einen solchen »Schwitztag« vor Ort!
- Fragt eure (älteren) Nachbarn, ob sie Hilfe brauchen!

13. Not im eigenen Land

Es gibt viele Gründe, wieso Menschen in Not geraten. Manche verlieren bedingt durch Schicksalsschläge ihre Lebensspur, andere leiden plötzlich oder schon ihr Leben lang an körperlichen oder seelischen Problemen, wieder andere sind Opfer eines Unfalls oder einer Naturkatastrophe. Menschen in Deutschland werden nicht nur durch die globalen Katastrophen weit weg aufgeschreckt und zeigen sich überraschend großzügig und spendenbereit (siehe dazu Kap. B 8). Sie nehmen wahr, wenn Menschen in der näheren Umgebung in Not geraten und Hilfe benötigen. Unter der Überschrift »Nachbarschaftshilfe« werden in einem anderen Kapitel (B 12) entsprechende Initiativen porträtiert. Im Folgenden geht es zunächst um eine bekannte kontinuierliche Einrichtung für Menschen in Not, die Telefonseelsorge, und dann um spontane Hilfsaktionen.

Man könnte die Beispiele natürlich ergänzen: So beispielsweise mit den vielen Paaren, die als Pflegeeltern zur Verfügung stehen und Kinder bei sich aufnehmen, die aus unterschiedlichen Gründen von den leiblichen Eltern nicht versorgt werden können. Menschen wie Gerlinde Meier, die als Familienpatin für den Kinderschutzbund ehrenamtlich Mütter unterstützt, die ein wenig Entlastung in ihrem Alltag mit Kindern brauchen und keine anderen Helfer wie beispielsweise Großeltern zur Verfügung haben (Homepage: Ehrenamt, Kinder), Menschen, die sich in einem Besuchsdienst der Malteser engagieren wie Ursula Beerschneider: Seit 2007 besucht sie alte Menschen, unterhält sich mit ihnen, geht mit ihnen spazieren und ist für sie da. Was sie motiviert: Dankbarkeit für die eigene schöne Jugend (PNP 296/22.12.2018, 24)! Menschen, die »nur« regelmäßig Blut spenden und damit Kranken helfen. Die vielen Menschen, die sich bei den Freiwilligen Feuerwehren oder sonstigen Hilfsdiensten, beispielsweise beim Deutschen Roten Kreuz, engagieren. »Meiner Meinung nach fehlen noch ganz wichtige Local heroes, nämlich die Mitglieder der Freiwilligen Feuerwehr, die zu jeder Tages- und Nachtzeit alles stehen und liegen lassen, um Verletzte aus Autos zu bergen, Menschen aus brennenden Häusern zu retten oder auch nur eine Katze vom Baum zu holen«, heißt es in einer E-Mail an mich, als vom Projekt Local heroes in der Presse berichtet wird. Stimmt, unbezahlbar, was hier Woche für Woche in Gemeinden geleistet wird! Was die Feuerwehr auszeichnet, ist eine hervorragende Jugendarbeit, mit der Mädchen und Buben von klein auf zum Helfen animiert werden. Auch Hermann Fisch ist so jemand – er engagiert sich seit vielen Jahren bei den »Helfern vor Ort« in Thyrnau, einer Organisation des Bayerischen Roten Kreuzes, die ehrenamtlich zu Rettungseinsätzen fährt. Ihr Vorteil: Sie sind tatsächlich unmittelbar vor Ort und können so wertvolle Minuten früher am Einsatzort ankommen – das sind dann die Minuten, die im Zweifelsfall Leben retten können. Hermann Fisch hat nach eigenen Aussagen das »BRK-Gen« von seinen Eltern geerbt bekommen, auch diese waren beim Roten Kreuz aktiv!

Telefonseelsorge

»Sorgen kann man teilen«, lautet der Slogan auf einem bekannten Plakat der Telefonseelsorge. Diese gesellschaftlich breit anerkannte Einrichtung wird von der evangelischen und katholischen Kirche in Deutschland getragen. Die Marke »TelefonSeelsorge« ist seit 1999 markenrechtlich geschützt. Neben hauptamtlichen Mitarbeitern stehen den Ratsuchenden 7.500 ehrenamtliche Mitarbeiterinnen und Mitarbeiter zur Seite. Bundesweit gibt es 105 Telefonseelsorgestellen. Nach eigenen Angaben wurden im Jahr 2016 1.644.410 Anrufe angenommen, die Zahl der Anrufe insgesamt ist weit höher. Neben der klassischen Möglichkeit eines Gesprächs übers Telefon gibt es inzwischen andere Formate über die digitalen Medien (E-Mail, Chat) und die Möglichkeit eines direkten Gesprächs vor Ort. Unterstützt wird das Projekt von der Deutschen Telekom, die seit 1997 sämtliche Gebühren für die Telefongespräche trägt.

> Die TelefonSeelsorge ist für jeden da, für alte und junge Menschen, Berufstätige, Hausfrauen, Auszubildende oder Rentner, für Menschen jeder Glaubensgemeinschaft und natürlich auch für Menschen ohne Kirchenzugehörigkeit. Mehr als zwei Millionen Gespräche werden hier jedes Jahr geführt, kostenfrei und rund um die Uhr. Denn Sorgen wiegen schwer und sie richten sich nicht nach Tages- oder Öffnungszeiten. Da ist es gut, wenn auch mitten in der Nacht jemand ein offenes Ohr hat. Die Mitarbeiterinnen und Mitarbeiter sind sich ihrer verantwortungsvollen Aufgabe bewusst und nehmen Ihren Anruf ernst – egal, ob um acht Uhr morgens oder um Mitternacht.
> https://www.telefonseelsorge.de/?q=node/9

Porträt: Gabi Dölzer und Pater Ludger Werner

Bild 32: Gabi Dölzer und P. Ludger Werner; Foto: Franz Danninger, PNP

Pater Ludger Werner, ein Maristenpater, leitet die Telefonseelsorge in Passau, die Sozialpädagogin Gabi Dölzer koordiniert die Ehrenamtlichen und kümmert sich um deren Ausbildung und Supervision. Sie erzählen in einem Interview von ihren Erfahrungen. Für viele Menschen ist ein Anruf bei der Telefonseelsorge die einzige Möglichkeit, ihre Isolation zu durchbrechen. »Wir hören oft: ›Sie sind heute der erste, mit dem ich rede‹«, meint Gabi Dölzer. Einsamkeit ist die hässliche Seite der Individualisierungstendenz unserer Gesellschaft. Das Problem besteht darin, dass einsame Menschen über kein Handwerkszeug zur Konfliktbewältigung verfügen. Besonders an Festtagen häufen sich die Anrufe, weil die Menschen Angst vor der Einsamkeit haben. Aber auch im Frühjahr steigen die Anruferzahlen, weil depressive Menschen davor Angst haben, wenn das Leben erwacht. Was Pater Werner bedrückt: Die Anzahl der Anrufer, die nicht durchkommen, ist weit höher als die Zahl der angenommenen Anrufer. Das heißt, eigentlich bräuchten die Telefonseelsorgestellen weit mehr Personal. Was beiden äußerst wichtig ist: Dass die Anrufe vertraulich behandelt werden und alle Beteiligten absolut anonym bleiben. Man meint oft, die Aufgabe der Telefonseelsorge bestehe in erster Linie darin, Tipps zu geben und Ratschläge zu erteilen. Aber bei der Ausbildung lernen die Mitarbeiter, dass es zunächst darum geht, zuzuhören und sensibel wahrzunehmen, was die Anrufer brauchen. Die Anrufer sollen sich bejaht und wertgeschätzt empfinden. Manche wollen nur reden, andere warten auf eine konkrete Hilfestellung. Dafür stehen die entsprechenden Dateien mit Adressen von konkreten Hilfseinrichtungen zur Verfügung. Wichtig ist Pater Werner, dass die Ehrenamtlichen gut ausbildet werden und ihre Erfahrungen mit den Telefonaten in einer Supervision reflektieren und verarbeiten. Denn die Gespräche können schon sehr belastend sein – wenn die Menschen von ihren Problemen erzählen, die sie mit anderen Menschen haben, oder von den Sorgen, die sie sich um ihre Angehörigen machen, oder von der Hilflosigkeit und Ausweglosigkeit, die ihnen zugetragen wird. Die ehrenamtlichen Helfer reflektieren aber auch über den persönlichen Gewinn: »Ich darf Teil einer tollen, freundschaftlich verbundenen Gruppe sein.« »Ich bin sensibler und umsichtiger geworden und habe mich seelisch weiterentwickelt.« – »Vor allem die fundierte Ausbildung ist in vielerlei Hinsicht ein Gewinn.« – »Ich habe eine sinnvolle Aufgabe, von der ich weiß, dass sie wichtig ist. Das Gefühl, etwas Gutes zu tun, indem ich dem Anrufer zuhöre und ihn ein Stückchen seines Weges begleite, erfüllt mich mit Zufriedenheit und Freude.«

PS: Da die ca. 80 ehrenamtlichen Mitarbeiter anonym bleiben müssen, wurden hier zwei der hauptamtlichen Mitarbeiter der Telefonseelsorge porträtiert.

Nach einem Interview (das Gespräch führte Franz Danninger) in der PNP 283/7.12.2013, 18 sowie eigenen Recherchen.

Ehrenamtliche Mitarbeiter der Telefonseelsorge berichten (die Namen sind anonymisiert)

»Nach wie vor ist jedes Klingeln des Telefons eine neue Herausforderung für mich, der ich mich mit Gottes Hilfe stelle. Denn natürlich komm ich an meine Grenzen, z. B. wenn ich selber nicht gut drauf bin, oder im Nachtdienst, wenn ich müde und dadurch genervt bin durch ständig wiederkehrende Daueranrufer mit ihren auf den ersten Blick nichtigen Problemen. Ich nehme mir das Recht, einen Punkt zu setzen, wenn sich alles nur noch dreht, mir die Schicksale, Krankheiten und Sorgen der Anrufenden nicht aufzuhalsen. Diese Probleme kann und muss ich nicht lösen.

Aber ich kann den Anrufenden eine kleine Weile meine Stimme und mein Ohr leihen, sie sprechen lassen, gelten lassen, Ohnmacht aushalten, manchmal auch die eigene, ihnen stets mit Wertschätzung begegnen, ihre Not und Lebenssehnsucht wahrnehmen.

Und wenn es manchmal gelingt, diesem Menschen am anderen Ende der Leitung für eine kleine Weile Linderung zu verschaffen, dann bin ich zufrieden.« (Amelie, Deckname)

»Jedes Gespräch ist einzigartig, etwas Besonderes für mich. Da ist die junge Frau, die nicht mehr weiter weiß, die einsam in ihrer Studentenwohnung sitzt, und niemanden zum Reden hat. Ihre Eltern wohnen weit weg und außerdem, sie möchte niemanden mit ihren Problemen belasten. Der Daueranrufer, der mitten in der Nacht anruft, weil er einfach nicht einschlafen kann und nur reden will, um sich zu entspannen. Der junge Mann (‚Ich bin Ausländer', so stellt er sich vor), den seine langjährige Freundin verlassen hat. Er erzählt von ihr, mit ihren hübschen, langen, goldenen Haaren und weint. Sie wohnt weit weg. Es schmerzt immer noch sehr und er kann darüber nicht hinweg kommen. Und der alte, pensionierte Lehrer, er ist Junggeselle, die Angst vor der Zukunft quält ihn, er ist sehr einsam. Dann erzählt er von früher, von den Kindern, dass er sehr beliebt war an seiner Schule. Er lacht jetzt und freut sich; in alten Erinnerungen schwelgen tröstet ihn. Die meisten Anrufer bedanken sich, dass ihnen zugehört wurde, im Laufe des Gesprächs höre ich, dass sie ruhiger werden, das Problem ist nicht mehr so erdrückend für sie, ausgesprochen fühlt es sich etwas leichter an und es gibt vielleicht den ein oder anderen Gedanken, der einen Schritt zur Lösung des Dilemmas beitragen könnte.« (Edeltraud, Deckname)

Bild 33: Logo der Telefonseelsorge

Anregungen

- Entwerft eine Wortpyramide zum Thema »Telefonseelsorge«: Die oberste Zeile enthält ein Wort, die zweite zwei, die dritte drei usw. Es entsteht visuell die Form einer Pyramide.
- Am Maristengymnasium in Fürstenzell wurde mehrfach in den letzten Jahren vor Weihnachten ein Projekt von Schülerinnen und Schüler der Oberstufe durchgeführt, bei denen ein 24-Stunden-Chat unter dem Motto »T-Day: Talk to me – Jugendliche reden mit Jugendlichen über Gott und die Welt« betreut wurde. Der Wert eines solchen Projekts ist offensichtlich: Die Schülerinnen und Schüler müssen sich nicht nur intensiv inhaltlich und organisatorisch darauf vorbereiten, sondern auch im Live-Chat durchaus persönlich für alle mögliche Fragen (Eltern, Beziehung, Schule, Religion …) Rede und Antwort stehen. – Überlegt, was die Schülerinnen und Schüler bei der Vorbereitung auf ihr Projekt lernen sollten, damit sie die Gespräche kompetent führen können!

▶ Welche Eigenschaften sollten Menschen haben, die bei der Telefonseelsorge mitarbeiten? Notiert und diskutiert diese!

Das zweite Beispiel ist auf einer völlig anderen Taste der Klaviatur möglicher Vorbilder angesiedelt: In einer Zeitungsmeldung wird von einem Menschen berichtet, der plötzlich vor der Entscheidung steht, wie er mit einigen freien Tagen umgeht. Er entscheidet sich im Unterschied zu seinen Freunden für eine spontane Helfertätigkeit. Denn über die Medien hat er mitbekommen, dass in Passau gerade wieder einmal Hochwasser ist und Menschen in Not geraten sind. Er tut in diesen Tagen das, »was von Mal zu Mal die Stunde von ihm verlangt« (Guardini 1977, 677f) und begründet es mit einer einfachen, aber umso stichhaltigeren Moral: »Nicht nur reden, sondern helfen.« Wenn ich Personen wie Gerhard Heckengruber als »Heilige des Alltags« bezeichne, bedeutet dies kein Urteil über die gesamte Person; das steht mir auch gar nicht zu. Ich weiß nichts Weiteres über diesen Menschen als das, was der Zeitungsartikel hergibt; bereits der Name ist ein Rätsel: Heißt er »Heckengruber« oder »Heckenberger«? Im Zeitungsartikel werden beide Namensformen erwähnt. Vor einigen Jahren erhielt ich den Anruf eines Rechtsanwalts: Der Hochwasserhelfer hat sich vermutlich etwas zu Schulden lassen kommen, der Verweis auf den Eintrag in unserer Homepage könnte ihm positiv ausgelegt werden. All das mindert nicht die Bewertung: Sein Handeln damals in Passau war richtig!

Porträt: Gerhard Heckengruber, spontaner Hochwasserhelfer
Gerhard Heckengruber, Lohnmetzger aus Töging, hatte eigentlich mit seinen Freunden als Schlachtenbummler zum Bayern-Spiel nach Belgrad fahren wollen. Nachdem alle billigen Karten ausverkauft waren, entschieden die jungen Männer ganz spontan: »Wir fahren nach Passau und helfen aufräumen.« Dort angekommen mussten die Freunde allerdings bald feststellen, dass die Hochwasserhilfe in Passau sehr gut organisiert war. Ihnen wurde im Katastrophenamt gesagt, sie würden nicht gebraucht. Schmollend fuhren Heckengrubers Freunde wieder nach Hause. Er aber blieb und fragte einen Hausbesitzer am Oberen Sand: »Kann ich helfen?« Dieser war sichtlich erstaunt und verwies den hilfreichen Töginger an eine Nachbarin. Heckengruber packte sofort an: Schlamm raus, Sperrmüll entsorgen. Die Frau wollte sich mit einem

größeren Geldschein bei ihm bedanken, er aber nahm nur ein kleines »Zigarettengeld«. Dann ging der hilfsbereite Hochwasser-Tourist ein Häusl weiter. Was ihn zu dieser Aktion getrieben habe? »Alle reden immer davon, man solle einander helfen. Aber man soll nicht nur reden, sondern wirklich was tun!« (nach einem PNP-Bericht vom 17.8.2002, S. 36 von Hermann Schmidt)

Anregungen

- Bearbeitet folgende Dilemmasituation: Entscheidet euch für eine Aussage, die euch am meisten überzeugt, diskutiert und bewertet die Aussagen!

Dilemma-Situation »Fluthilfe«: nach der Abfuhr durch das Katastrophenamt in Passau frustriert heimfahren oder privat weiterhelfen?
Gerhard zu seinen Freunden: »Jetzt bin ich schon mal da, jetzt wird auch angepackt! Alle reden immer nur, und keiner handelt! Was meint ihr?«
Franz: »Wir haben unseren guten Willen gezeigt. Wenn uns die nicht brauchen – uns kann niemand vorhalten, wir hätten nicht anpacken wollen!«
Sebastian: »Schmarrn, was können die Passauer für ihr Katastrophenamt? Wenn ich in der Lage der Altstadtbewohner wäre, würde ich mich über jeden freuen, der mithilft.«
Peter: »Mit dem Bayern-Spiel war nichts los und die Passauer wollen uns nicht; ich fahr heim – was springt denn für mich heraus, wenn ich mich hier abschufte?«
Florian: »Da sieht man halt, wie gut unser Staat funktioniert: Die Passauer sind prächtig auf die Katastrophe vorbereitet und haben die Lage optimal im Griff. Wir können heimfahren und noch ein paar Tage Urlaub machen!«
Tobias: »Ich hab da unten einen getroffen, den kenn' ich von früher. Mensch, dem müsste man helfen. Leider muss ich heim, weil ich morgen wieder arbeiten muss. Aber ich werd' das Geld, das wir für den Trip zum Bayern-Spiel gebraucht hätten, an die Fluthilfe überweisen.«
Gerhard: »Eine gute Freundin von mir sagt immer: Das Leben ist das höchste Gut des Menschen. Und dazu gehört auch ein wohnliches Zuhause. Ich bleib' und helfe. Wer macht mit?«

Gerade das Thema Hochwasser ist in Passau natürlich besonders seit dem »Jahrtausendhochwasser« im Jahr 2013 ein prominentes. Medial bekannt wurde damals die gut organisierte studentische Aktion »Passau räumt auf« (https://regiowiki.pnp.de/wiki/Passau_räumt_auf). Hunderte von Studierenden halfen überall im Stadtgebiet mit. Die Fachschaft Philosophie der Universität Passau hatte ein äußerst effektives Netzwerk aufgebaut. Unterstützt wurde die Initiative von der gesamten Bevölkerung mit Sachspenden von der Gummilippe über Putzmittel bis zum frischen Obst. Freiwillige Helfer wurden dorthin geschickt, wo gerade besonders dringend Hilfe benötigt wurde. Denn die vielen Haupt- und Ehrenamtlichen in Feuerwehren, Technischem Hilfswerk, Wasserwacht, Bundeswehr und vielen andere Organisationen, die damals aufopferungsvoll Hilfe geleistet hatten, wären ohne die zusätzliche ehrenamtliche Hilfe überfordert gewesen. Hinzu kamen im Nachgang verschiedene Benefizaktionen, Konzerte und Spendensammelaktionen. Der Effekt der studentischen Aktion: Das nicht immer einfache Verhältnis zwischen den angestammten Altstadtbewohnern und den häufig nachtaktiven Studierenden hat sich seit dieser Aktion merklich verbessert. »Respekt, die feiern nicht nur, die können auch zulangen«, lautete die mehrfach geäußerte Einschätzung. Das studentische Netzwerk wurde übrigens zwei Jahre später wieder aktiviert, als die vielen Flüchtlinge in Passau eintrafen. Lisa Wagner und Dorothee Will beschreiben die Aktion »Passau räumt auf«, so (siehe dazu Kap. B 5):

Porträt: Dorothee Will und Lisa Wagner: »Passau räumt auf«

Bild 34: Dorothee Will und Lisa Wagner; Foto: Quirin Leppert

Wenn man uns bitten würde, die Ausnahmesituationen im Juni 2013 und im Herbst 2015 mit einem Wort zu beschreiben, so würden wir uns für »sinnstiftend« entscheiden. Dies mag auf den ersten Blick etwas verwundern, denn es war sicherlich der letzte Gedanke, den wir in dieser Zeit im Kopf hatten.

Anfang Juni 2013 trafen sich in einem der schlimmsten Hochwasser, die Passau in seiner langen Geschichte erlebt hatte, einige Uni-Angehörige. Aufräumen wollten wir, sobald das Wasser weg war. Tätig werden, damit man nicht länger gelähmt vor den Fluten steht. 24 Stunden später war »Passau räumt auf« gegründet und erlangte Reichweiten von über 100.000 Leserinnen und Lesern auf Facebook. Es war unglaublich: Alle wollten mitlesen, mithelfen, etwas tun. Durch Facebook erhielten wir viel mediale Präsenz und dadurch viele Sachspenden aus nah und fern, die es uns erlaubten in dem Ausmaß zu helfen.

Aber entscheidend waren die Menschen vor Ort. Diejenigen, die betroffen waren von den Fluten, und diejenigen, die zum Helfen kamen – und das waren in dieser ersten Juni-Woche gut 3000 Helferinnen und Helfer am Tag. Das soziale Netzwerk wurde seinem Namen gerecht: Aus unserer »Helferzentrale« in der Uni koordinierten wir Hilfseinsätze, brachten freiwillige Helferinnen und Helfer an die Koordinationspunkte, brachten die dringend benötigten Spenden (Gummistiefel, Schaufeln, Handschuhe) zu den Einsätzen, vernetzten uns mit den anderen Helferzentralen, die sich in der Folge gegründet hatten, und versorgten alle mit mehreren tausend Care-Paketen. Die Stimmung in der Stadt war, trotz aller Verluste, die der Schlamm offenbarte, unfassbar positiv und hoffnungsvoll. Die Betroffenen wurden zumindest ein Stück weit getragen von einer Welle an Solidarität. Die Helferinnen und Helfer schaufelten, was das Zeug hielt, räumten auf und wuchsen über diese gemeinsame und unmittelbare Aufgabe nicht nur über sich hinaus, sondern vor allem zusammen. Vorurteile wurden ausgeräumt, alle standen auf der gleichen Seite einer großen Aufgabe und wir haben sie in einer langen Eimerkette gemeinsam bewältigt.

So intensiv und bereichernd diese Erfahrung war, die Wochen »danach« waren für uns die schwierigsten. Denn die ehrenamtlichen und professionellen Helferinnen und Helfer, z. B. der Bundeswehr, der Feuerwehren, der Wasserwacht und des THW, ebenso wie die meisten freiwilligen Helferinnen und Helfer mussten in ihren Alltag zurückkehren. Viele erzählten uns, dass diese Rückkehr nach den intensivsten Tagen, die sie je erlebt hatten, sehr schwer war. Und auch für uns war es schwierig, wir waren zerrissen zwischen unserem Alltag, der meilenweit weg war und dennoch anfing, sich wieder in Erinnerung zu rufen, und unseren Aufgaben in der Helferzentrale. In diesen Tagen und Wochen führten wir die schwierigsten Gespräche, da häufig erst

nach dem Abschied der Helferinnen und Helfer die Betroffenen die Ausmaße der Verluste und der nun anstehenden Aufgaben realisierten. Die Erschöpfung wurde deutlich und bei uns die Ohnmacht, da wir nun nicht mehr helfen konnten.
Mit ähnlichen Emotionen und dennoch ganz anderen Herausforderungen fanden wir uns im September 2015 wieder konfrontiert ... (siehe Kap. B 5)
Lisa Wagner und Dorothee Will

Schülerinnen und Schüler beteiligten sich an den Aktionen im Rahmen der Fluthilfe: 18 Mädchen einer siebten Klasse der Realschule Niedernburg inmitten der überfluteten Altstadt Passaus hatten statt des Sportunterrichts schweißtreibend beim Aufräumen in einem vom Hochwasser arg in Mitleidenschaft gezogenes Haus geholfen. Manche Schülerinnen blieben nach dem Unterricht, um bei über 30 Grad Hitze die Aufräumarbeiten fortzusetzen. »Wir sind von der Solidarität und der Empathie der Menschen, vor allem jungen Menschen überwältigt«, sagte eine Anwohnerin, die ihrer Schwester bei den Aufräumarbeiten in ihrem denkmalgeschützten Haus aus dem 16. Jahrhundert half (nach einem Bericht von Christian Karl, PNP 144/26.06.2013, 22).

Anregungen

- Lisa Wagner und Dorothee Will beschreiben ihre Aktionen als »sinnstiftend« – verfasst zu diesem Wort ein Akrostichon, indem ihr zu jedem Buchstaben ein Wort sucht, das zu dieser Beschreibung passt!
- Überlegt, in welchen Notsituationen Menschen die Hilfe anderer gerne in Anspruch nehmen!
- Erkundigt euch über die verschiedenen Hilfsangebote der kirchlichen und staatlichen Einrichtungen an eurem Wohnort!

14. Organe spenden

Der Film »Jesus von Montreal« von Denys Arcand (1989) endet mit einer eindrucksvollen Schlusssequenz: Daniel Coulombe, der Jesus-Darsteller kommt auf tragische Weise während des Tumults bei einer Aufführung eines Passionstheaters ums Leben. Seine Organe werden entnommen; der Empfänger des Herzens hat ein neues Leben vor sich und eine Frau kann durch die Implantation wieder sehen. Ein ganz starkes Bild, wie Daniel mit ausgestreckten Armen im Krankenbett liegt – nicht nur dies erinnert an die Lebenshingabe Jesu!

Das Thema Organspende ist in mehrfacher Hinsicht heikel. Die Zahl der Organspenden befindet sich in Deutschland trotz aller Informations- und Aufklärungskampagnen auf einem zu niedrigen Niveau. Hauptverantwortlich dafür waren die Skandale um die Bevorzugung von Organbedürftigen in einigen Transplantationszentren, aber auch die Angst, dass für jemanden, der einen Spenderausweis besitzt, nicht alle lebensrettenden Maßnahmen ausgeschöpft werden könnten. Auch darf man den unterschwellig nachhaltigen Einfluss von kritischen Dokumentations- oder Spielfilmen zum Thema Organhandeln nicht unterschätzen. Die Folgen sind deutlich: Der Bedarf an Spenderorganen übersteigt die verfügbaren Spenden.

In Deutschland galt bis vor kurzem folgende Lösung: Nur, wer durch einen Organspendeausweis seine Spendebereitschaft dokumentiert hat, konnte als Organspender in Betracht kommen. Oder die Angehörigen bekundeten glaubwürdig, dass der Verstorbene zur Organspende bereit war. Auf der politischen Ebene wurden in den letzten Jahren die Möglichkeiten einer Widerspruchsregelung ausgelotet, wie sie in vielen anderen Ländern üblich ist: Demnach wäre jeder ein potenzieller Organspender, sofern er sich nicht aktiv dagegen ausgesprochen hätte. Ethisch ist dies nicht unumstritten, weil bei einer moralisch so fundamentalen Fragestellung ein reflektiertes eigenes Votum vorausgesetzt werden sollte. Der Deutsche Bundestag hat im Januar 2020 einer reinen Widerspruchslösung eine Absage erteilt und sich für eine erweiterte Entscheidungsregelung ausgesprochen: Immer wieder, zum Beispiel bei einem Arztbesuch oder bei der Beantragung eines Personalausweises, sollen die Bürgerinnen und Bürger mit der Fragestellung einer Organspende konfrontiert werden und sich in ein Melderegister eintragen. Bleibt zu hoffen, dass dies zu einer Erhöhung der Spendebereitschaft führt!

Eine Organentnahme ist in Deutschland erst nach einem medizinisch eindeutig festgestellten Hirntod erlaubt. Es ist nachvollziehbar, dass der gesamte Prozess einer Organspende und -transplantation unter einem gehörigen Zeitdruck erfolgt: Organe sind nach einem Hirntod zeitlich nur begrenzt funktionstüchtig. Spenderorgane müssen auf ihre Eignung für potenzielle Empfänger hin untersucht werden; über Spenderdatenbanken können entsprechende Daten abgerufen werden. Neben der medizinischen Kompatibilität sind bei der Auswahl des Empfängers Fragen der Dringlichkeit und der Erfolgsaussicht zu klären. Fehlt ein Spenderausweis, müssen die Angehörigen befragt werden; Organspendegegner kritisieren, dass vor allem nach einem plötzlichen Unfalltod die Angehörigen noch im Schockzustand vom Klinikpersonal zu einer Entscheidung genötigt würden – aus der Sicht der Angehörigen skandalös, aus der Sicht derjenigen, die die Chance sehen, einem anderen Menschen mit einer Organspende das Leben zu retten bzw. zu verbessern, verständlich.
Bis in den 50er-Jahren des letzten Jahrhunderts lehnten die christlichen Kirchen eine Organspende ab, weil damit der Leichnam verstümmelt würde. Heute vertreten die meisten christlichen Kirchen wie auch andere Religionen (z. B. Judentum, Islam) die Ansicht, dass die Liebe zum Nächsten den Vorrang vor der körperlichen Integrität des Leichnams hat. Die Katholische Kirche und der Rat der EKD in Deutschland haben im Jahre 1990 eine gemeinsame Erklärung veröffentlicht, in der sie die Organspende prinzipiell befürworten, wenn die entsprechenden Rahmenbedingungen erfüllt sind.
Unter einer diskursethischen Perspektive (siehe dazu C 1) darf das Thema Organspende im Unterricht nicht normativ und schon gar nicht moralisierend bearbeitet werden: Kein Jugendlicher darf zum Ausfüllen eines Organspendeausweises gedrängt werden. Ziel muss es sein, Empathie für die Beteiligten – für Spender, ihre Angehörigen und Empfänger – und ein Problembewusstsein für die Thematik zu entwickeln. Eine Beschäftigung mit der Fragestellung sollte auf der Basis der entsprechenden oben angeschnittenen medizinischen, rechtlichen und ethischen Erkenntnisse erfolgen.
Vielleicht verfügen die Jugendlichen über eigene Erfahrungen aus dem Bekannten- oder Familienkreis. In der Local-heroes-Datenbank findet man einige Beispiele. So beeindruckt der Bericht (PNP 16.1.2013) über eine Frau, der mit einem neuen Herz ein neues Leben ermöglicht wurde:

Susanne Kerschbaum, Mutter von zwei Kindern, erhielt in einer dramatischen Aktion ein Spenderherz: »Ohne Transplantation wäre ich heute alleine«, stellt der Ehemann fest. Da bei Organspenden eine völlige Anonymität besteht, ist der Name des Spenders unbekannt.

Verwandt und doch etwas leichter zu bearbeiten ist die Thematik einer Lebendspende, z. B. eine Knochenmarkspende. Der ehemalige Bayern-Jugend-Coach Udo Bassemir war an Leukämie erkrankt. Die Chance, einen geeigneten Spender zu finden, glich einer Lotterie. Der Verein stellt eine breit angelegte Typisierungsaktion auf die Beine. Schließlich erhielt Bassemir eine Knochenmarkspende, vermittelt über eine Knochenmarks-Spenderdatei. Die Transplantation gelingt. In diesem Fall ist es möglich, den Spender kennenzulernen. Bassemir traf den Spender, Juan Carlos Figueroa aus Tucson, Arizona. »Wir haben uns umarmt, uns gefreut und viel gelacht. Und dann haben wir auch viel geweint. Es war halt ein sehr emotionaler Moment«, heißt es im Zeitungsbericht (PNP 112/16.5.2014).

Immer wieder wird in den Medien über lokale Aktionen berichtet, bei denen für einen schwer erkrankten Menschen aus der näheren Umgebung eine Typisierungsaktion organisiert, finanziert und durchgeführt wird.

Viele Menschen, die selbst ein Spenderorgan erhalten haben, engagieren sich daraufhin für die Organspende, so beispielsweise Norbert Beyer aus Straubing: Er hatte ein Spenderherz erhalten und gründete daraufhin gemeinsam mit seiner Frau den Verein Transplantationsbetroffene e. V., der Leidensgenossen bei vielen Anliegen berät: »Unsere Botschaft ist, dass man kämpfen muss und dass es sich lohnt. Man darf sich nicht hängen lassen.« Beyer besucht regelmäßig Menschen in der Uniklinik in Regensburg, die auf ein Spenderorgan warten (Reportage von Melanie Bäumel-Schachtner: »Sein Spenderherz schlägt auch für andere«, PNP 286/11.12.2018, 8).

Besonders nahe geht das Schicksal Peter Sallers, dessen Geschichte in die Ausstellung »Helden auf Augenhöhe« aufgenommen wurde und nun ausführlicher darstellt werden soll. http://www.uni-passau.de/local-heroes/artikel/saller-peter/

#

Porträt: Peter Saller – die Tochter im Herzen

Bild 35: Peter Saller; Foto: Thomas Jäger

Es war ein ganz normaler Montagmorgen, als um 8:30 Uhr plötzlich die Polizei an Peter Sallers Haustür klingelte und dem Bad Griesbacher mitteilte, dass seine 19-jährige Tochter Veronika einen schweren Autounfall gehabt habe. Peter Saller kann sich bis heute nicht mehr daran erinnern, wie er daraufhin ins Deggendorfer Klinikum gelangt ist: »Ich war in einem regelrechten Trancezustand – zwischen Hoffen und Bangen, aber auch gefasst auf die mögliche Todesnachricht.« Am Eingang der Intensivstation teilte ihm der diensthabende Arzt dann mit, dass seine lebensfrohe Tochter bereits verstorben sei; eine Nachricht, durch die sich das Leben Peter Sallers mit einem Schlag verändern sollte.

Die fehlende Einfühlsamkeit des Arztes, der die Todesnachricht überbrachte, macht den alleinerziehenden Vater noch heute traurig und zornig. Denn der zweite Satz des Mediziners lautete: »Wir brauchen die Organe Ihrer Tochter.« Da die 19-jährige Veronika keinen Organspendeausweis besaß, musste Peter Saller selbst entscheiden, was mit seiner Tochter geschehen sollte. Der Entschluss fiel dem ehemaligen Geschäftsmann alles andere als leicht; schließlich glaubte er jedoch zu spüren, dass es im Sinne seiner Tochter gewesen wäre, mit Hilfe ihrer Organe schwerkranken Menschen ein neues Leben zu ermöglichen. Und tatsächlich konnten mit Veronikas Herz, Nieren, Leber, Lunge, Milz und Bauchspeicheldrüse sechs Menschen vor dem sicheren Tod bewahrt werden. Die Gewissheit, dass der Tod seiner Tochter nicht vollkommen sinnlos war, beschreibt Peter Saller als »Glücksgefühl«. Ein Gefühl, das ihm sicherlich dabei geholfen hat, den plötzlichen Verlust Veronikas etwas besser zu bewältigen. Denn »wenn man dem Kind ins Grab nachschauen muss, das ist das Schlimmste, was einem Elternteil passieren kann«, meint Peter Saller.

Der Tod Veronikas lag gerade einmal anderthalb Jahre zurück, da ereilte Peter Saller ein weiterer Schicksalsschlag: Er erlitt bei der Gartenarbeit einen Herzinfarkt. Das Herz des alleinerziehenden Vaters war so stark in Mitleidenschaft gezogen, dass ihm nur noch mit einer Transplantation geholfen werden konnte. Nur vier Monate später erhält Peter Saller ein neues Herz – »ein Sechser im Lotto«, so Peter Saller heute. Hatte sich der Bad Griesbacher zu Beginn noch schwer damit getan, mit den beiden großen Schicksalsschlägen zurechtzukommen, so betrachtet er sie heute als wichtige Prüfungen, aus denen er Lehren für sein weiteres Leben ziehen konnte. »Die Wertig- und Wichtigkeiten haben sich verschoben«, zieht der Bad Griesbacher Bilanz. Zudem versuche er, intensiver zu leben und seine Erfahrungen dazu einzusetzen, andere Betroffene zu unterstützen.

So setzt sich Peter Saller aufgrund seiner eigenen negativen Erfahrungen im Krankenhaus beispielsweise dafür ein, dass sich keine »Laien«, sondern speziell ausgebildete Transplantationsbeauftragte um die Angehörigen kümmern. »Da braucht man geschulte Fachkräfte, keine coolen, abgebrühten Ärzte«, so der Bad Griesbacher. Zwar weiß er selbst, dass die Frage nach einer Organspende weder unzulässig oder unzumutbar ist. »Sie muss nur einfühlsam gestellt werden«, gibt er zu bedenken. Darüber hinaus müsse den Familienmitgliedern genügend Zeit zugestanden werden, um den Tod eines geliebten Menschen zu begreifen und zu akzeptieren.

Des Weiteren haben die eigenen leidvollen Erfahrungen Peter Saller dazu bewogen, sich in einer Selbsthilfegruppe für Transplantationsbetroffene zu engagieren. Gemeinsam mit 40 anderen ehrenamtlichen Mitarbeitern versucht er Herzpatienten so gut es geht zur Seite zu stehen. Darüber hinaus hat es sich die Selbsthilfegruppe zur Aufgabe gemacht, auf Ärzteforen und Vorträgen über das Thema Organspende aufzuklären. Ihre Erfahrung dabei ist, dass durch das Verteilen von Broschüren nur sehr wenig bewirkt werden kann. Allein durch persönliche Gespräche gelingt es den Selbsthilfegruppenmitgliedern, die Bereitschaft ihrer Mitmenschen zu steigern, sich als Organspender zur Verfügung zu stellen. Eine mühselige Arbeit, deren Erfolg Peter Saller und seinen Mitstreitern jedoch recht gibt. So konnten zwischenzeitlich rund hundert neue Organspender gewonnen werden – eine Tatsache, die Peter Saller besonders glücklich stimmt. Denn die Devise des engagierten Familienvaters lautet: »Nimm deine Organe nicht mit in den Himmel. Der Himmel weiß, wir brauchen sie hier!«

Anregungen

- »Organspende rettet Leben«: Gestaltet eine Mind-Map zum Thema.
- Recherchiert im Internet zum Thema Organspende und bearbeitet folgende Fragen: Hat der Organspender ein Recht auf körperliche Unversehrtheit oder gibt es einen Anspruch des Empfängers auf ein Spenderorgan? Welche Rolle spielen die Angehörigen?
- Erstellt eine Pro- und eine Contra-Liste zum Thema Organspende!
- Diskutiert die Sicht vom Menschen: Wie verhält sich die Organspende zur untrennbaren Einheit von Körper, Geist und Seele?
- Wie stehst du zur Organspende? Könntest du dir vorstellen, selbst Organe zu spenden? Begründe deine Position!
- Gestaltet eine Urkunde für einen Organ- oder Knochenmarkspender!
- Schreibt einen fiktiven Dank-Brief einer Person, die eine Organspende erhalten hat, an die Angehörigen eines Organspenders!
- Schreibt einen Brief an Peter Saller! Der Autor dieses Buchs wird den Brief gerne weiterleiten!
- Informiert euch im örtlichen Krankenhaus, wie dort mit dem Thema Organspende verfahren wird und welche Ablaufrichtlinien es gibt!
- Überprüft im Internet die Risiken einer Stammzellenspende und diskutiert in der Klasse.
- Klärt eure verschiedenen Positionen zum Thema Organ- oder Knochenmarkspende in einem Rollenspiel!
- Wer von euch hat einen Organspende-Ausweis? Diskutiert in eurer Klasse, mit eurer Lehrerin bzw. eurem Lehrer und mit euren Eltern. Würdest du dich im Falle des Todes eines Familienmitglieds eher für oder gegen eine Organspende entscheiden? Warum?
- Ladet einen Mitarbeiter bzw. eine Mitarbeiterin eines Kriseninterventionsteams ein: Was brauchen Hinterbliebene, was sollte man unterlassen?

Tipps

Eine zusätzliche politische Dimension enthält der beindruckende Dokumentarfilm »Das Herz von Jenin« (Marcus Vetter, Lior Geller, 2008): Ismail Khatibs Sohn Ahmed wird von israelischen Soldaten erschossen. Der Vater und die Mutter stimmen einer Organspende zu und beweisen Menschlichkeit in einem Moment des größten Schmerzes. Fünf israelische Kinder erhalten Organe des Palästinenserkinds. Ismail Khathib besucht drei Familien, deren Kindern dank Ahmeds Organe gerettet wurden – die Begegnungen mit einer jüdisch-orthodoxen, einer Drusen- und einer Beduinenfamilie verlaufen ganz unterschiedlich.

Informationen zur Organspende:
www.dso.de
www.transplantation-Information.de
Herder Korrespondenz Spezial 2017/2: Komm, süßer Tod. Konflikte am Lebensende
Krahe, Susanne/Fincke, Eberhard, Organspende – ein Akt der Nächstenliebe? Pro und Contra Transplantationsmedizin, Würzburg 2013.

15. Sich um Trauernde kümmern

»Ein Notfallseelsorge-Team kümmerte sich um die Betroffenen«, lautet häufig die lapidare Nebenbemerkung, wenn über ein dramatisches Unglück im Straßenverkehr, über einen Amoklauf oder über einen überraschenden Todesfall in einer Schule berichtet wird. Allen Säkularisierungstendenzen zum Trotz scheint die Akzeptanz in der Bevölkerung sehr hoch zu sein, wenn es um den Beistand der Kirchen in Krisensituationen geht. Die Kirche stellt hier auf verschiedenen Ebenen Angebote zur Verfügung, die als hilfreich, notlindernd und lebensstützend erfahren werden. Hier zeigt sich am ehesten das, was Kirche sein soll: Sie ist da Kirche, wenn sie ganz Kirche für andere ist, wie Dietrich Bonhoeffer es einmal formuliert hat. Sie wird erlebt als eine Einrichtung, die pünktlich zur Stelle ist, wenn Menschen ihre Hilfe brauchen – uneigennützig, ohne Vorleistungen oder eine Verpflichtung im Nachgang zu erwarten, als Konkretisierung der Menschenfreundlichkeit und Weltzuwendung Gottes. Auch Jugendliche haben ein Gespür für diese gesellschaftliche Bedeutung von Institutionen: Von daher verwundert es nicht, dass nach allen neueren Studien die Mehrzahl der Jugendlichen bei aller sonstigen Kritik an der Kirche dem Item »gut, dass es die Kirche gibt!« zustimmt. Das gilt für alle caritativen Einrichtungen der Kirchen – beispielsweise Jugendhilfe, Familienberatung, Schwangerschaftskonfliktberatung, Telefonseelsorge (siehe Kap. B 13), Krankenhausseelsorge, Kranken- und Altenhilfe, Obdachlosenhilfe und eben auch Krisenintervention.
In allen Diözesen gibt es gut organisierte Kriseninterventionseinrichtungen. Tag und Nacht sind Frauen und Männer bereit, zeitnah vor Ort zu sein, um den Angehörigen von unerwartet Verunglückten beizustehen. Sie sind auch zur Stelle, wenn Menschen über materielle Verluste trauern: so beispielsweise bei den letzten großen Flutkatastrophen in Passau, Deggendorf und Simbach, wo Familien auf einen Schlag ihr gesamtes Hab und Gut verloren haben. Unentwegt waren damals über 140 Krisenseelsorger unterwegs und standen den Menschen bei. Ganz entscheidend ist die Qualität dieses personalen Angebots. Von daher investieren die Krisenseelsorger nicht nur Zeit für die unmittelbaren Einsätze (und auch die Wartezeiten am Notfallhandy!), sondern auch für eine fundierte Ausbildung.

Die Gegenfolie zu den Notfallseelsorgern bilden die gierigen Gaffer, die sich am Leid anderer ergötzen, möglichst nah dran sein wollen und ihre voyeuristischen Filmaufnahmen ins Internet stellen. Dass man sie bestraft und ihr Verhalten ächtet, ist nur sinnvoll. Notfallseelsorger dagegen agieren zurückhaltend, sensibel und einfühlsam.

Porträt: Alois Straßer – Erste Hilfe für die Seele

Bild 36: Alois Straßer; Foto: Christiane Straßer

»Hier Notfallseelsorge Vilshofen, Straßer.« – »Hier Rettungsleitstelle Passau. Wir haben auf der Staatsstraße zwischen Windorf und Rathsmannsdorf einen tödlichen Verkehrsunfall. Wir benötigen die Notfallseelsorge.« So oder ähnlich beginnen die Einsätze, zu denen der Notfallseelsorger Alois Straßer mit trauriger Regelmäßigkeit gerufen wird. Aber nicht nur Verkehrsunfälle, sondern auch Suizide, Betriebsunfälle oder die Begleitung der Polizei bei der Überbringung von Todesnachrichten fallen in den Aufgabenbereich des Regionalbeauftragten von Vilshofen.

Seit 2002 wird in der Diözese Passau nun schon eine Notfallseelsorge angeboten – mittlerweile beinahe flächendeckend. Alois Straßer war von Anfang an dabei. Für den studierten Theologen ist sein Engagement eine logische Konsequenz aus seinem bisherigen Lebensweg: Bereits in jungen Jahren hatte er als Feuerwehrmann immer wieder mit schweren Unglücksfällen zu tun. Danach war er viele Jahre im Bergungsdienst des Technischen Hilfswerkes tätig. Heute arbeitet er als Krankenhausseelsorger im Krankenhaus Vilshofen.

Neben seinem beruflichen Werdegang ist es seine Eigenschaft, stets ein offenes Ohr für die Belange anderer zu haben, die Alois Straßer zu einem besonders guten Notfallseelsorger machen. Denn Menschen in Lebenssituationen, in denen »einfach nichts mehr passt«, fühlen sich auf diese Weise angenommen und verstanden. Sie gewinnen das Gefühl: Da ist jemand bei ihnen. Sie sind nicht allein in diesem Moment der Angst und Verzweiflung.

Doch was tun, wenn die Betroffenen plötzlich beginnen, das Geschehene zu leugnen? Wenn sie in Tränen ausbrechen, anfangen zu zittern oder gar zu lachen? Alois Straßer weiß, dass jede Reaktion nach einem so aufwühlenden, existenziellen Ereignis wie dem Tod eines Angehörigen berechtigt und »normal« ist. So zog es ihm, als sich ein guter Freund das Leben genommen hatte, auch als »Profi« erst einmal sprichwörtlich den Boden unter den Füßen weg.

Was nach Meinung Straßers jedoch jedem Angehörigen zugestanden werden sollte, ist die Möglichkeit, Abschied vom Verstorbenen zu nehmen – und sei es nur durch eine letzte Berührung der Hand des Leichnams. »Das hilft nach meiner Erfahrung, das schier Unbegreifliche zu begreifen«, so der Vater von drei Söhnen.

Dennoch: Der Umgang mit einem plötzlich eingetretenen Tod ist nie einfach – auch nicht für Alois Straßer. Besonders wenn junge Menschen sich das Leben nehmen, geht ihm das immer wieder sehr nahe. Ans Aufgeben habe er deswegen jedoch noch nie gedacht, so der Krankenhausseelsorger und Religionslehrer aus Vilshofen. Vielmehr meint er ganz pragmatisch, dass ihm die Aufgabe der Notfallseelsorge eben einfach »zugewachsen« sei. Konsequenterweise möchte er sie mit Gottes Hilfe auch weiterhin erfüllen.

INFOKASTEN: Notfallseelsorge – was ist das überhaupt?

Die Notfallseelsorge ist ein ökumenisches Angebot der beiden großen Kirchen. Sie kann über die Einsatzkräfte der Polizei, Feuerwehr und der Rettungsdienste gerufen werden. Die Notfallseelsorge wird tätig, wo Menschen plötzlich mit dem Tod oder existentiellen Bedrohungen konfrontiert werden. Früher erfolgte die Notfallseelsorge noch durch den Ortspfarrer; zwischenzeitlich gibt es jedoch eine professionelle Ausbildung als Seelsorger, die auf jahrelanger Seelsorgeerfahrung aufbaut.

Notfallseelsorger …

- haben Zeit und lassen Menschen unabhängig von deren Weltanschauung und religiösen Überzeugungen nach schweren Schicksalsschlägen nicht allein.
- sind »einfach da«, hören zu und versuchen, im Chaos des Zusammenbruchs Klarheit und Beständigkeit zu vermitteln.
- halten Unfassbares mit aus und versuchen Halt zu geben.

- bieten – falls von den Betroffenen gewünscht – Hilfe, Stärkung und Trost durch Gebet, Ritual und Segen.

Im Internet findet man sehr schnell die Kontaktdaten der entsprechenden diözesanen Notfallseelsorge-Einrichtungen.

Krisenintervention in der Schule

Spezielle Kriseninterventionsteams gibt es für den Bereich der Schule. Besonders dann, wenn unerwartet der Tod in die Schulgemeinschaft eintritt, braucht das System Schule Hilfe von außen: wenn eine Schülerin, ein Lehrer, eine Schülermutter, ein Bruder ... plötzlich stirbt. Denn die Lehrenden sind in der Regel durch solche Situationen überfordert; nur selten haben sie bereits im Vorfeld, beispielsweise schon im Studium, ein entsprechendes Wissen und konkrete Kompetenzen erworben oder hilfreiche Materialien gesammelt oder vielleicht sogar für die Schule prophylaktisch einen Notfallkoffer zusammengestellt (siehe die Anregung dazu weiter unten). Es geht aber neben dem praktischen Krisen-Know-How vor allem um die eigene Einstellung und Grundhaltung im Umgang mit Trauer und Leid. Die Kriseninterventionsteams der Diözesen, kurz mit »KiS« bezeichnet (Krisenseelsorge im Schulbereich), stehen hier gerade in der ersten Zeit, wenn alle von einem unmittelbaren Unglückfall schockiert sind, mit ihrem Fachwissen zur Seite. Von entscheidender Bedeutung ist ein situations- und personenbezogenes Agieren, weil Menschen auf unterschiedliche Weise trauern: Die Trauernden sollen selbst bestimmen dürfen, was gut für sie ist.

Porträt: Gaby Hellinger,

Gaby Hellinger war viele Jahre lang Religionslehrerin an den Berufsschulen in Vilshofen:

»Ich bin bei KiS, seit es diese Einrichtung gibt. Sie ist ein Segen, weil sie Seelsorge dorthin bringt, wo der Mensch in seiner Existenz berührt ist. Es gibt Schicksalsschläge, mit denen kann ein junger Mensch einfach nicht alleine fertig werden. Und Seelsorge ist eine Kernaufgabe der Kirche. Ich selbst bin seit über 30 Jahren in der Krisenintervention an Schulen tätig – da geht es zum Glück nicht nur um den Tod. Aber mein erster Einsatz in der Krisenintervention, der hatte gleich mit einem Todesfall zu tun. Damals ging es um ein Kommunionkind, das krank wurde. In der Klasse haben wir ihm noch einen Brief geschrieben, doch dann ist das Kind gestorben. Und ich habe gemerkt, wie dankbar die Eltern waren, dass sie auch von Seiten der Schule Unterstützung bekommen haben. Es ist mir ein Anliegen, dass Kinder und Jugendliche solche Schicksalsschläge nicht allein durchlaufen müssen.« (aus einer Reportage von Sabine Süß, PNP 253/30.10.2010, 39)

Porträt: Josef Zimmermann

Bild 37: Josef Zimmermann; Foto: privat

Mit Tod und Trauer bin ich bereits als Pastoralreferent in der Schule in Berührung gekommen. Besonders hier hat mich berührt, wenn etwas passiert ist, was schlimm für die Kinder war: »Mein Opa ist gestorben«, sagte nicht nur einmal ein Kind. Da brauchen die Kinder einen Zuspruch und eine Begleitung, aber jeder auf seine eigene Art. Nach den Amokläufen an Schulen in Erfurt und Winnenden stieg das Bedürfnis, dass man für solche Vorfälle an Schulen gerüstet sein sollte. Wie gehen Lehrende, wie geht die Schule als gesellschaftliche Einrichtung damit um? Da braucht es eine kompetente Begleitung. Ich habe mich dann für die Krisenseelsorge im Schulbereich (KiS) ausbilden lassen. Bei diesen Kursen ging es in erster Linie um Psychotraumatologie, aber auch um die eigene Psychohygiene, also darum, wie ich selber dramatische Ereignisse, die an mich herangetragen werden, verarbeite und was mir Kraft und Halt gibt.
Die Krisenseelsorge im Schulbereich wird angerufen, wenn der Tod in die Schule einbricht. Wir versuchen immer, dass mehrere Mitglieder unseres Teams an eine Schule fahren. Wenn beispielsweise in den Ferien eine Lehrerin verstirbt, dann stellen sich viele Fragen: Wie beginnt das Lehrerkollegium das neue Schuljahr, wie kann man den Schülerinnen und Schülern helfen? Oder wenn übers Wochenende ein Schüler bei einem Verkehrsunfall ums Leben kommt: Wie kann man seine

Klasse beim Prozess des Trauerns und der Verarbeitung unterstützen? Mein Ziel ist es, den Bedürfnissen der jeweiligen Personen und Klassen gerecht zu werden. Denn Trauer ist individuell, jeder trauert anders. Krisenseelsorge ist zudem so angelegt, dass die Trauernden mit der Zeit selber zurechtkommen. Am ersten Tag bin ich die ganze Zeit an der Schule. An den folgenden Tagen dann, wenn es die Einrichtung will. Nach einigen Wochen frage ich dann wieder nach: Wie geht es euch jetzt? Was war in den letzten Wochen alles los?

Ja, ich bin Theologe und leugne dies nicht. Aber wir stülpen beim Umgang mit einer Klasse oder auch den Lehrenden eine religiöse Deutung und Hilfestellung nicht über, sondern wir betrachten religiöse Rituale und Gebete als ein Angebot. Das unterscheidet uns sicher von Schulpsychologen oder nicht religiös-gebundenen Interventionsteams. Es gibt aber immer wieder Lehrkräfte und Schülerinnen und Schüler, die sagen: »Mir ist ein Gebet am Schluss auch noch wichtig.« Eigentlich läuft jede Begegnung mit einer trauernden Schulklasse anders ab. Die einen wollen reden, die anderen sind zornig, die dritten verschließen sich in sich selbst. Ganz wichtig ist mir, das Schweigen auszuhalten, das oft nötig ist – ein ganz wertvolles Gut!

An meiner eigenen Schule ist einmal ein Achtklässler ums Leben gekommen, den ich zwei Jahre selbst im Unterricht hatte. Das ging stark an meine eigenen Grenzen. Aber ich weiß seitdem, was es bedeutet, um einen Schüler zu trauern, den man gernhatte. Als Krisenseelsorger brauche ich beides: natürlich ein Gespür für die Trauerenden, Anteilnahme und die Fähigkeit, mit Menschen ganz normal umgehen zu können, aber auch eine professionelle Distanz, um die nötigen Prozesse in die Wege zu leiten. So ist es beispielsweise für trauernde Schüler wichtig, auch in der Phase des Trauerprozesses etwas zu tun, das ihnen gut tut: Da überleg ich dann mit ihnen beispielsweise, was sie am Nachmittag tun können; sie trauen sich dann oft nicht, ganz normal fußballzuspielen oder in die Eisdiele oder abends weg zu gehen. Da brauchen sie die Erlaubnis von außen: Tu dir selber was Gutes!

Was ganz wichtig für mich ist: Dass wir jeden Einsatz im Team reflektieren und regelmäßig auch Supervisionsgespräche durchführen.

(nach einem Interview, das Laura Ostermaier im Rahmen ihrer Zulassungsarbeit mit Josef Zimmermann führte)

Porträt: Cordula Blüml, Diözesanbeauftragte für KiS (Krisenseelsorge im Schulbereich)

Bild 38a: Cordula Blüml; Foto: Dionys Asenkerschbaumer

Mein Interesse und meine Motivation zur Mitarbeit im KiS-Team wurden gestärkt durch das eigene Erleben, dass Krisen und Tod auch vor Schule nicht halt machen.

»Leben passiert dann, wenn du gerade dabei bist, andere Pläne zu schmieden!«, schrieb schon John Lennon. Ein Gedanke, der auch auf Krisensituationen in Schulen zutrifft: Tod, Leid, Schicksalsschläge, Unfälle – sie passieren plötzlich und unvorbereitet! Nichts ist mehr wie vorher, aber wie damit umgehen? Unsicherheit macht Angst. Ein vermeintliches Tabu-Thema nimmt sich plötzlich Raum und durchbricht den schulischen Alltag.

Eigene Krisenerfahrungen im schulischen Umfeld haben mir aufgezeigt, wie wichtig und wertvoll es ist, Hilfe zu bekommen oder anbieten zu können. Ich erlebte selbst Hilflosigkeit, Chaos, Verunsicherung und Betroffenheit beim tragischen Tod eines Schülers; eine Situation, in der man handlungsunfähig ist und plötzlich verlernt, »wie Leben geht«. Gerade in solchen Situationen wird Schule noch mehr als sonst zum »Lebensraum«, der allein schon durch seine Struktur Sicherheit bietet.

Uns als Mitarbeiter/-innen bei KiS ist es ein großes Anliegen, zeitnah und konkret Hilfe anbieten zu können, da zu sein, Reden und Handeln zu ermöglichen und Schweigen auszuhalten; über Rituale und andere Unterstützungsangebote wollen wir Menschen vor Ort aus ihrer Ohnmacht heraus begleiten, so dass schulischer Alltag wieder möglich werden kann. In der Ausbildung zum Krisenseelsorger / zur Krisenseelsorgerin im Schulbereich sind dies wichtige Bausteine, die uns neben der eigenen Psychohygiene und Ressourcenarbeit helfen, betroffene Kinder, Jugendliche und auch Erwachsenen in unterschiedlichsten Belastungsreaktionen aufzufangen. Nur so sind wir gerüstet für Einsätze in den unterschiedlichen Regionen und in den verschiedenen Schularten der Diözese Passau. Statistisch gesehen kann ungefähr von einem Einsatz pro Monat ausgegangen werden. Zu den häufigsten Einsatzarten gehören telefonische Beratung, Akuteinsätze nach Todesfällen oder anderen krisenhaften Momenten und die Nachsorge. Auch die Fortbildung von Krisenteams an Schulen und Lehrerkollegien nimmt einen wesentlichen Part unserer Arbeit ein.

Anregungen

- »Es scheint so zu sein, dass unsere Gesellschaft den Tod abgeschafft hat. Wir kommen mit dem Tod nicht mehr bewusst in Berührung und je weniger der Umgang mit dem Tod geübt ist, desto beklemmender, desto fremder, desto unheimlicher wird der Umgang mit dem Leichnam.« Diskutiert dieses Zitat aus einem Vortrag der Notfallseelsorge Diözese Passau. Habt ihr selbst schon den Tod eines nahen Angehörigen, Freundes oder Bekannten erlebt? Wie habt ihr darauf reagiert?
- Informiert euch im Internet über »Krisenseelsorge im Schulbereich (KiS)«. Kontaktiert einen Krisenseelsorger – beispielsweise über das Bischöfliche Schulreferat eurer Diözese – und stellt ihm Fragen zu seiner Tätigkeit.
- Stellt für eure Schule einen »Notfallkoffer« zusammen, der die entsprechenden Gegenstände und Materialien erhält, die hilfreich sein können, »wenn der Notfall eintritt«!
- Gestaltet einen »Hoffnungsweg« aus und überlegt, welche Symbole, Gegenstände und Texte ihr hier einbeziehen wollt!

Der Schatz christlicher Tradition als Notfallkoffer

Das Christentum verfügt über einen breiten Schatz an Liedern, Ritualen, Liturgien, Gebeten und Symbolen, die in der Leidsituation aktualisiert werden können. Trauer beginnt mit der Klage: Denn das Klagegebet ist in der jüdisch-christlichen Tradition eine legitime Form, vor Gott zu treten. Die Klage ist gleichzeitig die Sprache des Leidens und der Ausdruck des Vertrauens, dass Gott den Menschen auch im Leid nicht vergisst. Gerade die Psalmen bieten ein breites Angebot an menschlichen Einstellungen und Worten im Umgang mit der Erfahrung des Leids. Von besonderer Bedeutung sind christlich geprägte Symbole und Symbolhandlungen, mit denen der Hoffnung auf die Auferstehung ein Ausdruck verliehen werden kann: die Errichtung einer Trauerinsel, das Zeichnen von Hoffnungsbildern, das Entzünden von Kerzen, die Gestaltung individueller Symbole und Sätze im Rückgriff auf das im Traditionsschatz des Christentums Vorfindbare, die Gestaltung von zielgruppenorientierten Trauer- und Beerdigungsliturgien.

Bild 38b: Trauerkoffer (Lernwerkstatt Religionsunterricht, »work in progress«); Foto: Hans Mendl

Die besondere Bedeutung eines christlichen Hilfsangebots sollte aber nicht gegenüber dem ausgespielt werden, was in einer pluralen Gesellschaft auch von anderen Sinneinrichtungen zur Verfügung gestellt wird – von weltanschaulich neutralen Naturfriedhöfen, nicht-religiösen Trauerrednern über die entsprechenden Internetportale bis hin zum sensiblen Service, den viele Bestattungsunternehmen in Zeiten der Not und Trauer bieten. Für Jugendliche besonders wichtig: Was die Jugendkultur bietet – z. B. die Möglichkeit, auf sozialen Plattformen im Internet zu trauern.

Mögliche Utensilien eines Notfallkoffers: große Kerze mit Untersetzer – Teelichter – Feuerzeug – kleines Holzkreuz – verschiedenfarbige Stofftücher – Bilderrahmen aus Holz – eine Gebetesammlung aus verschiedenen Religionen – ein Trauerbuch – Stifte – eine CD mit meditativer Musik – eine Playliste mit Liedern (oder einen Stick!) – Symbole (bildlich, gegenständlich), z. B. Stein, Träne, Herz, Sonne, Wolke, Schutzengel – kleine Zettel für Gebete / Wünsche – Schale (zum Ablegen der Zettel) – Blumenvase – Klangschale – Taschentücher – Gummibärchen.

Weitere Projektmöglichkeiten:

- Sucht nach aktuellen Liedern aus der Pop- und Rockmusik, die das Thema Trauer und Tod aufgreifen!

Für Jugendliche erweisen sich weniger die Kirchen als die Medien und vor allem die Pop- und Rockmusik als glaubwürdiger Anker in existenziell bedrohlichen Zeiten: So hat vor einigen Jahren Herbert Grönemeyer auf der CD »Mensch« seiner verstorbenen Frau ein bleibendes Vermächtnis geschaffen (»Der Weg«), für das er in Konzerten mit Standing Ovations bedacht wurde. Xavier Naidoo und die Söhne Mannheims formulieren in ihren Liedtexten immer wieder eschatologisch durchdrungene existenzielle Anfragen. Die Band »Unheilig« thematisiert die Trauer um einen Verstorbenen oder Weggegangenen (»Geboren um zu leben«), ebenso wie die Chanson-Sängerin Annette Louisan (»Ende Dezember«) oder die A-Capella-Gruppe »Wise guys« (»Du fehlst mir so«), die auch das Thema Suizid nicht ausspart (»Tim«). Das Lied des Alpenrockers Andreas Gabalier »Amoi seng ma uns wieda« (»Einmal sehen wir uns wieder«), in dem autobiografische Bezüge zum Selbstmord seines Vaters und seiner Schwester erkennbar sind, ist inzwischen ein Hit bei Beerdigungen, gerade von jungen Leuten, ebenso wie Sarah Connors »Das Leben ist schön« – beide Lieder findet man auf der Liste der »Top-Ten«-Liste der beliebtesten Trauersongs.

LITERATURTIPPS

Evangelisch-Lutherische Kirche in Bayern/Katholisches Schulkommissariat in Bayern (Hg.), »Wenn der Notfall eintritt«. Handbuch für den Umgang mit Tod und anderen Krisen in der Schule, Heilsbronn – München 2006;

Witt-Loers, Stephanie, Trauernde Jugendliche in der Schule, Göttingen 2013, 41–59 (Haltung, Kommunikation, Begleitung), 107–109 (Notfallkoffer).

16. Soziales Jahr – Freiwilligendienst

Viele junge Frauen und Männern nutzen die Zeit nach ihrem schulischen Bildungsabschluss, um ein Freiwilliges Soziales Jahr im Bundesfreiwilligendienst, in der Entwicklungshilfe, als Missionarin oder Missionar auf Zeit (MAZ) oder an anderen Orten kontemplativen und sozialen Lebens abzuleisten. Der Zulauf zum Bundesfreiwilligendienst beispielsweise ist ungebrochen: Jedes Jahr leisten ungefähr 100.000 Menschen einen Freiwilligendienst ab (https://www.bundesfreiwilligendienst.de/). Die Jugendlichen, die einen solchen Dienst auf sich nehmen, handeln prophetisch. Denn sie leben einen ganz persönlichen Widerstand gegen die Beschleunigungstendenzen, die die Wirtschaft unseren Bildungssystemen aufzwingt (frühe Einschulung, achtjähriges Turbo-Abitur, modularisierte Studiengänge …). Zur Bildung gehören nämlich auch ein Verweilen und eine Horizontüberschreitung. Dafür setzen diese junge Leute Lebenszeit ein.

Die Berichte der jugendlichen Entwicklungshelfer sind durchwegs positiv. Sie verstehen das Engagement in der Entwicklungshilfe nicht als verlorene Zeit, sondern als persönlichen Gewinn. Die Rückkehr nach Deutschland erweist sich insofern als nicht völlig problemfrei, weil man viele Einstellungen und Lebensweisen hier nun kritischer sieht. Dieser kritische Blick auf unsere Gesellschaft motiviert wiederum ein selbstbewusstes und engagiertes Herangehen an die neuen Herausforderungen in Studium und Beruf.

Freilich sollte man sich die Einrichtung, die ein solches Projekt anbietet, vorher genauer anschauen; denn es gibt unter den Anbietern auch »schwarze Schafe«, die eine suboptimale Vorbereitung und Begleitung bieten. Vor allem kirchliche Einrichtungen sind über ihre häufig bereits seit Jahrzehnten bestehenden Kontakte und Projekte gute Adressen und Ansprechpartner für junge Leute, die ein solches soziales Jahr machen wollen. Einige Beispiele aus unserer Datenbank: Über das Missionsprojekt der Diözese Passau bekommt der Abiturient Hans Kriegl die Möglichkeit, als Missionar auf Zeit in Brasilien zu arbeiten; er wird feierlich ausgesandt und hält über E-Mail und Briefe Kontakt zu den Freunden daheim, die auf diese Weise eindrucksvoll Einblick in seine Arbeit im Kinderdorf erhalten. Anna Eineder war drei Monate über die Organisation World Unite Praktikantin in Tansania: »Meine Mama und meine

Großeltern waren zunächst besorgt, aber haben mich jederzeit unterstützt, sowohl finanziell als auch seelisch. Meine Freunde fanden es sehr mutig von mir und haben sich mit mir gefreut, dass es klappt.« Ihr Fazit: Sie nimmt viele Eindrücke mit – entsetzt von der Armut im Land, erfreut über die Herzlichkeit der Menschen und die Schönheit der Natur: »Ich habe gelernt, worauf es ankommt im Leben und dass wir uns von Kleinigkeiten nicht stressen lassen brauchen. Außerdem habe ich mich intensiv mit mir selbst befasst und habe viel Selbstvertrauen gewonnen.«
Katharina Gallinger betreut in ihrem Freiwilligendienst gemeinsam mit anderen jungen Leuten aus Passau ein Jahr lang Kinder in Peru. In einem Blog berichtet sie über ihren Alltag in Arequipa. Man könnte die Liste noch unendlich weiterführen: Katharina Gierg war vier Wochen in einem Waisenhaus in Simbabwe, Matthias Kinateder war ein Jahr in Bolivien und arbeitete in einem Waisenhaus mit, Matthias Meier war Missionar auf Zeit in Peru, Alexander Meisinger in Manila, Eva-Maria Posch und Christopher Siedenhans in Tansania, Aljoscha Seipel über die »Aktion Sühnezeichen Friedensdienste« in Israel (siehe ausführlich in Kap. B 4), Theresa Stamm, Lorenz Bitsch und Sophie Schwittek bezeichnen ihren Entwicklung in Südamerika als »Schule des Lebens«. – Auf einer Weltkarte ergäbe sich eine breite Abdeckung der Einsatzorte!
Aber nicht nur junge Leute muten sich Auslandseinsätze zu. Häufig sind es Menschen nach der Berufsphase, die sich auf neue Wege begeben. So beispielsweise die Passauer Rentnerin Helga Haubner, die mit 76 Jahren zwei Monate im Wüstengebiet Turkana im Nordwesten Kenias auf einer Missionsstation aktiv war und Kinder betreut hat.
Unterstützung erfahren die Interessenten von entsprechenden Einrichtungen: Man erwartet von einer professionellen Organisation, dass sie Jugendliche gut auf ihren Einsatz vorbereitet. Dazu gehören Orientierungs- und Motivationsklärungsseminare genauso wie die sprachliche Vorbereitung und die Einführung in die kulturellen, sozialen, gesellschaftlichen, politischen und religiösen Rahmenbedingungen des Gastlandes. Die entsprechenden Programme des Bundesministeriums für wirtschaftliche Zusammenarbeit (z. B. das Programm »weltwärts«, in Verbindung mit dem Kindermissionswerk – siehe www.weltwärts.de; www.mein-eine-welt-jahr.de; www.sternsinger.de; www.missio.de) und die Vorbereitungskurse von Diözesen und Ordensgemeinschaften garantieren Qualitätsstandards und legen die Basis dafür, dass der Einsatz im

Ausland sinnvoll und gewinnbringend für die jungen Männer und Frauen selbst ist.
Wenn Schülerinnen und Schüler oder Studierende über solche Projekte diskutieren oder mit Menschen ins Gespräch kommen, die ein soziales Jahr abgeleistet haben, dann geht es gemäß dem diskursethischen Ansatz, den ich entschieden vertrete (siehe Kap. C 1), nicht um eine Rekrutierung neuer Freiwilliger, sondern um eine ethische Bildung im Sinne einer Bewusstseinsbildung. Sie belässt den Jugendlichen die Freiheit einer eigenen Entscheidung und verzichtet auf eine moralisierende Belehrung. Das wird deutlich bei einem Schulprojekt, das meine Studierende Jasmin Augustin (siehe in der Datenbank unter »Schulprojekte«) durchgeführt hat: Die Einträge auf der Pro- und Contra-Liste zur Beurteilung des Projekts verteilen sich recht gleichmäßig. Die meisten sehen für sich nicht die Option für ein solch mutiges Projekt. Gleichzeitig äußern sie aber durch die Bank Hochachtung und Respekt vor der Entscheidung und dem Tun der »Missionare auf Zeit«. Auch das ist bereits eine Horizontweitung!
Zwei ausführlicher dargestellte Porträts:

Porträt: Katharina Metzl – Missionarin auf Zeit

Bild 39: Katharina Metzl; Foto: privat

Am 1. September 2006 ist es so weit: Die 19-jährige Katharina Metzl und ihre Freunde haben sich zu einer letzten gemeinsamen Party getroffen, um noch einmal gebührend Abschied voneinander feiern zu können. Denn schon am nächsten Tag wird die Abiturientin Deutschland für ein ganzes Jahr den Rücken kehren. Das Ziel: Passaus Partnerdiözese Alagoinhas in Brasilien.
Während Katharinas ehemalige Klassenkameraden die neugewonnene Freiheit dazu nutzen, um an den Badestränden des Mittelmeers die Seele baumeln zu lassen oder in der örtlichen Eisdiele ein paar zusätzliche Euros zu verdienen, hat die Altöttingerin eine andere, mutige

Entscheidung getroffen: Nach einem Jahr Vorbereitungszeit bei den Steyler Missionaren wird sie als »MaZlerin« (»Missionarin auf Zeit«) in den Nordosten Brasiliens reisen. Katharina hat sich dazu entschlossen, in einem Land zu leben und zu arbeiten, in dem die Kluft zwischen Arm und Reich unvorstellbar groß ist. In einem Land, das durch seine hohe Kriminalitätsrate traurige Berühmtheit erlangt hat. Ihre Freunde und Familie wird sie dabei zwölf Monate lang nicht sehen können.

All diese Tatsachen sind noch lange kein Grund für Katharina, die Koffer im letzten Moment doch wieder auszupacken. Im Gegenteil: Für sie überwiegt die Vorfreude auf ein neues Land, eine unbekannte Kultur und viele spannende Erfahrungen als »Sozialmutter« von gleich neun Kindern. Das Projekt in der brasilianischen Diözese hat sich die MaZlerin dabei bewusst ausgesucht: Der ehemaligen Schülerin war es nicht nur wichtig, sich für einen guten Zweck zu engagieren; ihre Arbeit sollte vor allen Dingen auch einen christlichen Hintergrund haben und auf diese Weise zu einem »spirituellen Erlebnis« werden.

Obwohl Katharina während ihrer Zeit in Alagoinhas nicht nur Höhen, sondern auch einige Tiefen durchlebt hat, kann die MaZlerin durch ihren Auslandsaufenthalt viel Positives mit nach Hause nehmen:

»Ich denke, ich bin ein Stück selbständiger und erwachsener geworden. Ich bin gelassener in manchen Dingen geworden. Aber auch meine Einstellung hat sich verändert. Ich weiß jetzt, dass sich viel an den Strukturen des Landes ändern muss für eine gerechtere Verteilung der Ressourcen. Deswegen engagiere ich mich wie viele MaZler in Deutschland weiter. Dies ist in vielen Bereichen möglich: Bildungsarbeit, Spendenaktionen, Fortbildungen.«

Zurück in Deutschland beginnt Katharina Metzl ihr Studium der Religionspädagogik an der katholischen Universität Eichstätt. Das Kapitel Brasilien ist für sie jedoch noch lange nicht abgeschlossen: In Sommer 2008 und 2010 reist sie erneut für zwei bzw. drei Monate nach Alagoinhas, um die Passauer Partnerdiözese tatkräftig bei ihrer Arbeit zu unterstützen. Inzwischen ist sie in der Diözese Passau tätig.

Eine E-Mail aus Brasilien: Katharina berichtet über ihre Arbeit im Abrigo (brasilianisch für »Heim«) von Alagoinhas

»Olá aus dem schönen Brasilien!

So, jetzt ist es noch ein Monat bis Weihnachten und die Weihnachtsstimmung will und will sich nicht einstellen. Das liegt wahrscheinlich

an den etwas tropischeren Temperaturen hier und selbst wenn es regnet, schwitzt man trotzdem immer gleich! Ansonsten kann ich mich gesundheitlich nicht beklagen, es geht mir blendend.
Meine Arbeit im Abrigo läuft gut und macht sehr viel Spaß! Letzte Woche haben wir mit den Kindern und allen Sozialmüttern einen Ausflug an einen etwas weiter entfernten Strand gemacht, der den klangvollen Namen Costa Azul besitzt! Das Wetter war ideal! Der Himmel war bedeckt und wir bekamen die Kinder fast gar nicht mehr aus dem Wasser!
Innerhalb des Abrigos haben wir einige Veränderungen geplant! So wollen wir eine Kuschelecke einrichten und den Garten wieder sauber machen! Damit haben wir auch schon begonnen und einen ganzen Vormittag altes Holz und Müll auf die Strasse zum Abtransport geräumt! Nachmittags war dann das ganze Holz schon fast wieder weg, die Leute benutzen es als Feuerholz!
Und noch eine Neuerung gibt es, ich und Magdalena arbeiten jetzt im Wechsel als Sozialmütter! Das heißt im Klartext, 24 Stunden im Abrigo arbeiten. Einen Tag möchte ich euch kurz beschreiben! Die Schicht beginnt um 7 Uhr morgens, nachdem die Kinder gefrühstückt haben. Dann habe ich ungefähr eine halbe Stunde bis Stunde Zeit, mit ihnen zu spielen. Dann geht's daran, das Mittagessen vorzubereiten, was eine echte Herausforderung darstellt, da ich weder Erfahrung mit dem Kochen von brasilianischem Essen habe, noch mit den Mengen (immerhin für 13–14 Personen), aber Soraia, die Koordinatorin des Abrigos, hilft mir viel! Um 10 Uhr muss ich zwischendurch noch ein zweites Frühstück für alle vorbereiten. Das bedeutet Saft machen, Kekse oder Obst auf Teller verteilen. Um zwölf ist dann Mittagessen und es ist nicht immer leicht die Bande im Zaum zu halten! Danach schlafen die Kinder und ein Großteil ist in der Schule. Dann habe ich Zeit mit Florisvaldo, unserem Baby, oder den Großen zu spielen. Um drei werden die Kleinen dann geweckt und es gibt einen kleinen Lunch, wieder mit Suco (Saft) und so. Dann kann man auch schon beginnen, das Abendessen (auch warm) vorzubereiten. Nach dem Abendessen wird noch etwas gespielt und dann werden die Kinder ins Bett gebracht. Ich kann danach noch etwas wach bleiben. Nachts schlafe ich mit den Kindern zusammen (und mit 6 Kindern in einem Zimmer und geschlossenem Fenster kann es schon mal sehr heiß werden) und muss mich darum

kümmern, dass sie auch nachts ihre Medizin nehmen und sie wickeln, wenn sie nass sind. Naja, am nächsten Tag heißt es dann um halb 6 aufstehen, Kinder aufwecken, Frühstück machen und um sieben endet dann normalerweise unsere Schicht. An Tagen, an denen wir nicht Sozialmütter sind, spielen wir viel mit den Kindern und versuchen, sie individuell zu fördern!«

Anna-Lea Kronpaß verbringt ein Jahr als Missionarin auf Zeit in Afrika, und zwar in der Demokratischen Republik Kongo. Regelmäßig erzählt sie davon in der Passauer Neuen Presse über ihre Erfahrungen. Ihre eindrucksvollen Berichte findet man in der Datenbank Local heroes. So beginnt ihr Bericht:

Porträt: Anna-Lea Kronpaß

Bild 40: Anna-Lea Kronpaß mit Annajoyce in Tansania; Foto: Kronpaß

»Mambo ndugu, hallo Freunde! Mein erster Monat in Afrika und somit mein Monat in Tansania ist schon fast wieder vorbei. Es war wirklich eine wahnsinnig schöne, interessante und eindrucksvolle Zeit hier. Obwohl wir von Montag bis Freitag, von acht Uhr in der Früh bis vier Uhr nachmittags (natürlich mit zwei Teepausen und einer Mittagspause), Unterricht hatten, der auch manchmal sehr anstrengend war, haben wir auch total viel erlebt und einiges von den Einheimischen hier mitbekommen. Mir hat es hier so gefallen, dass ich gar nicht mehr von Tansania weg will, obwohl ich jetzt natürlich auch gespannt bin, was mich dann im Kongo erwarten wird und wie groß die Unterschiede zu Tansania sind. Anstrengend war der Unterricht in Kisuaheli, weil wir oftmals an einem Tag zwei ganze Lektionen durchgenommen haben, vormittags immer Grammatik und nachmittags »Abfragen« von den Lehrern – aber das Tempo ist natürlich auch verständlich, wenn sie uns in vier Wochen eine komplett neue und andere Sprache beibringen sollen.«

Die Berichte geben einen eindrucksvollen Einblick in ein spannendes Jahr voller neuer Erfahrungen und Begegnungen: die Mitfeier eines Massai-Festes, Exkursionen in die berauschende Natur des Nationalparks, das Wahrnehmen der Gelassenheit der Menschen dort, die sich in den entsprechenden Sprüchen niederschlägt (»Haraka haraka haina baraka« – »Eile, Eile bringt keinen Segen«, »Pole pole« – »Immer mit der Ruhe«), die Entdeckung von Land und Kultur in aller Disparatheit – von Relikten einer Kolonialkultur bis hin zu archaisch anmutenden Lebensverhältnissen auf dem Land, natürlich ein anderes Essen, als Anna-Lea von zuhause her gewohnt ist, die Arbeit in Kindergarten und Schule, die schnell zu intensiven Beziehungen mit den Schützlingen führt, die Beschreibung der pädagogischen Settings dort, die sich doch von den Gepflogenheiten in Deutschland unterscheiden, religiöse Feiern und Gottesdienste von großer Intensität, auch die Weihnachtsfeier dort mit den Schwestern, die politischen Umstände im Umfeld der Präsidentschaftswahlen im Kongo, aber auch die Erfahrungen des Todes im Kreis der Schwestern und Kindern und die Konfrontation mit Armut und Not, die in den Menschen sichtbar werden, die sich an die Schwestern wenden.

> »Mit unseren Schwestern waren wir in Lubumbashi auch noch in unserer ersten, richtigen kongolesischen Sonntagsmesse, in der viel getanzt und gesungen wurde. So hat man kaum gemerkt, dass man über drei Stunden in der Kirche war. Alles in allem war es die längste, lauteste, fröhlichste und lebhafteste Messe, die ich je miterlebt habe.«
> »Ich arbeite in der ersten Klasse des Kindergartens der Salvatorianerschule (Ecole maternelle salvator). Mein Arbeitstag dauert von halb acht Uhr morgens bis um ein Uhr mittags. Ich kann mit einer Schwester dorthin zu Fuß gehen und helfe dann der Kindergartentante in meiner Klasse. Im gesamten Kindergarten sind 280 Kinder und in meiner Klasse 82. Da sie in der ersten Klasse jedoch erst drei Jahre alt sind, und für sie die Erfahrung »Schule« noch sehr neu und ungewohnt ist, ist eine meiner Hauptaufgaben bis jetzt noch Tränen trocknen. Doch hauptsächlich wird den Kindern auf spielerische Art Französisch beigebracht. Mir macht die Arbeit mit den Kindern sehr viel Spaß und ich habe auch schon einige kleine Freunde gefunden – an mir hängen pro Hand immer mindestens zwei Kinder, die oft fasziniert über meine weißen Arme streicheln. Ich bin jetzt schon gespannt, was mich noch

alles hier in Kolwezi und in der Arbeit mit den Kindern erwarten wird. Bis zum nächsten Mal, eure ‚tantine lea', wie mich die Kinder im Kindergarten nennen.«

»Wir haben ziemlich viel mit unseren Schwestern gefeiert, zum Beispiel Geburtstage, Feiertage von Heiligen, Abschiede und Begrüßungen oder das Ablegen von Gelübden. Dazu gehört immer gutes Essen, Bier, Musik und Tanz. Es wird wirklich immer getanzt. Und ich war einfach sehr überrascht, als bei uns im Wohnzimmer plötzlich alle Schwestern angefangen haben zu tanzen. Sie haben in den DVD-Player irgendwelche Musik-DVDs eingelegt und dann die Videoclips nachgetanzt. Das ist wirklich immer total lustig. Nur ist es sehr peinlich, wenn Linda und ich mittanzen sollen, weil wir mit den Afrikanerinnen einfach nicht mithalten können. Die bewegen sich alle so rhythmisch und wackeln dazu mit den Hüften. Im Oktober haben wir auch das 50. Jubiläum unserer Pfarrei ›Mariapolis‹ hier in Kolwezi gefeiert – mit einer Messe im Freien mit einem neuen Längenrekord von fünf Stunden und einer anschließenden Feier in der Anlage der Schule.«

»Der Tod ist hier ein Thema, das mich immer begleitet. Es vergeht kein Monat, ohne dass Angehörige von unseren Schwestern krank werden oder sterben. Und als ich von Tansania zurückkam, musste ich erfahren, dass ein Mädchen aus meiner Kindergartenklasse gestorben ist. Ich werde hier mit dem Tod viel mehr konfrontiert als zu Hause. Aber der Tod einer Mutter ist doch der tragischste Tod, den ich hier bis jetzt so hautnah miterlebt habe. Zumal die Schwester von ihrer Heimat und ihrer Familie genauso weit entfernt ist wie wir. Sie konnte sie nicht begleiten. Als wir das erfahren haben, sind wir gleich alle zu ihr gegangen und haben einen Rosenkranz gebetet. In dem Moment war ich echt so froh, einfach beten zu können, weil ich nicht gewusst hätte, was man sonst in so einem Moment Tröstendes sagen kann. Und weil die Schwester eben nicht die Möglichkeit hatte, so schnell nach Hause zu fliegen, haben wir die kongolesische Trauerzeit deuil (französisch = Trauer) bei uns im Kloster gemacht, da ja die Schwestern hier ihre zweite Familie sind. Das läuft so ab, dass vom Tag des Todes an bis zum Tag der Beerdigung jede Nacht alle Angehörigen mit der Trauernden Person in einem Raum schlafen und man so lang wie möglich versucht wach zu bleiben, man singt, man tanzt man macht ein paar Scherze, um der trauernden Person zu zeigen, dass sie nicht alleine ist.«

Doch auch in den Jahren nach ihrer Zeit im Kongo lässt sie der Kontinent nicht los, sie fährt später nochmals für ein halbes Jahr nach Tansania und engagiert sich für Waisenkinder im Nikolaushaus in Kemondo, Tansania, eines der ärmsten Länder der Erde. Dort bedrückt sie das Schicksal eines Kindes, Annajoyce, das mit einer »Spina bifida«, einer Fehlbildung des Rückenmarks, geboren worden ist. Sie sorgt dafür, dass das Mädchen nach Deutschland gebracht und operiert wird. Unterstützung erfährt sie dabei von ihrem Vater, der damals Chefarzt in einer Klinik in Rotthalmünster war, und von vielen Spendern. Das »Annajoyce-Projekt« läuft insofern noch weiter, als Anna-Lea und ihr Vater regelmäßig medizinische Hilfsmittel nach Tansania schicken, den Schulbesuch von Annajoyce mit Spenden mitfinanzieren und versuchen, einmal im Jahr dorthin zu fliegen, um die inzwischen 13-jährige Annajoyce zu besuchen und medizinisch zu beobachten.

Anna-Lea ist seit ihrem sozialen Jahr als Coach für das Programm der Salvatorianer tätig, das es jungen Menschen ermöglicht, als Missionare auf Zeit in Tansania, auf den Philippinen und in Indien zu arbeiten: Sie hilft mit bei der Organisation, bei der Öffentlichkeitsarbeit und bei der Vorbereitung und Begleitung der aktuellen Freiwilligen.

Ihre Zeit in Afrika hat Anna-Lea Kronpaß für immer verändert. »Es war für mich eines der spannendsten, eindrucksvollsten und auch glücklichsten Jahre bisher«, sagt Anna-Lea im Rückblick. »Für dieses Jahr bin ich unglaublich dankbar«, resümiert die junge Frau. »Es hat mir auf persönlicher, zwischenmenschlicher als auch auf religiöser Ebene sehr viel gebracht.« Ja, die Zeit in Afrika war nachhaltig: Kleidung kauft Anna-Lea nun überwiegend Second-Hand, Handys hat sie aus Schubladen von Freunden »gerettet«. Sie isst, wenn sie Hunger hat – und schätzt es wert, dass es bei uns volle Teller gibt – genauso wie Wasser im Überfluss.

Weitere Informationen gibt es in Anna-Leas Blog: https://kongolea.wordpress.com/

Zum Jahreswechsel 2018/19 schreibt mir Anna-Lea Folgendes:

> »Ich glaube, viele denken, man macht ein FSJ, um anderen zu helfen. Doch ich finde, man hilft dabei sich selbst am meisten. Weil man einfach über sich hinauswächst, selbstständiger bzw. selbstbewusster wird, Neues und Fremdes erlebt, und dabei in der Ferne anders oder sogar besser über sich selbst und seine eigene Kultur reflektieren kann.

Vor allem in der heutigen Zeit mit den ›Flüchtlingsthemen‹ ist es auch hilfreich, selbst einmal wo fremd/neu gewesen zu sein, um die Menschen und diese Situation ein bisschen besser betrachten und einschätzen zu können. Dieses FSJ hat mich dazu gebracht, Soziale Arbeit (und später noch Musiktherapie) zu studieren. Mein Jahr als Missionarin auf Zeit hat somit maßgeblich dazu beigetragen, was ich heute (beruflich) mache und wer ich heute bin. Ich arbeite mittlerweile in einer Heilpädagogischen Kindertagesstätte der Caritas in München für Kinder mit einer geistigen Behinderung.«

Anregungen

- Arbeitet aus den Texten die Motive der »Missionarinnen auf Zeit« heraus: Was motiviert Katharina Metzl dazu, als Missionarin auf Zeit nach Brasilien zu gehen, was motiviert Anna-Lea Kronpaß zu ihrem Einsatz in der Demokratischen Republik Kongo?
- Erstellt eine vergleichende Tabelle: Was spricht für ein Jahr als Missionar auf Zeit, was dagegen?
- Stellt Kontakt mit einer Person her, die ein soziales Jahr abgeleistet hat oder als Missionar auf Zeit in der Entwicklungshilfe tätig war. Befragt sie und diskutiert mir ihr! Evtl. ist es möglich, beispielsweise über Skype direkt mit einer Person zu reden, die gerade im Ausland tätig ist!
- Sucht nach Projekten an eurem Wohnort, bei denen sich Menschen für die »Eine Welt« einsetzen!
- »Zwei Wochen Urlaub mit Freunden oder ein Jahr Brasilien?« Stell dir vor, du hast gerade deinen Schulabschluss gemacht und erfolgreich bestanden. Deine Eltern haben dir zur Belohnung eine zweiwöchige Reise nach Wahl versprochen, die du mit Freunden machen darfst. Kurzfristig bekommst du allerdings das Angebot, für ein Jahr als MaZler nach Brasilien zu gehen. Wie würdest du dich entscheiden: für zwei Wochen Urlaub mit Freunden oder für ein Jahr Brasilien? Was würden dir Freunde und Verwandte raten?
- E-Mail an Katharina: Stell dir vor, du schreibst Katharina während einer ihrer Brasilien-Aufenthalte eine E-Mail. Was würdest du ihr in dieser Nachricht mitteilen wollen? Welche Fragen zu ihrer Arbeit und ihrem Leben in Alagoinhas stellst du ihr?

- Dilemmageschichte (eine Idee von Sarah Kaiser): Stell dir vor, du bist gerade mitten unterm Studium, alles läuft super und du bist auf dem besten Weg, einen guten Abschluss zu machen. Was dir nun noch fehlt ist die nötige Praxiserfahrung, um in deinen späteren Bewerbungen glänzen zu können. Zu deiner Überraschung bekommst du ein gutes Angebot für ein sechsmonatiges Praktikum mit toller Bezahlung in einer renommierten Firma. Dieses Praktikum würde sich in deinem späteren Bewerbungsschreiben gut machen, das ist sicher. Kurzfristig bekommst du allerdings auch die Zusage für ein dreimonatiges Praktikum in Tansania, das dir die Organisation World Unite anbietet. Leider ist dieses Praktikum ohne Bezahlung, aber du könntest in dem von Armut betroffenen Land als Entwicklungshelferin arbeiten und damit viel bewegen. Außerdem findet dieses Praktikum in Tansania seinen krönenden Abschluss in einem 3-wöchigen Urlaub auf der wunderschönen Insel Sansibar mit deiner ganzen Familie. Wie würdest du dich entscheiden? Welches Praktikum würdest du wählen? Was würden dir Freunde und Verwandte raten?

17. Sportlich aktiv

Eine gute Tat erfreut den Wohltäter umso mehr, wenn er selbst dabei Spaß hat. Es wurde bereits mehrfach betont, dass nicht nur bei Jugendlichen Engagement, Event, Gemeinschaft und Freude zusammengehören. Die Optik hingegen, die in traditionellen kirchlichen Erwartungen manchmal zu finden ist, überzeugt heute nicht mehr: »Mir nach, spricht Christus, unser Held, mir nach, ihr Christen alle! Verleugnet euch, verlasst die Welt, folgt meinem Ruf und Schalle! Nehmt euer Kreuz und Ungemach auf euch, folgt meinem Wandel nach«, lautet die erste Strophe des bekannten Kirchenlieds (Gotteslob Nr. 461) von Angelus Silesius. Helden von heute sind keine verbitterten, vergrämten und hilflosen Helfer, zwanghaft mit dem Helfersyndrom ausgestattet, wie es der Psychologe Wolfgang Schmidbauer in seinem gleichnamigen Buch als eine Gefahr helfender Berufe eindrucksvoll skizziert hat. Sie helfen gerne und mit einem freudigen Lächeln. Und manchmal ist die Hilfe das Folgeprodukt eines gern ausgeübten Hobbys.
In anderen Kapiteln wurden bereits Beispiele genannt, etwa im Rahmen der Nachbarschaftshilfe (siehe Kap. B 12), wie Menschen mit dem, was sie gern tun (Theater spielen, Musik machen, Kochen und Backen ...) Gelder für gute Taten erwirtschaften. In diesem Kapitel sollen die sportlichen Helfer im Mittelpunkt stehen: Sie treiben gerne Sport und organisieren eindrucksvolle Sportevents, durch die sie Geld für Hilfsprojekte erwirtschaften. Wie die weiteren Beispiele zeigen, sind auch an Schulen kreative Sportprojekte möglich, bei denen sportliche Aktivität, Bewusstseinsbildung für soziale, gesellschaftliche und politische Zusammenhänge und eine Spendenaktion miteinander verbunden werden können.

Porträt: Rainer Schmoigl – der »bewegte Mann« aus Fürstenzell

Rainer Schmoigl hat vier Söhne, aber nur noch drei sind am Leben: Denn sein Sohn Michael war schwer behindert und ist mit drei Jahren gestorben, das ist nun schon dreißig Jahre her. Vor über zehn Jahren verloren seine Nachbarn ihre Tochter Manuela, die an einem Nierentumor gestorben war. Im Mai 2008 bezwang Rainer Schmoigl die sogenannte Sella-Runde in Südtirol. Das war seine Art zu trauern und Michael und Manuela zu gedenken. An nur einem Tag brachte er vier

Alpenpässe und 56 Kilometer hinter sich. Die Aktion erfuhr eine unglaubliche Resonanz. Die wollte er nutzen und so seine Botschaft verkünden: Dass gesunde Kinder nicht selbstverständlich sind und dass eine Krankheit jeden treffen kann. »Aber zugleich wollte ich auch ein Mutmacher sein und zeigen, dass man alles schaffen kann: im Sport und bei einer schweren Erkrankung.« Die Spendengelder seines Laufs übergab er der Kinderkrebshilfe. Rainer Schmoigl fand bald Gleichgesinnte: Edith Lindbüchler, 34 Jahre alt und ehemals selbst krebskrank, durchschwamm bei stürmischem Wetter den Attersee: sieben Kilometer in vier Stunden. Wie eine Lawine interessierten sich immer mehr Menschen für diese Art, über Bewegung etwas Gutes zu tun.
(nach einem Bericht von Monika Bormeth, Für das Lächeln der Kinder laufen sie 53 Kilometer, PNP 206/6.9.2010, 33 sowie weiteren Berichten auf der Local-heroes-Datenbank unter »sportlich helfen« und der Vereinshomepage www.sportlich-helfen.de)

Verein: Sportlich helfen e. V.

Im Jahr 2009 wurde der Verein »Sportlich helfen« gegründet, dessen Vorsitzender Rainer Schmoigl einige Jahre lang war. Inzwischen hat er sich aus dem Verein zurückgezogen, der nun ohne ihn weiter aktiv ist. Der Verein ist ein anschauliches Beispiel dafür, was Menschen leisten können, wenn sie sich gemeinsam engagieren. Die Kreativität und Einsatzfreude der »Beweger«, wie sie sich vielsagend selbst nennen, ist grenzenlos: Zu Fuß und mit Fahrrad lange und schwierige Strecken unterwegs sein und dadurch Aufmerksamkeit schaffen, das ist ihre Intention. So werben sie für Spenden, die schwer- und schwerstkranken Kindern zugutekommen. Die Spenden gehen an Kinderkliniken, Kinderhospize und Förderzentren, aber auch an unterstützungsbedürftige Einzelpersonen. Im Laufe der Jahre kamen durch diese verrückten sportlichen Aktivitäten bereits fast 150.000 Euro zusammen. Die Auflistung der bisher unterstützten Projekte ist beeindruckend (https://www.sportlich-helfen.de/danke-fuer-ihre-unterstuetzung/). Allein im Jahr 2018 konnten ca. 36.000 € weitergegeben werden.
Auf der Homepage des Vereins findet man eine Zusammenstellung der Projekte im Laufe der letzten 10 Jahre (https://www.sportlich-helfen.de/aktionen-bis-ende-2013/): unter anderem eine Alpenüberquerung per

Rad, einen 50-km-Dreiländerlauf, verschiedene Läufe in den Alpen, eine Radtour durch Niederbayern, ein Skaterprojekt, einen regelmäßig durchgeführten Weihnachts-Zipfelmützenlauf, einen Fünf-Bayerwald-Gipfel-Lauf, verschiedene Indoor-Cycling-Spendenmarathone, aber auch zahlreiche Benefizkonzerte und Benefizkabaretts.

Porträt: Helmut Meisl

Bild 41a: Helmut Meisl; Foto privat

Bild 41b: Logo »Sportlich helfen«

Helmut Meisl, Vorsitzender des Vereins »Sportlich helfen e. V.« beschreibt seine Motivation und die vieler seiner Mitwirkenden so: Warum macht man das Ganze? Ich glaube ich spreche auch im Namen aller Mitglieder. Unsere Aktionen sind meist sehr strapaziös. Es sind ja sportliche Aktionen, die einen verrückten Hintergrund haben (Lauf von Altötting nach Passau, Skaten von Regensburg nach Windorf, Rennrad rund um Niederbayern, Lauf über fünf Bayerwaldgipfel u. ä.). Es ist viel Arbeit im Vorfeld einer solchen Aktion zu erledigen. Andere Aktionen wie der Zipfelmützenlauf sind mittlerweile zum Selbstläufer geworden, müssen aber auch organisiert werden. Aus einer verrückten Idee von zwei Läufern, die vor sieben Jahren am Sonntag vor Heilig Abend die »Wernstein-Runde« gelaufen sind, wird eine Traditionsveranstaltung. Die beiden haben bei ihrem Lauf halt eine rote Zipfelmütze getragen. Viele Leute haben sie angesprochen und fanden das gut. Im Jahr darauf wurde das als Vereinsaktion beworben und es kamen an die hundert Läufer. 2018 hatten wir 312 Teilnehmer mit roten Zipfelmützen, die bei widrigen Witterungsverhältnissen 4000 € Spenden erlaufen haben, die wir weitergeben. Auch hier ist einiges im Vorfeld zu tun. Werbung, Aufbau des Standes, Verpflegung organisieren, mit den Gemeinden in Verbindung treten, nach der Veranstaltung abbauen, sauber machen etc.
Das Tolle ist, das man durch die Aktionen zusammenwächst. Alles ist nur in einem Team möglich. Jeder langt hin. Es sind tolle Leute dabei. Wie in jedem Verein einige, die immer da sind, und andere, die mehr Mitläufer sind.

Am schönsten ist es aber, wenn man sieht, was mit den Spenden passiert. Wie die Kinder im Tennisrollstuhl Spaß haben, sich die Kinder im Snoezelen-Raum entspannen können, Kinder endlich vernünftig mit der Schulband auftreten können, muskelkranke Kinder mit der Augensteuerung für Computer Verbindung zur Außenwelt aufnehmen können, Dinge, die niemand finanziert wie einen Tennisrollstuhl, eine Lautsprechanlage, Augensteuerungen etc., die den Kindern aber bei ihrer Entwicklung helfen.
Ziel unserer Aktionen war am Anfang, wir wollten den Kindern Mut machen. Wir wollten zeigen, dass man vieles schaffen kann, wenn man dafür arbeitet. Später lernten wir, dass uns die Kinder Mut machen. Kinder im Rollstuhl, die ihr Schicksal angenommen haben, damit leben, weil sie es nicht anders kennen und das Beste daraus machen. Bei meiner Tour hatte ich Phasen, wo ich nicht mehr sitzen konnte, in denen ich müde war, in denen es wie aus Eimern schüttete und am nächsten Tag 30 Grad heiß war. Momente, wo du dir gedacht hast: runter vom Rad, rein ins Auto und Ende. Dann dachte ich an die Kinder. Ich dachte daran, dass die Kids mich ja erwarten, dass ich ihnen versprochen habe, ich werde kommen. Diese Vorstellung machte mir Mut und trieben mich bis ins Ziel. Und es ist wunderschön, wenn die Spenden übergeben werden, wenn man die leuchtenden Augen sieht oder nur sieht, welche Fortschritte die Kinder machen, mit den Dingen, die sie bekommen haben. Dafür lohnt es sich bei »Sportlich helfen« zu sein.

Anregungen

- Beschreibt die Mitglieder des Vereins »Sportlich helfen e. V.« mit geeigneten Adjektiven. Sammelt die Antworten an der Tafel und begründet diese!
- Wie geht das – Trauer- und Gedenkarbeit durch einen Benefizlauf? Was ging wohl in Rainer Schmoigl vor? Füllt Denk- und Sprechblasen aus!

Der Pfarrverband Tiefenbach führte im Jahr 2019 bereits zum 13. Mal einen Solidaritätslauf durch. Für die rund einen Kilometer lange Strecke rund um die Kirche suchte sich jeder Teilnehmer einen Sponsor, der dann einen zuvor vereinbarten Betrag zahlte. Der Solilauf wird vom Sachausschuss »Eine Welt« mit Unterstützung der Tiefenbacher Marathonis organisiert. Der Erlös des Projekts geht an das Schulprojekt SORIYA in Kambodscha und an eine Schule in Patrhalapadu, die vom Orden des indischen Kaplans P. Jobi betreut wird. Im Sommer 2019 lud Ludwig Prinz von Bayern zu einem »Löwenmarsch« ein: Die Teilnehmer sollten innerhalb von 24 Stunden die 100-Kilometer-Strecke zwischen Schloss Kaltenberg und Schloss Hohenschwangau bewältigen und dabei Spenden für das gemeinnützige Projekt »Learning Lions« in Kenia sammeln: »In Afrika, der Heimat der Löwen, leben viele Menschen noch unter schwersten Bedingungen und ohne Bildungschancen. Wir können helfen, aber Entwicklungshilfe beginnt mit einem Zeichen echter Solidarität«, so Ludwig Prinz von Bayern, der das Projekt initiiert hat (PNP 193/22.8.2019, 8).

An Schulen finden immer wieder Spendenläufe statt. Das Prinzip ist einfach: Die Schülerinnen und Schüler werben Sponsoren an, die für jeden Kilometer, den sie laufen, einen vorher vereinbarten Geldbetrag spenden. Wichtig dabei: Dass neben den beiden Blickwinkeln »Sport« und »Spenden« auch eine Sensibilisierung und Bewusstseinsbildung für den Zweck der Spende erfolgt. Mustergültig wird dies im Projekt der Realschule Neuhaus deutlich, die die bestehende Verbindung zu einem Waisenhausprojekt in Simbabwe zum Aufhänger und Spendenzielpunkt eines Spendenlaufs machte.

Porträt: Realschüler erlaufen 21 000 Euro

Für die größeren Schüler war es sicher auch ein Stück sportlicher Ehrgeiz, für die jüngeren, vor allem für die Fünftklässler, eine besondere Herausforderung, ein Ansporn, durch Laufen Gutes zu tun – insgesamt war der vierte »Afrikalauf« der Neuhauser Maria-Ward-Realschule aber eine wertvolle Hilfe für Kinder und Jugendliche in Simbabwe.

Denn durch den Blick auf die Flüchtlingssituation in Deutschland und durch die Not der Menschen in Syrien gerät Afrika fast in Vergessenheit. Die Maria-Ward-Realschule aber hält die seit vielen Jahren bestehende Verbindung zu den Aids-Waisen in Simbabwe immer noch lebendig.

»Wir wollen das Erbe von Schwester Ortrudis weiterführen und dort helfen, wo sie einst angefangen hat«, sagt Marion Amode, eine der Lehrerinnen, denen die Verbindung zu Afrika besonders am Herzen liegt. Schwester Ortrudis Maier, die 2009 in Simbabwe gestorben ist, war bis zuletzt Oberin im Kloster der Congregatio Jesu in Neuhaus und hatte Jahrzehnte lang mit Hilfe ihres Ordens in Amaveni ein Waisenhaus für Kinder und Jugendliche aufgebaut und geleitet. Ihr großes Anliegen war es, den Kindern eine gute Schulbildung zu vermitteln.

Die Congregatio Jesu hilft mit vielen Spenden vor allem aus den einstigen und noch bestehenden Klosterschulen. Aber allein im Children's Home in Amaveni mit Kinderheim, Schule und Kindergarten betragen die monatlichen Schulkosten für 72 Kinder rund 9600 Euro im Monat. Die Kinder und Jugendlichen dort leben in vier Häusern und werden von je einer Hausmutter und weitgehend von einheimischen Ordensschwestern betreut. Die Congregatio Jesu hat in Simbabwe inzwischen 45 junge Schwestern, die teilweise selbst noch Hilfe für ihre Ausbildung brauchen, denn meist legen afrikanische Familien auf die Bildung von jungen Männern, nicht aber von Mädchen Wert.

»Unsere Schüler, denen es recht gut geht, sollen auch einmal für andere was tun, und sie tun es gern«, stellt Sabine Multerer aus dem »Freundeskreis Simbabwe« an der Neuhauser Realschule fest. Wichtig ist den Lehrern auch: »Wir haben hier den direkten Bezug, die Spenden kommen unmittelbar dort an, wo sie gebraucht werden, und wir erleben immer wieder großen, echten und ehrlichen Dank für unsere Hilfe.«

All das war Motivation genug, dass sich rund 650 Schüler buchstäblich auf den Weg gemacht haben, um den jungen Menschen in Simbabwe zu helfen. Für jeden Kilometer, den sie zurückgelegt haben, dokumentiert durch Stempel an Wendemarke und Ziel, hatten sie Spenden von Sponsoren erbeten, von Eltern, Freunden, aber auch von Geschäftsleuten und natürlich auch von Lehrern. Das war für manchen Läufer noch einmal ein besonderer Ansporn, und viele Schüler zeigten ihre Ausdauer und ihren ganz persönlichen Einsatz. Am Ende aber stand vor allem der gewaltige Geldbetrag, der von den Realschülern »erlaufen« wurde: 21 000 Euro kamen zusammen.

Manch ausdauernder Läufer legte zehn, 15 und mehr als 20 Kilometer zurück. Besondere Laufleistungen zeigten Thomas Berger, Paul Presler, Dennis Sitner und Johannes Stoiber aus der Klasse 10a mit 23 Kilometern, Lucas List lief 20 Kilometer. Sie hatten in ihrem Klassenlehrer Thomas Tausendpfund einen besonderen Ansporn. Der erfahrene Marathonläufer hatte sich besonders viel vorgenommen und legte an dem

Vormittag 51 Kilometer zurück. Er konnte allein 1084 Euro an Sponsorengeldern für seinen Lauf verbuchen. »Das war eine so tolle Aktion«, freut sich Schulleiterin Astrid Schmid, »weil fast alle Schüler als große Gemeinschaft beteiligt waren. Ich bin richtig stolz auf alle unsere Läufer. Wir können mit weiteren Spenden 25.000 Euro nach Afrika überweisen.«
(PNP-Bericht von Hans Würdinger, Realschüler erlaufen 21.000 Euro, in: PNP 240/17.10.2016, 35)

Bild 41c: Start des Solidaritätslaufs der Realschule Neuhaus 2016; Foto: Hans Würdinger

Der Bayerische Fußballverband (BFV) hat in Kooperation mit dem Bayerischen Lehrerinnen- und Lehrerverband (BLLV) die Aktion »Ball-Helden« ins Leben gerufen. Ziel der Aktion ist es, Freude am Sport mit sozialem Engagement zu verbinden. Über hundert bayerische Schulen haben sich im Schuljahr 2017/2018 an der Aktion beteiligt (www.ball-helden.de; www.bllv.de/projekte/soziales-engagement/aktion-ballhelden/). 20.000 Schülerinnen und Schüler haben mitgewirkt, 260.000 Euro wurden im wahrsten Sinn des Wortes »eingespielt«. Die Schulen können bei der Vorbereitung aufs Projekt auf die entsprechenden Informationsmaterialien zurückgreifen. So werden Kinder auf spielerische Weise zur Horizontweitung eingeladen, denn sie erfahren, für welche lokalen und globalen Projekte das Geld verwendet wird. Und sie dürfen sich gerne als kleine Helden fühlen.

Porträt: »Ball-Helden« der Grund- und Mittelschule Salzweg

Die »Ball-Helden« der Grund- und Mittelschule Salzweg haben beim Schul- und Sportfest nicht nur ihr Können, ihre Treffsicherheit und Ballkünste, sondern auch ein Herz für Gleichaltrige in Not gezeigt. Sie sammelten bei einem Spendenlauf aus Geschicklichkeitsparcours, Mannschaftsspielen, Tanz, Gesang und Basteln im Rahmen der »Ball-

Helden-Aktion« Punkte. Sie erzielten dafür großzügige Spenden von ihren selbstgewählten Sponsoren, die Kindern in Not zugutekommen. »Wir bewegen uns, um etwas zu bewegen.« Das habe ein Schüler spontan geäußert, als seine Lehrerin das »Ball-Helden-Projekt« in der Klasse vorstellte, erzählte Schulleiterin Elisabeth Pöschl bei der Eröffnung des Schulfestes auf dem Sportplatz. »Egal, ob dunkel oder hell, ich bin ein Superheld auf diesem Sportfeld«, schmetterten die jungen »Ball-Helden« zum Auftakt ihre »Ball-Helden-Hymne« aus vollen Kehlen, die sie eigens einstudiert hatten. Schüler der vierten, fünften und sechsten Klasse führten dazu einen Tanz vor. Am Ende der Ouvertüre zum Schulfest ließen sie Luftballone auf dem Sportplatz steigen.

Anhand eines Geschicklichkeitsparcours auf dem Sportplatz sammelten die Schüler weitere Punkte, für die sie Sponsoren gewinnen konnten, zum Beispiel Eltern und Großeltern, die ihren Einsatz mit einer Spende honorierten. Die jungen Leute bewiesen beim Elfer-Schießen ihr Geschick und ermittelten den »Elfer-König« und das Kurzpass-Ass, demonstrierten bei Dribblings oder Gruppenspielen, zum Beispiel einem Slalomlauf mit dem Ball sowie bei Mannschaftsspiel und Turnier in der Mehrzweckhalle, dass sie ihrem Titel alle Ehre machen und anderen Kindern helfen wollen.

Die Schüler wurden mit ihrer Begeisterung am Fußball zu »Ball-Helden« und setzten sich zugleich für andere Kinder ein, denen es nicht so gut geht. Punkte sammelten die Schüler nicht nur beim Geschicklichkeitsparcours, sondern auch beim Einstudieren der »Ball-Helden-Hymne« während der Projektwoche. Sie bastelten zudem bunte Fähnchen und lösten Quizfragen zum Thema Fußball, sangen und tanzten, unternahmen einen Staffellauf, besuchten das Theater »Maskara« und veranstalteten mit Schülern des P-Seminars des Auersperg-Gymnasiums Freu-

Bild 41d: Logo Ballhelden

denhain eine »Mini-Olympiade«. Sie trainierten zudem für die Mannschaftsspiele.
Die Spendensumme fließe zu einem Drittel in ein lokales Projekt, an den Förderverein der Schule, um die AG »Frühstücksclub« zu unterstützen, sagte Schulleiterin Elisabeth Pöschl. Die beiden anderen Drittel erhielten der BLLV für ein Kinderhaus in Peru und der BFV für ein Fußballprojekt für sozial Benachteiligte, Flüchtlingsinitiativen und ein Projekt in Mosambik, um ebenfalls ärmeren Kindern den Start ins Leben zu erleichtern.
(Theresia Wildfeuer, Salzweger »Ball-Helden« sammeln Spenden für Gleichaltrige in Not, PNP 169/24.07.2018, 33)

Anregungen

- Beschreibt, was die Schülerinnen und Schüler reizen könnte, an einem Spendenlauf oder am Projekt Ball-Helden mitzumachen!
- Überlegt, welche Projekte ihr an euerer Schule gemeinsam mit euren Lehrern umsetzen könntet, um Spenden zu sammeln. Habt ihr eine Idee, wem ihr die Spenden zukommen lassen würdet?

18. Zivilcouragiert handeln

Wenn man alleine nachts in einen U-Bahn-Schacht hinunterfährt, kann es beruhigend sein, wenn irgendwo im Hinterkopf die Erkenntnis gespeichert ist, dass es Menschen wie Dominik Brunner gibt, die zivilcouragiert handeln, wenn andere in Not geraten. Jeder kennt solche beklemmenden Situationen, die in verschiedener Hinsicht für Angst sorgen: Es ist nur realistisch, davor Angst zu haben, selbst ein Opfer zu werden. Aber man hat sicher Scheu davor, in Situationen zu kommen, in denen die eigene Zivilcourage herausgefordert ist: Würden Sie eingreifen, wenn …?

Dominik Brunner hatte sich am 12.9.2009 an einer Münchner S-Bahn-Station schützend vor vier Schüler gestellt, die von Jugendlichen angepöbelt worden waren; er wurde von ihnen zu Tode geprügelt. Beim Prozess gegen die Jugendlichen hatte die Verteidigung argumentiert, Brunner habe zuerst zugeschlagen. In Zeitschriften wurde getitelt: »Kratzen am Denkmal« (Süddeutsche Zeitung 156 vom 10./11.7.2010, 53), und Radiosender fragten nach »Ist Dominik Brunner noch ein Held?« Damit wird ein typisch deutsches Problem im Umgang mit vorbildhaften Gestalten deutlich: Ein Held muss auf einem Sockel stehen und vollkommen sein, so dass man aus gehöriger Distanz auf ihn aufschauen kann. Siegfried Lenz lässt in seinem Roman »Das Vorbild« aus dem Jahre 1973 seine Romanfigur Janpeter Heller sagen, die traditionellen Vorbilder veranlassten ihn dazu, den Blick zu heben und eine Hab-Acht-Stellung einzunehmen und folgert dann: »Horizontaler, alles muss horizontaler werden, das heißt: irdischer« (Lenz 1973, 49).

Konkret bedeutet dies: Weder Dominik Brunner noch ein anderer »Held des Alltags« muss eine perfekte Persönlichkeit sein. Es genügt, dass er gemäß der Maxime von Romano Guardini einmal in seinem Leben das getan hat, was die Stunde von ihm verlangt hat. Dass diese Unterscheidung von einzelner guter Tat und Gesamtpersönlichkeit nicht so einfach ist, wird an einem anderen Local hero deutlich, den man in der Local-heroes-Datenbank findet (Stichwort »Zivilcourage): Peter Meding hatte sich ähnlich wie Brunner im Jahre 2008 schützend vor zwei Kinder gestellt, die von zwei jungen Männern bedroht worden waren, und wurde dabei selbst schwer verletzt. Weil sich im Nachhinein herausstellte, dass er wegen Drogenhandels vorbestraft war, nahm das Bayerische Innenministerium die Einladung Medings zum »Helden des Alltags« wieder zurück. In der Datenbank wird dieses Grundproblem thematisiert, die Nutzer werden bei den didaktischen Impulsen dazu eingeladen, sich über die Frage »Muss ein Held perfekt sein?« Gedanken zu machen.

Wie wäre unsere Welt, wenn es nicht zivilcouragierte Menschen wie Dominik Brunner, Peter Meding und andere geben würde? In der Datenbank finden sich viele solcher Beispiele von Menschen, die Ausflüge in gute Welten gewagt haben und nicht selten deswegen persönliche Nachteile in Kauf nehmen.

Zu den zivilcouragierten Menschen zählen auch die Personen, die mutig eingegriffen haben, wenn andere Menschen in Not geraten oder von einem tödlichen Unglück bedroht sind, also die mutigen Lebensretter; diesen wende ich mich in einem eigenen Kapitel zu (siehe Kap. B 11). Im engeren Sinn versteht man unter einem zivilcouragierten Handeln eine Tat, die mit einem direkten Entgegentreten aggressiven Menschen gegenüber verbunden ist; dies soll hier im Mittelpunkt stehen. In der Localheroes Datenbank überlappen sich die Bereiche.

Der 32-jährige Andreas Lerchl hatte eingegriffen, als zwei Männer einer 62-Jährigen die Handtasche entrissen hatten, verfolgte sie mit anderen und konnte einen Flüchtenden festhalten. Ein ähnlicher Fall: Zwei Studenten, Nicolas Paulsen und Fabian Preiß, halfen bei der Verfolgungsjagd eines Diebs, der eine 3000-Euro-Uhr gestohlen hatte. Drei jungen Männer kamen in Plattling am Bahnhof einer Frau zu Hilfe. Während Sascha Streisinger um Hilfe rief und Sicherheitskräfte alarmierte, überwältigten die beiden Auszubildenden Florian Obermeier und Daniel Weizenwieser einen Mann, der die Frau gerade vergewaltigen wollte. »Eigentlich ist es doch ganz selbstverständlich, was wir gemacht haben«, meint Florian. Aber natürlich freuen sie sich über viel Lob aus dem Bekannten- und Freundeskreis, über Onlinekommentare und Zuschriften an die Heimatzeitung. Eine Leserin lud die jungen Männer ins Kino ein: »Sie haben sich das wirklich verdient«, findet sie, »das Opfer hätte genauso gut meine Tochter gewesen sein können, und was dann?«, spricht sie vielen Eltern aus dem Herzen. – Besonders dramatisch: Gerhard Schwarzer stellt sich einem Amoktäter in den Weg und wird dabei selbst schwer verletzt, rettet durch seine Tat aber einigen Menschen das Leben. Zwei zwanzigjährige Schüler verteidigen in Berlin-Hohenschönhausen zwei Farbige, die von Rechtsradikalen angegriffen wurden (Mendl 2005, 112).

Wieso greifen sie ein? »Ich hab da nicht weiter darüber nachgedacht. Ich hab halt gesehen, dass die beiden Schwarzen ziemlich in Bedrängnis waren, mit dem Kopf gegen das Stromhäuschen geschlagen und so. Hab gesehen, dass die geblutet haben. Das hat dann für mich den Ausschlag gegeben, da einzuschreiten: Die konnten sich einfach nicht wehren.« – Die Liste mit Menschen, die gegen rechtsradikale Parolen oder Aktionen eingeschritten sind, ließe sich problemlos erweitern!

Wie wird man zivilcouragiert? Wieso gibt es Menschen, die Größe zeigen, die ihre Angst überwinden, wenn andere längst aufgegeben hätten, die sich deutlich unterscheiden von der Gruppe der hässlichen sensationsgierigen Gaffer, die mit dem Handy draufhalten statt zu helfen? Zwischen diesen beiden Extremen – den zivilcouragierten Helfern und den lüsternen Gaffern befindet sich die Mehrzahl derer, die von Angst gelähmt sind, die lieber wegschauen, sich nicht einmischen und sich davonstehlen. Die Helden sagen zunächst meist: Sie haben spontan gehandelt. Aber wenn sie nachdenken: Die Eltern sind entscheidend. Außerdem verfügen sie über die Fähigkeit, hinzuschauen, sensibel wahrzunehmen, wo Menschen in Not geraten. Eine Wahrnehmungsschulung, eine Sensibilisierung für das, was das Leben verlangt, kann unterrichtlich erfolgen, indem die Schülerinnen und Schüler immer wieder in dilemmahaltige Situationen in den verschiedenen Feldern verwoben werden (siehe die methodischen Tipps unten) und hier den Möglichkeitssinn schärfen, den sie in konkreten Situationen in Handlungsoptionen umsetzen können, oder indem sie konkret Zivilcourage trainieren (vgl. Meyer u.a. 2004; Meyer/Frech 2012). Worauf es ankommt: Dass Menschen lernen, Handlungsspielräume zu sehen und zu wissen, für welchen Bereich man Verantwortung übernehmen kann. Dabei ist legitim, wenn Schülerinnen und Schüler zugeben, sie würden in ähnlichen Situationen nicht ihr Leben riskieren und bei Prozessen der Güterabwägung dem Eigenwohl den Vorrang geben. Eine didaktische Schulung der Aufmerksamkeit kann über Impulse gefördert werden, die zur Empathie und zum Perspektivenwechsel einladen, indem man sich beispielsweise in die Situation der von Dominik Brunner beschützten Kinder oder eines Diebstahlopfers versetzt oder selbst fiktive Texte für einen Local hero verfasst (siehe die didaktischen Impulse unten).

Die Motivationspsychologin Veronika Brandstätter meint, dass Zivilcourage erlernbar ist; denn sie ist auch eine Frage der Wertorientierung: Wie verbindlich sind humane und demokratische Grundwerte wie Toleranz, Hilfsbereitschaft, Solidarität mit Schwächeren? Wie sensibel bin ich, wenn normative Standards verletzt werden? Das kann geschult werden! (Der Spiegel 11/2013, 62).

Porträt: Dominik Brunner: »Das, was dem Leben Sinn verleiht, gibt auch dem Tod Sinn!«

Bild 42a: Dominik Brunner; Foto: Dominik-Brunner-Stiftung

Die Nachricht erschütterte ganz Deutschland: Am 12. September 2009 prügelten drei junge Männer im Alter von 17 und 18 Jahren den 50-jährigen Unternehmer Dominik Brunner zu Tode. Der Grund: Der Ergoldsbacher hatte sich in einer S-Bahn schützend vor vier Schüler gestellt, als diese von den jugendlichen Straftätern um 15 Euro erpresst wurden. Als Dominik Brunner aus dem Zug steigt, treten und schlagen zwei der Erpresser aus Rache und Wut über dessen Einschreiten auf den 50-Jährigen ein. So lange, bis der am Boden liegende Geschäftsmann schließlich an Herzversagen stirbt. Die verständigte Polizei, die nur wenige Minuten später am Münchener S-Bahnhof Solln eintrifft, kommt ebenso wie die Erste-Hilfe-Versuche mehrerer Passanten zu spät.

»Was geht das mich an?«, »Was kann ich schon tun?« »Gibt es da nicht andere, die für so etwas zuständig sind?« Fragen und Rechtfertigungen wie diese sind es, die viele Zeugen einer Straftat, die untätig geblieben, sind anstatt einzugreifen, als Entschuldigung vorschieben. Dominik Brunner hingegen war alles andere als ein »Weggucker«, sondern griff vielmehr selbstlos und mutig ein, als andere Menschen seine Hilfe benötigten.

Die Tatsache, dass der 50-Jährige seine Zivilcourage letztlich mit seinem Leben bezahlen musste, hat nicht nur sprachloses Entsetzen, sondern vor allem Wut und eine tiefe Trauer über den »sinnlosen Tod« des Unternehmers ausgelöst. So befürchtet eine Mitarbeiterin der niederbayerischen Gemeinde Ergoldsbach, dass Dominik Brunner »umsonst« gestorben sein könnte: »In vier Wochen ist der Fall wieder vergessen. Solche Taten sind durch nichts zu verhindern«. Doch ist der Tod Dominik Brunners tatsächlich völlig »sinnlos«? Oder kann er der Gesellschaft durch sein selbstloses, couragiertes Handeln nicht vielmehr als Vorbild dienen?

Bild 42b: Bronzestatue von Stefan Rottmeier in Ergoldsbach; Foto: Hans Mendl

Die Mitglieder der Dominik-Brunner-Stiftung würden letztgenannte Frage mit einem eindeutigen Ja beantworten. Sie glauben nicht, dass der Tod des Ergoldsbachers mit dem ausgeprägten Gerechtigkeitssinn »sinnlos« oder »umsonst« war. Vielmehr sei durch dessen tragischen Tod ein wichtiges Zeichen gegen die Gleichgültigkeit gegenüber dem Schicksal anderer gesetzt worden. Aus diesem Grund haben es sich die Stiftungsmitglieder zum Ziel gemacht, mit unterschiedlichen Aktionen und Projekten für mehr Hilfsbereitschaft und Zivilcourage in der Gesellschaft zu werben.

Am 12. September 2010 wurde in Gedenken an Dominik Brunner in Ergoldsbach eine über zwei Meter große Bronzestatue aufgestellt. Eine größere Gestalt steht vor einer kleineren. Der Bildhauer Stefan Rottmeier will damit verschiedene Perspektiven ausdrücken: Einschreiten, Beschwichtigen, Schützen. Die Gesichter sind nur angedeutet, »um zu zeigen, dass es nicht speziell einen Dominik Brunner braucht, sondern dass eigentlich jeder von uns in einer solchen Situation eingreifen sollte«, so der Bildhauer.

Ein weiteres Anliegen der Dominik-Brunner-Stiftung ist, Aufklärungsarbeit darüber zu leisten, wie man sich bei beobachteten Gewalttaten im Alltag richtig verhält. So bedeutet Zivilcourage nicht etwa, den Helden zu spielen und sich dabei selbst in Gefahr zu bringen. Im Gegenteil ist es wichtig, schnell und vor allem besonnen Hilfe zu leisten. Häufig trägt bereits ein lautes Wort oder eine kleine Geste dazu bei, den Gewalttäter einzuschüchtern und so von seinem Vorhaben abzubringen. Unerlässlich ist es zudem, sich Mitstreiter zu suchen, indem man andere Passanten gezielt anspricht (»Du mit dem roten Pulli …«) und gegebenenfalls einen Notruf bei der Polizei tätigt. Letztendlich sollte sich jeder darüber bewusst sein: Nichts zu tun ist immer die schlechteste Option!

Anregungen

- An der S-Bahn-Haltestelle soll eine Gedenkplakette für Dominik Brunner angebracht werden. Verfasst den Text für diese Gedenkplakette und gestaltet sie!
- Skizziert ein Mahnmal für Dominik Brunner und vergleicht eure Skizze mit dem Denkmal, das in Brunners Heimatgemeinde Ergoldsbach aufgestellt wurde. Tipp: In eine Suchmaschine »Ergoldsbach«, »Brunner« und »Denkmal« eingeben und auf Bildsuche gehen!
- »Gleichgültigkeit, Bequemlichkeit und ein allenfalls von Sensationsgier unterbrochenes Desinteresse am Schicksal des Nächsten sind in unserer Gesellschaft häufig anzutreffen.« Überlegt euch Argumente, die andere Menschen dazu überzeugen sollen, sich für in Not geratene Menschen einzusetzen.
- Wichtig ist: Man sollte sich nicht selbst unnötig in Gefahr begeben, wenn man andere Menschen vor gewaltbereiten oder aggressiven Zeitgenossen verteidigt. – Studiert die Verhaltenstipps der Dominik-Brunner-Stiftung zum Thema Zivilcourage! www.dominik-brunner-stiftung.de/Verhaltenstipps-zum-Thema-Zivilcourage (auch abgedruckt in: Mendl 2017,30f).
- Stellt die Situation am S-Bahnhof in Solln in Standbildern nach, fotografiert die Szenen, druckt sie aus und verseht die beteiligten Personen mit Sprech- und Denkblasen: Welche Gedanken und Gefühle hatten sie vermutlich?
- Sammelt Stimmen zum Thema Zivilcourage! Bezieht dabei folgende Aussagen ein (ausführlicher: Religion vernetzt 12, 34): »Zivilcourage – dazu werden die Deutschen immer unfähig bleiben. Wegschauen können sie gut, schon seit der Zeit der Weimarer Republik oder seit 1933!« – »Ich bin in einer Kampfsportschule aktiv. Ich könnte mich

schon verteidigen, aber die Folgen, die auf mich eventuell zukommen?« – »Womöglich kommen die Täter aus einer guten Gegend und können sich einen guten Anwalt leisten, der mich dann verklagt!«

- ▶ Informiert euch über das Projekt »Schule mit Zivilcourage« oder »Schule ohne Rassismus«!
- ▶ Diskutiert die folgenden Dilemmasituationen (evtl. nach folgender Methode: Jeder bekommt reihum eine Frage zugewiesen, überlegt, ob er mit »ja« oder »nein« antworten würde, die anderen überlegen auch, wie sie meinen, dass er sich entscheidet; gleichzeitig werden die Einschätzungen aufgedeckt. Es folgt eine Diskussion. – Ausführlicher: Mendl 2017, 26f). – Sucht weitere Dilemmasituationen, in denen Zivilcourage erforderlich sein könnte, aus eurem Alltag!
    - In der Straßenbahn pöbeln Mitfahrer zwei junge Ausländerinnen an. Mischst du dich ein?
    - In einer Unterführung prügeln sich mehrere Jungs. Greifst du ein?
    - Ein Lehrer benachteiligt offensichtlich eine Schülerin/einen Schüler. Anscheinend mag er sie/ihn nicht. Bei einer mündlichen Abfrage stellt er sie/ihn mit einem zynischen Spruch vor der Klasse bloß. Du findest, dass das nicht in Ordnung ist. Meldest du dich zu Wort und versuchst, deinem Mitschüler/deiner Mitschülerin beizustehen?
    - Du siehst, wie jemand von einem Stand auf dem Marktplatz davonrennt, die Marktverkäuferin schreit aufgeregt, es handelt sich augenfällig um einen Diebstahl. Verfolgst du den Dieb?
    - Ein Mitschüler äußert sich äußerst abfällig über Ausländer. Sprichst du ihn an?
    - In den sozialen Medien wird ein Mitschüler zunehmend deutlich gedisst. Meldest du dich zu Wort?
    - Auf dem Pausenhof drängen deine Freunde eine wenig beliebte Mitschülerin aus dem Kreis. Setzt du dich für sie ein?

LITERATURTIPPS

Meyer, Gerd/Dovermann, Ulrich/Frech, Siegfried/Gugel, Günther (Hg.), Zivilcourage lernen. Analysen, Modelle Arbeitshilfen, Tübingen 2004.

Meyer, Gerd/Frech, Siegfried (Hg.), Zivilcourage. Aufrechter Gang im Alltag, Schwalbach 2012.

C. Das Altruismusgen weitergeben – wie geht das?

1. Werte weitergeben – das geht nicht!

Peinliche Überbautypen?

Die Helden von nebenan, die in diesem Buch skizziert werden, beeindrucken. Das sollen sie auch. Sie haben sich für ein gesellschaftliches Segment entschieden, in dem sie sich engagieren. Ihr Handeln nötigt Respekt ab und ruft Bewunderung hervor.
Leider gerät man mit diesen durchwegs positiven Vorbildern aber in eine pädagogische Fallgrube, die sich auf dem Feld des orientierenden Lernens an fremden Personen immer wieder auftut. Denn die Local-heroes-Datenbank stellt aus der Distanz betrachtet eine moralinsaure Ansammlung guter Taten da: »Seht, wie gut der Mensch ist!«
Letztlich lag in dieser Optik eines Umgangs mit fremden Biografien der Keim für das Verschwinden der Vorbilder aus der Gesellschaft und der Pädagogik (siehe ausführlich dazu: Mendl 2015, 17–26). Der Schriftsteller Siegfried Lenz hat dieser Problemstellung in seiner Erzählung »Das Vorbild« ein eindrucksvolles Denkmal errichtet: Die drei Lehrkräfte Heller, Punt und Süßfeldt sollen ein Schulbuchkapitel zum Thema Vorbild ausarbeiten. Janpeter Heller stellt das traditionelle Konzept, große Personen zu präsentierten, in Frage und bezeichnet das ganze Unternehmen als »autoritätsfixiertes Verlangen, jungen Menschen einen pädagogischen Koloss vor die Nase zu setzen« (Lenz 1973, 156).

> »Wenn Sie mich fragen: Vorbilder sind doch nur eine Art pädagogischer Lebertran, den jeder mit Widerwillen schluckt, zumindest mit geschlossenen Augen. Sie erdrücken doch den jungen Menschen, machen ihn unsicher und reizbar, und fordern ihn auf ungeziemende Weise heraus. Vorbilder im herkömmlichen Sinn, das sind doch prunkvolle Nutzlosigkeiten, Fanfarenstöße einer verfehlten Erziehung, bei denen man sich die Ohren zuhält. … Peinliche Überbautypen, um es mal so auszudrücken … Im Namen von ahnungslosen Schülern möchte er protestieren gegen die Art, wie hier, typisch systemkonform, versucht werde, jungen Leuten einen Minderwertigkeitskomplex beizubringen, indem man sie zwingt, vor erdrückenden Denkmälern zu leben.« (Lenz 1973, 45. 103)

Ein sprachlich fulminanter Abgesang! Die Vorbilder seien, wie die weiteren Zitate aus dem Buch belegen, »peinliche Überbautypen«, eine »pädagogische Götterspeise«, »in unserem Gedächtnis festgefrorene Ungeheuer, die zur Heldenverehrung drängten«, sie bedeuteten eine »Einschüchterung durch Autoritäten« und führten bei den Schülern als »unbeschriebenen Blättern zum Gefühl der Erbärmlichkeit« – einige kräftige Beschreibungen aus Lenz' Vorbild! Die »pädagogische Vergewaltigung« einer »würgenden Verpflichtung zum Exemplarischen« löse bei ihm, Heller, nur einen Reflex aus: Ihm komme schlicht der Konfirmationskaffee hoch.

Wertübertragung – Verhaltenstheorie

Es lässt sich nachweisen, dass tatsächlich seit den 70er-Jahren des letzten Jahrhunderts die Vorbild-Thematik »out« war: Im Zuge der Emanzipationsbewegung der 68er-Generation und der Abrechnung mit den falschen Helden deren Elterngeneration war kein Platz für eine Orientierung an großen Helden, zumal dann, wenn sie zwecks einer Bewunderung auf einen Sockel gestellt werden. Man bezeichnet die Pädagogik, die sich im Bild des Vorbilds auf dem Sockel abzeichnet, als einen verhaltenstheoretischen Ansatz: Das Vorbild soll bewundert und nachgeahmt werden; dem entspricht das instrumentelle Lernen im Sinne einer Wertübertragung.

Wir wissen aber aus der Moral- und Lernpsychologie (vgl. Mendl 2015, 60–82), dass Werte nicht einfach weitergegeben werden können. Die entsprechenden Belege aus der psychologischen Forschung zeigen, dass die reine Präsentation moralischer Werte über Vortrag oder Predigt nutzlos sind. Die geringe Tragfähigkeit eines Wertvermittlungsansatzes wurde äußerst drastisch durch das »Gute-Samariter-Experiment« belegt, das John M. Darley und C. Daniel Batson 1973 an der Universität Princeton durchführten (vgl. Schnabel 2008, 116–119): Vierzig Theologiestudenten beschäftigten sich in unterschiedlicher Weise mit dem Gleichnis vom barmherzigen Samariter (Lk 10,25–37); in ein anderes Gebäude geschickt halfen nur 14 angehende Theologen einer auf dem Weg platzierten darniederliegenden und hustenden Versuchsperson; diejenigen, die unter Zeitdruck gesetzt wurden, halfen am wenigsten: »Tatsächlich kam es mehrfach vor, ... dass ein Seminarist auf dem Weg zu seinem

Vortrag über die Parabel vom guten Samariter buchstäblich das Opfer über den Haufen rannte«, zitiert Schnabel die Verfasser der Studie (Schnabel 2008, 118).

Es wäre deshalb zu einfach, mit Verweis auf eines der Beispiele aus der Datenbank oder aus diesem Buch Kinder und Jugendliche anzuregen: »Schau, das könntest du doch auch!« Zugegebenermaßen lädt die Aufbereitung der Local heroes, die meist nur in einer positiven Facette ihres Lebens, ihrem Engagement, betrachtet werden, zu einer solchen Transferversuchung ein. Das ist durchaus ein strukturelles Problem unserer Datenbank. Auch in anderen Lebensbereichen erscheint dieser Hinweis auf leuchtende und nachahmenswerte Vorbilder als nicht unproblematisch: Man denke an die entsprechenden elterlichen Sprüche, mit denen Klassenkameraden als anzustrebenden Messlatten benannt werden. Aus der Liturgie ist uns diese Dynamik ebenfalls bekannt: »Das Beispiel des Heiligen Ixypsilon sporne dich an ...« lautet die Formulierung bei vielen Tagesgebeten. Aus diesem Grund halte ich inzwischen die gebrochenen Biografien (vgl. Mendl 2014; 2015, 234–244), zu der die meisten biblischen zwiespältigen Helden gehören, für unverdächtiger, weil man hier automatisch differenzierter verfährt. Von manchen Unterrichtsversuchen her habe ich den Eindruck, dass die Gefahr eines Übertragungslernens gerade bei den Helden nebenan in der Schulpraxis groß ist.

Papst Franziskus bringt die Skepsis einem Nachahmungslernen gegenüber so auf den Punkt: »Es gibt Zeugnisse, die als Anregung und Motivation hilfreich sind, aber nicht als zu kopierendes Modell« (Gaudete et exsultate 11).

Ein Zwischenruf: Kinder brauchen Helden!

Es soll aber nicht bestritten werden, dass die verhaltenstheoretische Dynamik eines Nachahmungslernens äußerst alltagsrelevant ist, weil wir viele einfache Tätigkeiten (vom Schuhebinden über die Bedienung von Messer und Gabel bis hin zum Erlernen eines Musikinstruments) nach dem Muster der Instruktion und der Nachahmung lernen.

Und die Spiegelung an anderen Menschen (siehe oben, Kap. A 1) ist, wie wir durch die Theorie der Spiegelneuronen wissen, äußerst bedeutsam für die Ausbildung von Empathie.

Kinder und Jugendliche benötigen zudem im Zuge der Entwicklung ihres moralischen Universums positive Vorbilder – von den starken medialen Helden über die Eltern bis hin zu den Helden nebenan; das ist vor allem bei dem oft mühseligen Prozess des Trainings für eine Sportart oder dem Üben eines Musikinstruments bedeutsam – man möchte auch mal wie Messi in der Champions-League spielen oder wie Ariana Grande auf der Bühne stehen. Dazu gehören dann die entsprechenden Tagträume, um »nur noch kurz die Welt retten« (Tim Bendzko) zu können. Es verwundert nicht: Grundschulkinder schätzen Vorbilder mit positiven Eigenschaften und wählen vor allem solche aus, die auf den Feldern der eigenen Interessen und Hobbies aktiv sind (vgl. von Eiff 2018, 394–409).

Diskurs- und Handlungsethik: reflexive Distanz – kritische Auseinandersetzung

Das Hauptproblem beim Nachahmungslernen besteht aber darin, dass bei der reinen Wertübertragung jede reflexive Distanz fehlt. Deshalb sind die didaktischen Tipps in diesem Buch orientiert an differenzierteren Modellen eines Umgangs mit fremden Biografien, wie sie in Ansät-

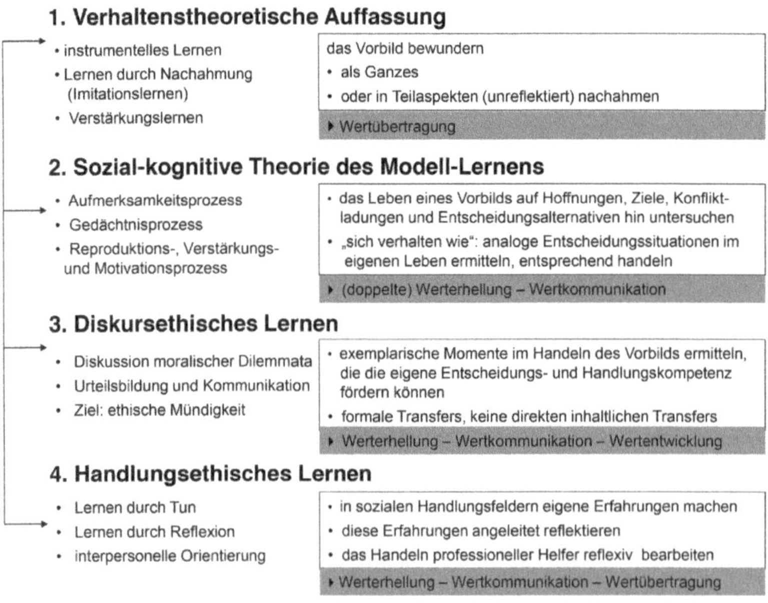

Bild 43: Hans Mendl, Lernpsychologie

zen beim Modelllernen und viel stärker noch bei einem diskursethischen Ansatz zum Tragen kommen: Hier wird auf vielfältige Weise mit Wertorientierungen diskursiv verfahren, Verhaltensweisen werden hinterfragt und verglichen, man spricht und streitet über verschiedene Optionen. Bei einem diskursethischen Ansatz verzichtet man radikal auf die Versuchung, unmittelbare Handlungsanweisungen aus der Beschäftigung mit einer fremden Biografie abzuleiten. Freilich: Ein solcher Verzicht auf unmittelbare Anwendungsfelder im eigenen Leben fällt Lehrerinnen und Lehrern häufig schwer! In einer gewissen Weise schließt sich aber der lernpsychologische Kreis, wenn man die Perspektiven einer Handlungsethik einbezieht: Gerade bei Exkursionen oder Praktika, bei denen man den Helden von nebenan real begegnet, eröffnet sich das Feld für intensive interpersonelle Lernprozesse!

Lernpsychologische Modelle

Bewundern und Nachahmen

Vorbilder waren lange Zeit deshalb »out«, weil man eine Orientierung an ihnen mit den Vorstellungen des Nachahmens und Bewunderns verband. Solche einfachen verhaltenstheoretischen Ansätze sind auf dem Feld des interpersonellen Lernens pädagogisch problematisch. Man kann und soll nicht einfach fremde Personen nachahmen!

Modell-Lernen

Modelltheoretische Ansätze legen es nahe, die Auseinandersetzung mit fremden Biographien als reflektierten mehrstufigen Prozess der Werterhellung zu gestalten: Die Beschäftigung mit Wert- und Lebensentscheidungen der betrachteten Person führt zur Frage, wie man sich selbst in den geschilderten Situationen verhalten würde bzw. ob es vergleichbare Situationen im eigenen Leben gibt. Im engeren Sinn *erfolgreich* sind solche Lernprozesse dann, wenn begründet nachgewiesen werden kann, dass Menschen auf ähnliche Weise wie eine vorbildhafte Person, mit der man sich zuvor beschäftigt hat, im eigenen Leben gute Taten vollbracht haben.

Wertediskurs

Von einem diskursethischen Ansatz aus verzichtet man bei der Auseinandersetzung mit anderen Menschen auf unmittelbare Übertragungsmuster ins eigene Leben hinein. Dahinter verbirgt sich die moralpsychologisch begründete Hoffnung, dass Kinder und Jugendliche durch eine regelmäßige Diskussion von moralischen Dilemmata in ihrer moralischen Urteilskompetenz und in ihrem Wertbewusstsein gefördert werden – und das geht nur, wenn ihnen nicht von vorneherein bestimmte Verhaltensweisen als die einzig richtigen und ethisch legitimen aufgezwungen werden. Sie lernen in der Auseinandersetzung mit biografischen Entwürfen und besonders den Entscheidungssituationen anderer Menschen die Komplexität des Lebens kennen und erhalten ein Gespür für Normen und Werte, die Konsequenzen von Verhaltensweisen und die Notwendigkeit, über moralische Fragen in der Gruppe unterschiedlich Denkender zu streiten. Die didaktische Dynamik führt die Schüler bei diesem anspruchsvollen Weg des Lernens in die biografischen Skizzen und Entscheidungssituationen der fremden Person hinein; sie sollen sich »einfühlen«, »eindenken«, »einklinken«. Das ermöglicht die nötige Distanz – man kann mit Entscheidungsmustern spielen und muss sich nicht sofort mit dem eigenen Wertecredo outen. So paradox es klingt: Gerade der Verzicht auf unmittelbare Transfers (»Was lerne ich daraus fürs eigene Leben? Wo kann ich mich ähnlich verhalten wie …?«) bahnt den Weg zu einem nachhaltigen ethischen Lernen.

Handlungsethik

Moralische Entscheidungen zu einem fiktiven Dilemma im Klassenzimmer oder Gruppenraum geben noch keinen Aufschluss über reales moralisches Handeln. Aus diesem Grund sind Projekte so bedeutsam, in denen planvolles ethisches Handeln tatsächlich eingeübt wird, Sozialprojekte und Sozialaktionen. Hier schließt sich dann der lernpsychologische Kreis, wenn man ein Element hinzufügt, das bei diesen Aktionen bisher noch unterbelichtet ist: Die professionellen Helfer, z. B. die Local heroes vor Ort, werden zu vorbildhaften Personen und Spiegelungen für das eigene Verhalten; bei der reflexiven Auseinandersetzung mit den Motiven für ihr berufliches oder ehrenamtliches Handeln, aber auch im unmittelbaren gemeinsamen Tun (Umgang mit Menschen mit Behinderungen, Pflege eines Kranken, Betreuung von Kindern) ergeben sich Felder der reflektierten Nachahmung und Bewunderung.

Helden mit »human touch«

Die Fokussierung auf die gute Tat der Helden von nebenan ist verständlich. Sie sollte aber dadurch ergänzt werden, dass sie nicht überhöht und glorifiziert, sondern in ihrer Lebensnormalität dargestellt werden. Wenn sich meine Studierenden auf eine Spurensuche nach Local heroes begeben, erhalten sie von mir den Rat, dass bei der Darstellung der Personen ein guter Schuss »Human touch« dabei sein kann: Was die Helden von nebenan sonst noch tun, welche Hobbies und Eigenheiten sie haben, wie sie leben und was ihnen wichtig ist. Dazu zählen die skizzierten multiperspektivischen Motivbündel, die auch Aussagen wie »Das macht Spaß!« oder »Ich bin gern mit ähnlichen Verrückten unterwegs!« enthalten.

Der Weg: eine Wahrnehmungsschulung

Wie bereits mehrfach erwähnt: Eine Sensibilisierung für das, was das Leben verlangt, erfolgt zunächst über die Eltern. In pädagogischen Zusammenhängen wird eine solche Wahrnehmungsschulung insofern inszeniert, als die Kinder und Jugendlichen immer wieder dazu angeregt werden, sich mit Helden aus verschiedenen Personengruppen zu beschäftigen und sich in die Entscheidungssituationen ihres Lebens einzuklinken. So können sie den Möglichkeitssinn schärfen: Es eröffnen sich Handlungsoptionen, die sie vielleicht aktuell ablehnen (»Ich würd‘ nicht für ein Jahr nach Brasilien gehen«). Aber vielleicht können sie das eine oder andere im »echten« Leben aktivieren, wenn es vonnöten ist. Darüber hinaus und durchaus abgekoppelt von den konkreten Beispielen sollen sie lernen, eigene Handlungsspielräume zu sehen und Bereiche zu entdecken, für die sie verantwortlich sind.

Denn die »Frage der Fragen« nach Martin Buber, lautet so:

> *Die Frage der Fragen. Vor dem Ende sprach Rabbi Sussja: »In der kommenden Welt wird man mich nicht fragen: ›Warum bist du nicht Mose gewesen?‹ Man wird mich fragen: ›Warum bist du nicht Sussja gewesen?‹«* (Rabbi Sussja, in: Martin Buber, Die Erzählungen der Chassidim, Zürich 1949, 394).

2. Der Vorteil der Local heroes

»Du wirst niemals einen Heiligen aus mir machen!«
(The Rolling Stones, »You'll never make a saint of me«)

Wie bereits mehrfach erwähnt: Das katholische Nachfolgekonzept ist nicht unproblematisch: »Mir nach, spricht Christus, unser Held, mir nach ihr Christen alle! Verleugnet euch, verlasst die Welt, folgt meinem Ruf und Schalle! Nehmt euer Kreuz und Ungemach auf euch, folgt meinem Wandel nach«, lautet die erste Strophe des bekannten Kirchenlieds von Angelus Silesius (Gotteslob Nr. 461). Ein starker Tobak für Menschen »wie du und ich«! Von mehreren Perspektiven aus keimt demgegenüber Unbehagen auf: In *theologischer* Hinsicht erweist sich das Nachfolgkonzept der Katholischen Kirche, vor allem wie es bei der Heiligsprechung aufscheint, als ein Ärgernis: Sowohl die theologische Beschreibung des Heiligen, wie sie im Katechismus der Katholischen Kirche formuliert ist (»Es gibt keine Heiligkeit ohne Entsagung und Kampf. Der geistliche Fortschritt verlangt Askese und Abtötung«, Nr. 2015) als auch die Praxis der Heiligsprechung, bei der bis heute fast ausschließlich zölibatär lebende (viele) Männer und (wenige) Frauen heiliggesprochen werden, stellen eine Engführung dar. Wenn Heilige Realsymbole sind, an denen man »am besten ablesen kann, was Kirche ist« (so der Katholische Erwachsenenkatechismus 1985, 285), dann stellt sich die Frage, durch welche Nachfolge-Vorbilder sich nicht-klerikale Christen auf ihrem Weg zur Heiligkeit repräsentiert fühlen (siehe dazu ausführlicher: Mendl 2015, 50–59): Wo sind die attraktiven Vorbilder für Eheleute oder Jugendliche inmitten der Welt?

In *pädagogischer und lernpsychologischer* Hinsicht demotiviert ein Modell, das nach dem Gipfelstürmerprinzip aufgebaut ist: Wer Hochsprungweltmeister werden will, wird bei seinem ersten Training nicht die Latte auf 2,45 Meter legen. Das haben auch die nach wie vor aufrecht (naja, aufrecht?) auf der Bühne herumtollenden Säulenheiligen meiner Generation, die Rolling Stones, erkannt, die sich auf ihrer CD »Bridges to Babylon« aus dem Jahre 1997 im Song »Saint of me« tatsächlich den Heiligen (Paulus, Augustinus und Johannes der Täufer) zuwenden: »Könntest du die Schmerzen aushalten, würdest du auf Jesus vertrauen, wenn du in den Flammen brennst – nein, mach bitte keinen Heiligen aus mir!« oder

»Du wirst niemals einen Heiligen aus mir machen!«, so lautet sinngemäß der Refrain. Die Heiligen sind in diesem Sinne Hochleistungssportler, die in der Summe ihres Lebens mit ihren herausragenden Leistungen, ihrem radikalen Einsatz für das Reich Gottes und häufig auch in ihrem Martyrium vorgestellt werden.

Ein weiterer Nachteil der Heiligen besteht darin, dass sie *kultursoziologisch* aus dem Kontext ihrer Zeit heraus verstanden werden müssen; Kultur und Lebensweise einer Epoche aber halbwegs verständlich zu machen, ist aufwändig – da fehlt in der Schule häufig die Zeit! Das ist übrigens auch der Fall, wenn man sich mit den großen Persönlichkeiten des 20. Jahrhunderts beschäftigt: Um sich einem Martin Luther King anzunähern, braucht es Einblicke in die Zeitgeschichte nach dem II. Weltkrieg und in die amerikanische Gesellschaft, und um einen Albert Schweitzer zu verstehen, muss man ihn in den Kontext von Kolonialzeit, den Katastrophen des 20. Jahrhunderts und der Anti-Atombewegung stellen. Davon auszugehen, dass solche Personen per se bekannt wären, ist fahrlässig: Die typische empirische Überprüfung des Religionspädagogen in der N=3-Gruppe der eigenen Kinder (in der Mitte und am Ende des Studiums) über eine schnelle Mailanfrage ergab: Albert Schweitzer ist ihnen unbekannt (»Wer ist das?«; »Der Name kommt mir bekannt vor, ich weiß aber nicht mehr, woher!«; »Hi Papa, war das nicht ein Arzt? Ansonsten muss ich da an Erlebnistouren denken, oder bring ich da was durcheinander?«). Und selbst meine Lehrstuhlmitarbeiter mussten passen (vgl. Mendl 2018).

Die Dynamik des aufwändigen (und teuren!) Heiligsprechungsprozesses bringt es mit sich, dass die Heiligen von ihrem Lebensganzen her betrachtet werden – und das muss unterm Strich positiv ausfallen, sonst wären sie ja nicht heiliggesprochen worden. Das führt dann dazu, dass die großen Heiligen in der *legendarischen Darstellung* häufig überhöht aufscheinen: So findet sich im »Tridentinischen Brevier« am Festtag des heiligen Nikolaus (6. Dezember) folgende beeindruckende Passage: »Dass der Bischof von Myra schon im Kleinkindesalter das Fasten übte, indem er sich jeweils am Mittwoch und am Freitag weigerte, mehr als einmal die Mutterbrust zu nehmen« (Imbach 1999, 44). Und Sulpicius Severus skizziert in seiner »Vita Martini« den hl. Martin von Tours so, dass wir ihn heute nur noch als himmlischen Langweiler empfinden können: »Niemand sah ihn je erzürnt, niemand je aufgeregt, niemand je bekümmert, niemand je lachend: Sein Gemütszustand war stets ein und derselbe. Mit einem Ausdruck himmlischer Freude auf seinem Antlitz schien er jenseits der Menschennatur zu stehen« und so weiter. So verwundert es nicht, dass immer wieder der Versuch unternommen wurde – von der Kirche, von Rom, von den Orden – das Bild eines Heiligen öffentlich zurechtzurücken und alles zu versuchen, ihn in einem frommen Licht aufscheinen zu lassen. Das lässt sich treffend an der Rezeptionsgeschichte des Heiligen Franz von Assisi belegen, wo bereits vor seinem Tod eine interessegeleitete kirchliche Deutung seines Handelns und eine Domestizierung bzw. ein Verschweigen seines Armutsideals erfolgte und zu den entsprechenden Legendensammlungen des Celano und Bonaventura führte. Die meisten Heiligen waren aber weit spannender und ambivalenter, als die Tradition uns glauben machen will! Werden sie vom Sockel geholt und in ihrer Menschlichkeit präsentiert, dann werden sie plötzlich interessant!

Heilige als Gegenentwürfe – unverzichtbar?

Um richtig verstanden zur werden: Es braucht entwicklungspsychologisch beides, sowohl die großen Ideale als auch die Vorbilder für den nächsten Entwicklungsschritt: »Unser Alltag bedarf großer Bilder, in denen die alles Irdische übersteigende Gnadenmacht Gottes offenbar wird«, schreibt Romano Guardini (Guardini 1977, 677). Die großen Heiligen und Märtyrer dienen als Gegenentwürfe zu einer Ich-Gesellschaft sowie der Transzendierung des Alltags und sie kultivieren eine heilige Scheu (*tremendum* als Rückseite der Medaille von Religion, auf der Vorderseite steht *fascinosum*) (siehe ausführlicher zu den Lernchancen der Heiligen: Mendl 2015, 127–152).

Während man sich aber angesichts der Größe der Nachfolgegestalten davonstehlen kann, weil die Trauben zu hoch hängen, geht dies beim »Heiligen der Unscheinbarkeit«, wie ihn Romano Guardini bezeichnet, nicht so leicht!

»Alles muss horizontaler werden« – Heilige des Alltags

Der Lehrer Janpeter Heller deutet in Siegfried Lenz »Das Vorbild« eine Spur an, die es weiterzuverfolgen gilt: »Wenn er »Vorbild« höre, sei er schon versucht, den Blick zu heben, eine Art Habt-Acht-Stellung einzunehmen. »Horizontaler, alles muss horizontaler werden, das heißt: irdischer« (Lenz 1973, 49). Dem entspricht die Suche nach Helden des Alltags. Theologisch weitet sich der Blick auf ein Verständnis von Kirche als Volk Gottes unterwegs: Alle Christen haben als Glieder der Kirche Anteil am allgemeinen Priestertum und sind zur Heiligkeit und zum Laienapostolat berufen: Jeder Mensch soll auf je eigene Weise heilig werden; da spielt es keine Rolle, ob jemand ein Amtsträger oder Laie ist, verheiratet oder unverheiratet. Im Katholischen Erwachsenenkatechismus (1993, 284) klingt das so: »Solche Heiligkeit ist kein Werk und keine Leistung, sondern Frucht des Heiligen Geistes und seiner Gaben. Sie besteht nicht primär in außerordentlichen oder gar auffälligen Taten, sondern in außerordentlicher Treue, Liebe und Geduld im ordentlichen und alltäglichen Leben, in der Verherrlichung Gottes und im Dienst am Menschen, besonders im Ertragen von Leiden, Verfolgungen und Widerwärtigkeiten aller Art.«

Diese ekklesiologische Zielrichtung des Local-heroes-Projekts erkannte Kardinal Franz König aus Wien (1905–2004), eine der großen Persönlichkeiten des II. Vatikanischen Konzils: Als das Passauer Projekt bekannt wurde, eine Datenbank mit Local heroes oder Heiligen des Alltags anzulegen, schrieb er mir Folgendes: »Dieses Projekt ist etwas, was ich schon lange gesucht habe. Ich glaube, damit erweisen Sie gerade der Kirche unserer Zeit und vor allem im Zusammenhang mit dem Apostolat der Laien in der Kirche einen ganz hervorragenden Dienst« (Brief vom 29.3.2000).

Du musst nicht heilig sein, um heilig zu werden!

Wenn also eigentlich nur Gott allein heilig ist und wir die Chance und Aufforderung erhalten, an dieser Heiligkeit teilzuhaben (»Erweist euch als heilig und seid heilig, weil ich heilig bin«, Lev 11,44; »Seid heilig, weil ich heilig bin!«, 1 Petr 1,16), ist Heiligkeit keine Voraussetzung, sondern ein prozesshaft zu beschreitender Weg. Dieses dynamische Modell verbindet die großen, zur Ehre der Altäre erhobenen, Heiligen mit unseren Verstorbenen und uns selbst; das meint das Diktum von der Gemeinschaft aller Heiligen, zu der wir als Mitglieder des Volkes Gottes unterwegs, wie es das Kirchenverständnis des II. Vatikanischen Konzils nahelegt, gehören. Die Mitgliedschaft in der »Gemeinschaft der Heiligen« bedeutet einen Zuspruch, den jeder individuell einlösen muss.

Wie bereits mehrmals erwähnt, ist Romano Guardini mein theologischer Kronzeuge für diesen Anweg, wenn er vom »Heiligen der Unscheinbarkeit« spricht: Entscheidend sei nicht, dass ein Mensch etwas Außergewöhnliches plane; er müsse nur das tun »was von Mal zu Mal die Stunde von ihm verlange« (Guardini 1977, 677). Oder wie es Papst Franziskus ausdrückt: »Wir sind alle berufen, heilig zu sein, indem wir in der Liebe leben und im alltäglichen Tun unser persönliches Zeugnis ablegen, jeder an seinem Platz, an dem er sich befindet.« (Gaudete et exsultate 14). Es ist doch schön und motivierend, zu wissen, dass man nicht perfekt sein muss, um gut zu sein!

Der Fokus richtet sich also auf Alltagsmenschen, die den rechten Zeitpunkt fürs richtige Handeln erkennen sollen.

Vorteile der »Helden von nebenan«

In pädagogischer Hinsicht eignen sich diese Helden des Alltags, Local heroes oder Heilige der Unscheinbarkeit in besonderem Maße für ein orientierendes Lernen von Kindern und Jugendlichen:

- Sie sind Menschen »wie du und ich« und leben in der unmittelbaren Umgebung – sie sind tatsächlich die Helden von nebenan!
- Sie belegen, dass auch in unserer Gesellschaft zwischen »punktuell« und »radikal« verschiedene Formen altruistischen Verhaltens möglich sind. Man muss nicht aus der Gesellschaft aussteigen, um Gutes zu tun; man kann, wie die Helden des Alltags, Ausflüge in gute Welten wagen und gleichzeitig in einer Wohlstandsgesellschaft leben. Man behält seine Komfortzone bei, verlässt sie immer wieder, kann aber auch wieder zurückkehren.
- Sie bilden in ihrer Alltäglichkeit eine Brücke zwischen den dominierenden Lebensvorstellungen von Menschen heute und dem Mehr-Wert christlich-sozialen Verhaltens. Das Ziel besteht hier in einer Unterbrechung einer jugendlichen Gleichgültigkeit, indem inmitten des Alltags Beispiele von Menschen eingespielt werden, die sich nicht mit dem Bestehenden zufrieden geben, sondern die achtsam und empathisch durch die Welt gehen.

- Theologisch lässt sich eine Orientierung an »kleinen Heiligen« mit dem »Modell der Gradualität« (Enzyklika Familiaris consortio) begründen: Die Einführung in christliches Leben geschieht nicht im Hauruckverfahren und nach der Gipfelstürmermentalität, sondern in kleinen Schritten. Dies motiviert zum (begrenzten) eigenen Handeln.
- Moralpsychologisch entspricht dies der sogenannten +1-Stimulation; das bedeutet: Man ist solchen Argumenten gegenüber aufgeschlossen, die nur etwas differenzierter angelegt sind als die eigene Argumentationsstruktur.
- Und ein letzter zentraler Punkt: Gerade Menschen aus dem Nahbereich und der Jetzt-Zeit ermöglichen eine unmittelbare personale Begegnung. Man kann mit ihnen reden, sie zu ihren Motiven befragen. Ethische Prinzipien bekommen auf diese Weise ein konkretes Gesicht.

Im Sinn der Local heroes würde meine Version der eingangs zitierten Liedstrophe von Angelus Silesius so lauten: »Mir nach, spricht Christus, unser Held, mir nach ihr Christen alle! Nehmt wahr, greift zu und formt die Welt, folgt meinem Ruf und Schalle! Seid stets beherzt und voller Mut, wie ich dem Nächsten Gutes tut!«

Aller-Heiligen: Vorbilder in Hülle und Fülle

Plant man ein orientierendes Lernen an fremden Biografien von den lernenden Kinder und Jugendlichen her und berücksichtigt dabei die skizzierten lernpsychologischen Hinweise (Kap. C 1), dass es nicht um eine Nachahmung, sondern um ein Sich-Abarbeiten an anderen Personen geht, dann wird eine wertende Unterscheidung zwischen verschiedenen Personengruppen weitgehend überflüssig; insofern komme ich zu einer versöhnlichen Schlussfolgerung: Viele Personengruppen eignen sich als Spiegelungsfolien!

Von einem solchen didaktischen Standpunkt aus ist beispielsweise die Ausdifferenzierung zwischen Vorbild und Idol, Heiligen und Helden des Alltags zweitrangig. Es steckt schon ein Körnchen Wahrheit im problematisch klingenden Satz: »Selbst vom Dümmsten kann man etwas lernen!« Positiv gewendet: Jeder Mensch als Ebenbild Gottes ist ein würdi-

Bild 44: Hans Mendl, Personentableau

ger Gegenstand, um sich an ihm und seinem Lebensentwurf zu spiegeln und von ihm zu lernen.

Deshalb stehen neben den Helden von nebenan und den großen Heiligen und Helden der Geschichte auch die medialen Stars und Idole, die biblischen Personen und besonders die Menschen aus dem Nahbereich (Eltern, Großeltern, Freunde, Trainer, Lehrer) als Beispiele für ein orientierendes Lernen zur Verfügung. Und wenn Vorbilder nicht perfekt sein müssen, dann kommen in besonderem Maße die gebrochenen Biografien als Beispiele in Betracht, da von ihnen ausgehend am besten über die Vorstellungen eines guten und gelingenden Lebens reflektiert werden kann.

3. Bestpractice-Projekte an Schulen – Projektideen

Spicken erlaubt

»Spicken erlaubt!« Die folgende Darstellung von Bestpractice-Beispielen im Umfeld des Local-heroes-Projekts soll Lust machen, selbst ein solches Projekt zu entwickeln. Denn die Grundidee des Datenbank besteht ja darin, Anregungen für eine eigene Spurensuche nach Helden des Alltags vor Ort zu geben; die Beispiele stellen »Trigger« dar, die die Erkenntnis »Da gibt es doch auch bei uns Menschen, die etwas ähnliches tun!« und »Ich könnt mal was mit meinen Schülerinnen und Schüler ausprobieren« auslösen sollen! – Die meisten der folgenden Projekte findet man auf der Local-heroes-Homepage unter »Schulprojekte«!

Unsere tollen Typen – wir als kleine Helden

Ein preisgekröntes Projekt soll ausführlicher geschildert werden: Es handelt sich um ein Kooperationsprojekt zwischen Studierenden der Universität Erlangen-Nürnberg und der Grundschule in Wendelstein (Local-heroes-Homepage, Rubrik Schulprojekte 12/2010), das einen Hauptpreis beim Wettbewerb »Tolle Typen« im Jahr 2010 gewonnen hat. Die Leitfrage des Projekts lautete so: Können Helden des Alltags Schülerinnen und Schüler dazu motivieren, über ethische Fragestellungen nachzudenken und selbst ethisch zu handeln? Nach einer Sensibilisierung für die Thematik durch eine Unterrichtsstunde über Don Bosco begaben sich die Schülerinnen und Schüler der dritten Klasse auf eine eigene Spurensuche nach ihren Helden des Alltags. Sie benannten eine Vorleseoma (»Sie will uns die Freude am Lesen weitergeben«), einen Leichtathletik-Trainer (»Er bietet kostenlos Sport für Kinder an. Das macht uns und ihm Spaß«), die Mitarbeiterin eines Tafelprojekts, den Feuerwehrkommandanten, einen Heimatpfleger und einen pensionierten Schulleiter, der einen Schüleraustausch mit Polen organisiert hatte, als beeindruckende Persönlichkeiten. Diese »Helden des Alltags« besuchten und interviewten die Kinder in den darauffolgenden Wochen. Die gesammelten Informationen bereiteten sie auf Plakaten auf und stellten diese in der

Bild 45: Collage der Wendelsteiner Schüler zu ihrem Projekt

Klasse gegenseitig vor. Einige Helden wurden ins Klassenzimmer eingeladen, dort vorgestellt und weiter befragt.
Von besonderer didaktischer Bedeutung war dann die Austauschrunde mit Studierenden: Die Schülerinnen und Schüler berichteten voll Stolz über »ihre« Helden des Alltags. Der wechselseitige Austausch mündete in die Frage, wo sie selbst – Studierende und Schülerinnen und Schüler – kleine Helden sein könnten.
In der Folge beteiligten sich die Kinder an einer Umweltsäuberungsaktion im Wald, besuchten ein Altenheim, lasen Kindern im Kindergarten vor und frühstückten mit Erstklässlern. Ihre Eltern unterstützten sie engagiert bei diesen Aktionen. Schließlich stellten die Kinder Holunderlimonade her, gestalteten im Deutschunterricht Plakate, verkauften den Saft auf dem Pausenhof und spendeten den Erlös von € 200 der Tafel in Wendelstein. Die Lehrerin ist überzeugt, dass die Kinder den Sinn und Zweck des Projekts verstanden haben: »Sie haben gelernt, dass auch ihr Handeln wichtig ist und dass auch sie kleine Helden sein können.« Das Projekt habe Mut gemacht, eigene Schritte zu wagen. Begeistert seien die Reaktionen der Eltern auf das Kooperationsprojekt ausgefallen. »Es ist gigantisch, was unsere Kinder an Selbstbewusstsein für das Leben gewonnen haben«, fasst die Pädagogin die Aussagen der Mütter und Väter zusammen. Das Projekt erhielt im Rahmen unserer 10-Jahresfeier den ersten Preis im Rahmen eines Wettbewerbs, den wir eigens ausgeschrieben hatten. Wir haben die jungen Heldinnen und Helden zu einer großen Portion Eis eingeladen.

Bei solchen regionalen Projekten wird die Grundidee des Local-heroes-Projekts unmittelbar umgesetzt: Die Spurensuche vor Ort dient dazu, den eigenen Blick für die Helden des Alltags zu schärfen und soziale Sensibilität im Nahbereich zu schulen.

Im Gespräch mit Local heroes

Ebenfalls in Wendelstein führte Johanna Buckel ein Projekt »Ethisch lernen durch Local heroes« in einer vierten Klasse durch; eingeladen wurden verschiedene Local heroes, die über ihr Handeln mit der Klasse in ein Gespräch kamen. Auch in der Grundschule St. Martin in Deggendorf begaben sich die Schülerinnen und Schüler unter der Leitung von Beate Sagmeister unter dem Motto »14-Tolle-Typen-Stationen« auf eine regionale Spurensuche und präsentierten die gefundene Vorbilder auf äußerst kreative Weise.

Zwiesels Starke Frauen – Weiber G'schicht'n

Die Schriftstellerwerkstatt (Wahlfach, Klassen 6–12) des Gymnasiums Zwiesels gestaltete zusammen mit ihrer Betreuungslehrerin Martina Kuchler einen professionell aufbereiteten Kalender mit Gedichten und Lebensläufen zu »Zwiesels Starke Frauen – Weiber G'schicht'n« aus der Geschichte der Stadt Zwiesel. Eindrucksvoll werden Frauen aus dem letzten Jahrhundert skizziert, die es nicht einfach im Leben hatten, aber auf je eigene Weise ihre Frau gestanden haben. Zu jeder Person haben die Schülerinnen und Schüler Texte und Gedichte verfasst.

Bild 46: Kalender »Zwiesels Starke Frauen – Weiber G'schicht'n

Schülerzeitung: VOR-Bild

Schülerinnen und Schüler der Klassen 7ab des Gymnasiums Bad Königshofen gestalteten unter Anleitung ihrer Lehrerin Elisabeth Willis eine sehr ansprechende Schülerzeitung mit dem Titel »VOR-Bild« – mit einer Mischung von lokalen und globalen Helden.

Bild 47: Schülerzeitung »VorBILD«

Kalenderprojekte

Schülerinnen und Schüler der Klassen 7ef des Luitpold-Gymnasiums in Wasserburg gestalteten angeleitet durch Hannah Binter einen ansprechenden und originell aufbereiteten Jahres-Kalender mit dem Titel »Kalender & Vorbild« – hier dominierten mediale Helden. – Gerade Kalenderprojekte sind ein ergiebiges Unterfangen, da man je nach den Möglichkeiten unterschiedliche Größenordnungen wählen kann: 12 Kalenderblätter für jeden Monat, 52 für jede Woche oder 365 für jeden Tag. Dabei kann die Personalauswahl variiert werden: Neben einer ausschließlichen Fokussierung auf die Local heroes kann man verschiedene Personengruppen – Local heroes, Prominente, Helden der Geschichte, Heilige … miteinander kombinieren.

Bild 48: Kalenderprojekt

Wer ist der tollste Typ?

Die Klassen 9ac des Ruperti-Gymnasiums in Mühldorf am Inn erstellten zusammen mit ihrer Religionslehrerin Martina Auer eine Powerpoint-Präsentation zum Thema »Die Klasse 9 a/c sucht den tollsten Typen« – Barack Obama, Dominik Brunner, Lady Gaga (»Es ist gut, anders zu sein!«), Greenpeace, aber auch die Müllmänner vor Ort und die netten Damen von der Schulkantine werden interviewt und beschrieben. Der Tathergang, der zum Tod von Dominik Brunner führt, wird in Standbildern nachgestellt und in der Powerpoint-Präsentation dokumentiert; sie setzen ihm ein virtuelles Denkmal, bei dem sie den Liedtitel von Unheilig aufgreifen: »Geboren um zu leben«. Die Schüler kommen zur Erkenntnis: »Niemand ist der tollste Typ, da jeder etwas Besonderes geleistet hat, egal ob reich oder arm, berühmt oder unbekannt. Jeder kann ein toller Typ sein.«

Bild 49: Dominik Brunner (Powerpoint-Seite)

Filmprojekt

Schülerinnen und Schüler der Berufsschule in Passau führten zusammen mit ihrem Lehrer Dr. Markus Seibt das Projekt »BRK Rettungshundestaffel« durch und drehten über das Projekt einen Film: Rettungshundestaffelführer demonstrierten mit ihren Hunden, wie eine Rettung vonstatten geht, und kamen durch das Projekt mit den Schülerinnen und Schülern in ein Gespräch über ihr Tun.

Bild 50: Cover Filmprojekt

Video-Projekt

Religionslehrer der Edertalschule in Frankenberg haben uns die Ergebnisse einer Sommerprojektwoche zum Thema Local heroes zukommen lassen: In Zweier- oder Dreier-Teams haben die Schülerinnen und Schüler eine Person gefunden, sie interviewt, Fotos und Filme gemacht und sich über »ihre Sache« informiert, um sie der Schulgemeinde zu präsentieren, damit alle von solchen lokalen Vorbildern lernen können. Die Videos des Projekts findet man auf der Homepage: Es sind Menschen dabei, die sich in der Gemeinde- und Flüchtlingsarbeit engagiert haben, ein Theaterprojekt mit Behinderten durchgeführt haben, in der Jugendpastoral oder als Schöpfungsbeauftragter tätig sind.

Bild 51: Schulprojekt Edertalschule

Interviews mit den Local-heroes-Machern

Reizvoll sind Schulprojekte, bei denen unmittelbar Kontakt zu den Verantwortlichen der Datenbank gesucht wird: So hat eine Schülergruppe der Realschule Arnstorf den Lehrstuhlinhaber zur Projektidee interviewt und das Interview in eine Powerpoint-Präsentation zur Thematik integriert (ebenfalls auf der Homepage dokumentiert). Eine Gymnasialklasse in Regensburg gestaltete ein Local-heroes-Projekt vor Ort und lud dazu den Lehrstuhlinhaber ein. Immer wieder beteiligen sich Mitarbeiter des Lehrstuhls an Local-heroes-Projekten an Schulen. Auch stellen uns Studienreferendare die Ergebnisse ihrer Arbeiten z. B. zum zweiten Staatsexamen zur Verfügung (z.B: Katharina Utz aus Grenzach-Wylen oder Johanna Buckel aus Nürnberg).

Skype-Konferenz mit Local heroes

Die neuen Medien bieten die Möglichkeit, mit Local heroes medial in Kontakt zu treten. Das ist besonders dann hilfreich, wenn sich die Helden weit entfernt befinden – beispielsweise bei einem Einsatz als Missionarin oder als Missionar auf Zeit in einem fernen Land – oder aus gesundheitlichen Gründen nicht zu den Kindern und Jugendlichen in die Schule kommen können.

Über Plattformen wie Facebook und Skype (und übermorgen werden es wieder andere sein!) kann man einen Kontakt zwischen den jugendlichen Helden des Alltags, die sich gerade im Ausland befinden, und den Kindern und Jugendlichen in Deutschland herstellen. Elisabeth Raith hat ein interessantes Projekt konzipiert, bei dem eine junge Frau, Kathrin Baumann, die derzeit in Nicaragua als Entwicklungshelferin tätig ist, über die modernen Kommunikationsmittel mittelbar in Kontakt mit einer Schulklasse kommen kann. Die Schülerinnen und Schüler sollen solche virtuellen Begegnungen dann nach allen Regeln der Kunst reflektieren, von einer Frage wie »Wie wirkte Kathrin auf dich, als du mit ihr gesprochen bzw. gechattet hast?« über »Glaubst du, dass dieses Jahr in Nicaragua Kathrins Leben beeinflussen wird, und wenn ja, inwiefern?« bis hin zu »Was meinst du, wie deine Eltern reagieren würden, wenn du ein Jahr als Freiwilliger im Ausland verbringen möchtest?«

Marion Wagner hat ausgelotet, inwiefern man mit dem Medium Whiteboard auf unterschiedliche Weise biografisches Lernen fördern. Das Projekt mündete in eine Skypekonferenz mit einer jungen Frau, Andrea Krallinger, die seit ihrem 13. Jahr an Epilepsie, einer Schilddrüsenunterfunktion und an einer Nahrungsmittelunverträglichkeit leidet. Trotz ihrer schweren Erkrankung hat sie das Fotoprojekt »Ganz schön krank« ins Leben gerufen; porträtiert werden kranke Menschen – ästhetisch anspruchsvoll in Szene gesetzt (siehe: http://www.ganz-schoen-krank.org/). Den Schülerinnen wurde zunächst ein dreiminütiger Film über

Andrea Krallinger vorgestellt. Im Anschluss erfolgte eine mehrperspektivische inhaltliche Vorbereitung (zum Krankheitsbild, zum gesellschaftlichen Umgang mit Krankheit, zum Fotoprojekt). Die anschließende Skypekonferenz, auf die sich die Schülerinnen mit gezielten Fragen vorbereiteten, bot sich deshalb an, weil Andrea Krallinger aufgrund ihrer Krankheit nicht Auto fahren darf. »Skype« ermöglichte dann eine nachhaltige synchrone Kommunikation von Andrea Krallinger mit der Klasse. Abschließend erhielten die Schülerinnen ein Foto von Andrea und durften in eine vorgegebene Sprechblase einen Satz von ihr hineinschreiben, den sie besonders beeindruckend fanden. Sie formulierten Aussagen wie: »Ich weiß, wie es ist, krank und ein Außenseiter zu sein, deshalb helfe ich anderen Menschen, die mit dieser Situation schlechter zurechtkommen als ich!«, »Dadurch, dass ich andern Menschen helfe, helfe ich auch mir selber!«, »Helfen tut gut!« (vgl. Mendl 2015, 114f; 269).

Wanderausstellung »Helden auf Augenhöhe«

Anlässlich der 10-Jahres-Feier im Jahre 2010 wurde die Wanderausstellung »Helden auf Augenhöhe« konzipiert, die von Schulen und anderen Bildungseinrichtungen ausgeliehen werden kann. Präsentiert werden hier 18 ausgewählte Local heroes aus unterschiedlichen Lebensbereichen und unterschiedlichen Alters; viele dieser Personen sind in den entsprechenden Kapiteln dieses Buchs eingearbeitet. Auch die Ausstellung will dazu motivieren, eine Spurensuche nach eigenen Local heroes vor Ort zu unternehmen und eigene Projekte zu entwickeln (vgl. Mendl 2015, 282–287; siehe das didaktische Begleitheft zur Ausstellung »Helden auf Augenhöhe«, Mendl 2017).

Bild 52: Wanderausstellung Homepage

Die Ausstellung wird in verschiedenen Formaten (Forex-Platten und Banner-Plakate im DIN-A-1-Format, außerdem stellen wir eine noch

Bild 53: Präsentation der Ausstellung

leichter transportable DIN-A3-Version zur Verfügung) angeboten. Bislang wurden die »Helden auf Augenhöhe« im Laufe der Jahre von ca. 50 verschiedenen Schulen und anderen Institutionen ausgeliehen und vor Ort präsentiert.

Für die Arbeit mit der Ausstellung vor Ort wird ein didaktisches Begleitheft zur Verfügung gestellt, das sowohl didaktische Hinweise und Erläuterungen zu den einzelnen Schautafeln als auch weitere Möglichkeiten einer Arbeit mit der Ausstellung inklusive der entsprechenden Arbeitsblätter bietet (Mendl 2017). Dieses Heft und das »Kleingedruckte«, die Arbeitsanregungen im unteren Feld der Tafeln, sollen die didaktische Intention eines verantwortlichen diskursethischen Umgangs mit »Helden des Alltags« sichern. Seit kurzem ist eine Version der Ausstellung als Dauerausstellung im Erdgeschoß des Gebäudes der Katholischen Theologie in der Michaeligasse 13 in Passau untergebracht; sie kann von Schulklassen vor Ort genutzt werden.

LITERATURTIPPS

Mendl, Hans, Modelle – Vorbilder – Leitfiguren. Lernen an außergewöhnlichen Biografien, Stuttgart 2015.

Mendl, Hans, Helden auf Augenhöhe. Didaktische Anregungen zur Ausstellung und zur Datenbank »Local Heroes«, 3., stark erweiterte und überarbeitete Auflage, Winzer 2017.

4. Leuchttürme für die Zukunft: jugendliche Helden von nebenan und global

Herbert Grönemeyer forderte in seinem Lied aus dem Jahr 1986 »Kinder an die Macht«: »Gebt den Kindern das Kommando. Sie berechnen nicht, was sie tun. Die Welt gehört in Kinderhände. Dem Trübsinn ein Ende. Wir werden in Grund und Boden gelacht. Kinder an die Macht.«
Wie wichtig gerade engagierte Jugendliche als Vorbilder für Kinder und Jugendliche sind, wurde bereits im Kapitel B 9 herausgearbeitet, wo es vor allem um das Feld eines kirchlichen Engagements von Jugendlichen ging.

Jugendengagement im Wandel

Weitet man den Blick gesamtgesellschaftlich, so werden hier verschiedene durchaus auch gegenläufige Tendenzen deutlich, was das Engagement von Jugendlichen betrifft:

- Die erste besteht in einem leichten Absinken des gesellschaftlichen Engagements von Jugendlichen; das ergab die Shell-Studie 2015. Besonders bei Jugendlichen mit gehobenen und höheren Bildungspositionen lässt sich ein Rückgang feststellen: »Dies dürfte ebenfalls ein Effekt der seit 2010 umgesetzten Verkürzung der Schul- und der Studienzeiten sein« (Shell 2015, 198). Hier wird deutlich, wie verheerend sich eine wirtschaftsgesteuerte Bildungspolitik auf ein bürgergesellschaftliches Engagement auswirkt!
- Dies konkretisiert sich in der manchmal verzweifelten Nachwuchsrekrutierung der klassischen Träger eines Engagements von Jugendlichen: Sportvereine suchen Trainer und Schiedsrichter, Jugendrotkreuz und Jugendfeuerwehren müssen mit sinkenden Zahlen zurechtkommen. »Feuerwehr braucht Nachwuchs – sonst brennt's« titelte die Passauer Neue Presse; bei einer Kommandantenversammlung wurden alarmierende rote Zahlen im Jugendbereich beklagt (PNP 33/3.4.2019, 33). Aus der Sicht der Jugendforschung ist diese Tendenz allerdings durchaus nach-

vollziehbar: Ein Engagement in einem der genannten Felder erfordert Kontinuität, ist mit einem regelmäßigen Training und entsprechenden Schulungen verbunden und verlangt von den teilnehmenden Jugendlichen eine Bindung über einen längeren Zeitraum hinweg. Wie bereits mehrfach erwähnt: Ein solches Bindungsverhalten läuft dem Lebensgefühl (nicht nur) von Jugendlichen heute entgegen. Man engagiert sich gerne, aber lieber auf Zeit und spontan. Heiner Keupp sieht durchaus jugendspezifische Potenziale für ein bürgerschaftliches Engagement; die Hauptkriterien dafür, dass sich Jugendliche engagieren, sind heute aber die Glaubwürdigkeit der Organisation, die Sinnhaftigkeit und die Erfolgsaussichten einer Aktion, entgegen dem Gefühl der Vereinnahmung durch den Verein das Empfinden, sich selbst treu bleiben zu dürfen, die Verbindung zur eigenen Lebenswelt, die zeitliche und umfangmäßige Überschaubarkeit eines Tuns und: Spaß beim Tun! Von da aus ergeben sich folgende Forderungen: Ein Engagement muss sich lohnen, es muss Spaß machen, dem Ego guttun und öffentlich sichtbar und wirksam sein (Keupp 2000, 60–63). Was Jugendliche brauchen, sind »Gelegenheitsstrukturen für das Engagement Heranwachsender« (ebd. 66–71) – beispielweise mustergültig umgesetzt in der 72-Stunden-Aktion des BDKJ »Uns schickt der Himmel« (siehe Kap. B 9).

- Andererseits gibt es aber immer noch viele Jugendliche, die sich auf die klassischen Rahmenbedingungen eines regelmäßigen Engagement in einem Verband oder Verein einlassen: 660.0000 Jugendliche sind im Bund der deutschen Katholischen Jugend organisiert, 31.000 junge Frauen und Männer im Bayerischen Roten Kreuz; der Anteil von Jugendlichen in der Deutschen Lebensrettungsgesellschaft (DLRG) ist im Lauf der letzten Jahre sogar um 10% gestiegen und auch das Technische Hilfswerk (THW) konnte im letzten Jahr Zuwächse im Jugendbereich verzeichnen.
- Es lassen sich aber durchaus gesellschaftliche Felder ausmachen, in denen Jugendliche auf kreative Weise tätig werden. Diese unterscheiden sich von den herkömmlichen Vereinsstrukturen, entsprechen den eben skizzierten Bedingungen, unter denen sich Jugendliche engagieren. Im Unterschied zur kritischen Wahrneh-

mung einer politikverdrossenen und -distanzierten Jugend, die sich im Kern als eine Parteienverdrossenheit entpuppt, kristallisieren sich globale Zukunftsfragen als die Auslöser für ein Engagement von Jugendlichen hinaus. Es verdichten sich derzeit die Anzeichen, dass ähnlich, aber natürlich ganz anders, als bei der 68er-Generation erneut eine Jugendgeneration im Anwachsen begriffen ist, die in kritischer Distanz und mit den entsprechenden berechtigten Vorhaltungen ihrer Elterngeneration gegenüber einen gesellschaftlichen und politischen Wandel einfordern.

Der Greta-Effekt: Schulstreiks für die Zukunft

Die Schwedin Greta Thunberg demonstriert jeden Freitagvormittag für den Klimaschutz. Seit 2019 findet die weltweite Aktion Nachahmung in Deutschland – »Fridays for Future« nennt sich das Aktionsbündnis. Luisa Neubauer ist die deutsche Vorkämpferin: »Die Klimakrise ist längst eine reale Bedrohung für unsere Zukunft. Wir werden die Leidtragenden des Klimawandels sein und für die Fehler der vorhergehenden Generationen büßen. Deshalb gehen wir auf die Straßen! Sei ein Teil von uns! Wir sind Schüler*innen und junge Menschen, die gegen jene versagende Klimapolitik demonstrieren!«, heißt es auf der Homepage des Bündnisses (https://fridaysforfuture.de/). Typisch für die offene Organisationsform ist auch, dass sich das Netzwerk nicht an eine bestimmte Partei oder Organisation gebunden fühlt. Dass die Protestaktionen während der Schulzeit stattfinden, ist ein geschickter und unabwendbarer Schachzug: Proteste am Freitagnachmittag würden in der Öffentlichkeit bald nicht mehr wahrgenommen werden. Während der Schulzeit auf die Straße zu gehen, setzt das System Schule unter Druck: Schulleiter müssen zwischen Schulrecht und der Anerkennung des Projekts als wertvolles Element einer politischen Bildung hin und her lavieren – und sie tun dies häufig reichlich ungeschickt. Ein positives Beispiel ist der Schulleiter des Maristengymnasiums Fürstenzell, Dr. Roland Feucht, der zunächst die positive Bedeutung der politischen Aktion der Jugendlichen betont und dann mit der Schülermitverwaltung eine Lösung findet, sich dann aber gegen den Angriff von Schulleiterkollegen (»Du hast allen Leitern einer staatlichen Schule eine Bärendienst erwiesen«) erwehren muss, aber mutig antwortet: »Es ist auch ein Teil unseres Erziehungsauftrages, das (gesellschafts-)politische Erwachen der Schüler – sicherlich in angemessener Weise – zu fördern. Eine solch unpolitische, träge und großteils sich ins Private zurückgezogene Generation wie in den vergangenen Jahrzehnten können und werden wir uns nicht mehr leisten dürfen. Angesichts so vieler anderer, wahrlich oftmals hinterfragbarer Schulaktionen (von oben und außen initiiert, diktiert etc.), bin ich im vorliegenden Fall eher bereit, Protest zu erheben und die Dinge wieder auf Normalität zurückzuführen. Natürlich dürfen solche Aktionen nicht zum Event verkommen und die Regel werden. Sie müssen schulintern und unterrichtsverträglich eingebettet werden. Aber Schule ist mehr als die reine Gesetzeseinhaltung; diese ist ein hohes Gut, braucht aber die Ausnahme von der Regel; andernfalls werden wir unglaubwürdig.« Als Negativbeispiel kann man eine Aktion der Schulleitung des Chiemgau-Gymnasiums in Traunstein kurz vor Weihnachten 2019 anführen: Zwei Schülerinnen und ein Schüler, die an Fridays-for-Future-Demos während der Schulzeit teilgenommen hatten, wurden von der Teilnahme an einer Exkursion nach Berlin ausgeschlossen. Angepasstheit statt Zivilcourage wird so zum Markenzeichen schulischer Bildung.

Weitere Ikonen des Jugendprotests

Greta Thunberg steht nicht allein und war auch nicht die erste Jugendliche, die eine spektakuläre Aktion in die Wege leitete (vgl. Trumpf/Kaminsky/Birschel 2019); oft sind es situative Anlässe, die Jugendliche zu einem öffentlichkeitswirksamen Handeln veranlassen:

- Emma Gonzáles erhob 2018 spektakulär ihre Stimme gegen Politiker und die einflussreiche Waffenlobby in den USA und wurde als »Gesicht der Schülerproteste« bezeichnet. Sie hatte als Schülerin am 14. Februar 2018 mitten in ihren Abschlussarbeiten das Schulmassaker von Parkland in Florida überlebt: »Schämen Sie sich!«, rief sie Präsident Trump und den Politikern entgegen.
- Bekannt ist Malala Yousafzai: Sie hatte in Pakistan vom 11. Lebensjahr an in einem Blog über die Schreckensherrschaft der Taliban berichtet, überlebte ein Attentat. Sie kämpft für das Recht auf Bildung, trug mit 16 Jahren eine bewegende Rede vor der Jugendversammlung der UNO vor und überreichte dem anwesenden UNO-Generalsekretär Ban Ki Moon die Petition für

die Bildung aller Kinder mit vier Millionen Unterschriften, erhielt mit 17 Jahren den Friedensnobelpreis und engagiert sich als Friedensbotschafterin heute bei den Vereinten Nationen.

- Felix Finkbeiner engagiert sich für die Organisation »Plant-for-the-Planet«. Er wirbt seit zehn Jahren dafür, Bäume für den Klimaschutz zu pflanzen. Auch Sarah Hadj Ammar, Studentin der Biomedizin, ist seit acht Jahren für diese Einrichtung aktiv. Sie arbeitet im Jugendrat der Generationen Stiftung mit, die sich als überparteiliche Interessenvertretung künftiger Generationen versteht. Sie engagiert sich an vielen Aktionen gegen Kohleabbau und für den Stopp der Erderwärmung: »Wir hatten eine Menge Spaß« und gleichzeitig: »Aber wenn ich an unsere Zukunft denke, dann habe ich Angst.«
- Der Niederländer Boyan Slat (24) ist weltweit als Plastik-Sammler aktiv. Er entwarf ein Projekt zum Abfischen von Müll und ist Gründer des Unternehmens The Ocean Cleanup. Mit langen Röhren will er Umweltmüll aus den Ozeanen abfischen. Damit möchte er zeigen, dass die Umweltbewegung nicht technikfeindlich ist, sondern moderne Technologie für die Bewahrung der Schöpfung genutzt werden kann.

Es könnte für unsere Generation unbehaglich werden, wenn uns immer mehr Jugendliche einen Spiegel vorhalten, in dem die Folgen unseres Lebensstils und unserer Wachstumsgläubigkeit aufscheinen. In diesem Sinn sind Jugendproteste Kennzeichen einer Prophetie, die durchaus in der Tradition der biblischen Prophetie steht. Letztlich dient dies aber der Erneuerung von Kirche und Gesellschaft. Deshalb erscheint es als so bedeutsam, immer wieder Beispiele von Jugendlichen aufzugreifen, die Ikonen einer solchen zukunftsorientierten Protestbewegung sind.

5. Zitate zum Thema Vorbild

Pädagogischer Lebertran

Wenn Sie mich fragen: Vorbilder sind doch nur eine Art pädagogischer Lebertran, den jeder mit Widerwillen schluckt, zumindest mit geschlossenen Augen. Die erdrücken doch den jungen Menschen, machen ihn unsicher und reizbar, und fordern ihn auf ungeziemende Weise heraus. Vorbilder im herkömmlichen Sinn, das sind doch prunkvolle Nutzlosigkeiten, Fanfarenstöße einer verfehlten Erziehung, bei denen man sich die Ohren zuhält. Alles, was sich von den Thermopylen bis nach Lambarene überlebensgroß empfiehlt, ist doch nur ein strahlendes Ärgernis, das nichts mit dem Alltag zu tun hat. Peinliche Überbautypen, um es mal so auszudrücken ... – »Im Namen von ahnungslosen Schülern möchte er protestieren gegen die Art, wie hier, typisch systemkonform, versucht werde, jungen Leuten einen Minderwertigkeitskomplex beizubringen, indem man sie zwingt, vor erdrückenden Denkmälern zu leben.

Siegfried Lenz, Das Vorbild, Hamburg 1973, 45.103

Gerechtigkeit & Heiligkeit

Stellt euch in den Dienst der Gerechtigkeit,
dann werdet ihr heilig!

Röm 6,19

Leihweise

Imaginäre Identifikationsfiguren bieten gewissermaßen geborgte, ausgeliehene Kraft, geborgten, ausgeliehenen Sinn. Beides wird gebraucht, bis die eigenen Kräfte wieder reichen.

Eckart Liebau, Sehnsucht nach Sinn, Pubertät als Zeit nach Suche, in: Friedrich Jahresheft: Schüler 1997. Stars – Idole – Vorbilder, Seelze 1997, 22–25, hier 25

Ersatzhelden

Die Medienhelden sind nur Ersatzhelden. Sie sind präsent, wenn die reale Welt aus den Fugen gerät.

Nobert Bolz, Medienwissenschaftler, in: Focus 9/2002, 64

Mir nach

Mir nach! spricht Christus, unser Held,
Mir nach, ihr Christen alle!
Verleugnet euch, verlasst die Welt,
Folgt meinem Ruf und Schalle,
Nehmt euer Kreuz und Ungemach
Auf euch, folgt meinem Wandel nach!
Angelus Silesius, Gotteslob Nr. 461

Mir nach II

Mir nach, spricht Christus, unser Held,
Mir nach ihr Christen alle!
Nehmt wahr, greift zu und formt die Welt,
Folgt meinem Ruf und Schalle!
Seid stets beherzt und voller Mut,
wie ich dem Nächsten Gutes tut!
Hans Mendl

Wie die Kinder

Wenn ihr nicht umkehrt und wie die Kinder werdet, könnt ihr nicht in das Himmelreich kommen.
Mt 18,3

»Be a teacher, be a hero!«

gefunden als Tafelanschrieb in einem Klassenzimmer

Die Frage der Fragen

Die Frage der Fragen. Vor dem Ende sprach Rabbi Sussja: »In der kommenden Welt wird man mich nicht fragen: ›Warum bist du nicht Mose gewesen?‹ Man wird mich fragen: ›Warum bist du nicht Sussja gewesen?‹«
Martin Buber, Die Erzählungen der Chassidim, Zürich 1949, 394

Niemals

And could you stand the torture, and could you stand the pain, could you put your faith in Jesus, when you're burning in the flames: You'll never make a saint of me!
The Rolling Stones, Bridges of Babylon, Virgin 1997

Wozu uns die Stimme Gottes täglich mahnt und aufruft

»Die Stunde ist da, vom Schlaf aufzustehen. Öffnen wir unsere Augen dem göttlichen Licht und hören wir mit aufgeschrecktem Ohr, wozu uns die Stimme Gottes täglich mahnt und aufruft.«

aus der Regel des Hl. Benedikt, Prolog, Nr. 8–9

Sechstes Gedenkwort der hl. Angela

Lebt und verhaltet euch so, dass sich eure Töchter in euch spiegeln können. Tut zuerst selbst, was ihr von ihnen verlangt. …

Handelt so, dass sie immer nach eurem Bespiel zur Tugend angeregt und ermutigt werden. …

Denn es ist recht und angemessen, dass die Leiterinnen Vorbild und Spiegel sind, besonders in der glaubwürdigen Haltung, im Benehmen und in anderen Verhaltensweisen in der Öffentlichkeit.

Sechstes Gedenkwort der hl. Angela Merici, Gründerin der Ursulinen

Der Heilige der Unscheinbarkeit

Der Christ, der heilig werden will, … solle gar nicht Besonderes planen, sondern immer nur das tun, was von Mal zu Mal die Stunde von ihm verlange. … Der Mensch, der diesen Weg geht, tut, was jeder tun müsste, der jetzt und hier seine Sache richtig machen will. Nicht mehr und nicht weniger.

Romano Guardini, Der Heilige der Unscheinbarkeit, in: Katechetische Blätter 102 (1977), 677–678, hier 677

Gandhi oder Onkel Fritz

Bei Vorbildern ist es unwichtig, ob es sich dabei um einen großen toten Dichter, um Mahatma Gandhi oder um Onkel Fritz aus Braunschweig handelt, wenn es nur ein Mensch ist, der im gegebenen Augenblick ohne Wimpernzucken gesagt oder getan hat, wovor wir zögern.

Erich Kästner

Beispiel und Liebe

Erziehung besteht aus zwei Dingen:
Beispiel und Liebe.

Friedrich Fröbel

Der Mensch wird am Du zum Ich.
Martin Buber, Ich und Du, in: Ders., Die Schriften über das dialogische Prinzip, Heidelberg 1954, 7–121, hier 32

Das, was du bist
Bilde dich selbst,
und dann wirke auf andere
durch das, was du bist!
Wilhelm von Humboldt

Fußstapfen
Man kann niemanden überholen,
wenn man in seine Fußstapfen tritt.
François Truffaut

Kinderziehung
Sie brauchen Kinder nicht zu erziehen, sie machen einem sowieso alles nach.
Karl Valentin zugeschrieben

Spiegel
Es gibt auch Spiegel, in denen man erkennen kann, was einem fehlt.
Friedrich Hebbel (1813–1863), dt. Dichter

Sicherheit
Gib mir ein kleines bisschen Sicherheit in einer Welt, in der nichts sicher scheint. Gib mir in dieser schweren Zeit irgendetwas, das bleibt.
Silbermond

Lebensüberschuss
Heilige besitzen einen Lebensüberschuss, in den wir uns nur schwer hineindenken können.
Heilige sind Menschen, die sich von Gott betören ließen.
Bischof Heinz Josef Algermissen (Heinz Josef Algermissen/Martin Hein/Christoph Kähler/Joachim Wanke, Mehr als Brot und Rosen. Elisabeth von Thüringen heute, Freiburg i. Br. u. a. 2007, 124–125)

Geschichten erzählen, die anrühren

Wer erreichen will, dass Leser angerührt und verändert werden, der muss Geschichten erzählen, die mit den eigenen Erzählungen der Leser ins Gespräch kommen.

Franz W. Niehl, Bibel verstehen. Zugänge und Auslegungsweg. Impulse für die Praxis der Bibelarbeit, München 2006, 16

Aufstehen

Schlimm ist es nicht, hinzufallen. Schlimm ist es, nicht mehr aufzustehen.

Sprichwort

Bitte keine naive Bewunderung!

Die Datenbank »Local heroes« als Ansammlung von Menschen, die sich längerfristig oder punktuell als Helden des Alltags bewährt haben, wirkt in der Anhäufung selbstverständlich moralinsauer.

Ihren Wert für Prozesse orientierenden Lernens erhalten die einzelnen Beispiele erst dann, wenn sie nicht naiv (»Schaut her, welch gute Menschen es gibt!«) verwendet werden.

www.uni-passau.de/local-heroes (Begründung)

Verba docent, exempla trahunt

Worte belehren, Beispiele reißen mit

Lateinisches Sprichwort

Jeder Mensch ein Bild der Menschlichkeit

Jeder Mensch als Bild Gottes und jeder Mensch als Bild der Menschlichkeit ist ein »würdiger Gegenstand der Anschauung« in seinem Versuch, Leben zu lernen.

Ursula Frost, Erziehung durch Vorbilder?, in: Heinrich Schmidinger (Hg.), Vor-Bilder – Realität und Illusion, Graz u.a. 1996, 123

Apostolat der Laien

Dieses Projekt ist etwas, was ich schon lange gesucht habe. Ich glaube, damit erweisen Sie gerade der Kirche unserer Zeit und vor allem im Zusammenhang mit dem Apostolat der Laien in der Kirche einen ganz hervorragenden Dienst.

Kardinal Franz König

Wahre Helden

Ihr seid die wahren Helden,
Auch wenn euch niemand applaudiert
Ihr seid die wahren Helden,
Weil ohne euch nichts funktioniert.
Wise Guys

Jeder von uns ist ein Vorbild für andere

Jeder von uns ist ein Vorbild für andere – und sei es für die eigenen Kinder. Es geht gar nicht anders, man ist es einfach, im Guten wie im Schlechten. Also sollte man versuchen, es möglichst oft im Guten zu sein.
Axel Hacke (Axel Hacke/Giovanni di Lorenzo, Wofür stehst du? Was in unserem Leben wichtig ist – eine Suche, Köln 2010, 221)

Leuchttürme

Selbst »Leuchttürme« dürfen nicht so stark blenden, dass wir selbst immer nur beschämt im Schatten stehen können. Vorbilder dürfen ihre Sperrigkeiten haben wie andere auch.
Georg Langenhorst, Kinder brauchen Religion. Orientierung für Erziehung und Bildung, Freiburg i. Br. 2014, 111

Es ist die Zeit der kleinen Propheten

Es ist nicht die Zeit der großen, es ist die Zeit der kleinen Propheten. Es ist die Zeit jener Menschen, die ihren persönlichen Anteil zur Energiewende beitragen und mit anderen das Auto teilen, die der weltweiten Gerechtigkeit dienen, indem sie Unterkünfte für Flüchtlinge organisieren oder mit Migrantenkindern Deutsch und Rechnen büffeln, die misshandelten oder ungewollt schwangeren Frauen beistehen oder für gemeinsame Freizeiten für palästinensische und israelische Kinder spenden. Es ist die Zeit der kleinen Propheten. Sie verändern die Welt im Kleinen. Sie sind unbequem für alle, die das zwar irgendwie richtig finden, aber dann doch zu mühsam, um selber etwas zu tun. Und sie sind ein Ärgernis für jene, die möchten, dass sich da nichts ändert.
In den Kirchen finden sich viele dieser kleinen Propheten ...
Matthias Drobinski, Kirche, Macht und Geld, Gütersloh 2013, 222f.

Werde, der du bist

Pindar, griechischer Dichter (5.–6. Jh. v. Chr.)

Horizontaler

Horizontaler, alles muss horizontaler werden,
das heißt irdischer.

Siegfried Lenz, Das Vorbild, Hamburg 1973,49.

D. Epilog: Helden in den Zeiten von Corona

Die Arbeiten an diesem Manuskript wurden »vor Corona«, das ist ja nun die neue Zeitrechnung, abgeschlossen. Die Druckfertigstellung verzögerte sich, weil auch das Verlagswesen massiv von den Folgen der Pandemie betroffen ist.

Was hat sich mit Blick auf die »Helden nebenan« verändert?

Die Bedeutung der Helden ist noch größer geworden. Nun sind Berufsgruppen in den Fokus einer gesellschaftlichen Wahrnehmung und Wertschätzung gekommen, die vorher eher ein Schattendasein geführt haben. Die »Alten Bekannten«, Nachfolgeband der »Wise guys« (S. 51; S. 271) haben im textlich überarbeiteten Song »Wahre Helden 2020« den Krankenschwestern, Altenpflegern und Supermarktangestellten ein Denkmal gesetzt: »Ihr seid die wahren Helden, weil ihr für uns so viel riskiert. Ihr seid die wahren Helden, weil ohne euch nichts funktioniert.«

Wird der Heldenbegriff hier nicht überstrapaziert, wenn jeder, der nur seine Arbeit erledigt, plötzlich zum Helden stilisiert wird? Ich meine nein. Die Coronakrise hat viele Gewissheiten und Gewohnheiten ins Wanken gebracht. Sie hat gezeigt, wie verwundbar die globale Gesellschaft und wie verletzlich jeder einzelne ist. Sie hat uns alle aus der Komfortzone des üblichen Alltags vertrieben und gleichzeitig in die Privatsphäre hineinmanövriert, die plötzlich gar nicht mehr so behaglich war, auch wenn durchaus heilsame Prozesse der Entschleunigung erfahrbar wurden. Viele Menschen haben neue Formen der Empathie und des Engagements entwickelt – waren zur Nachbarschaftshilfe bereit, haben einen Blick für den Nächsten, die Alten, die Hilfsbedürftigen, die Gefährdeten sowie kreative Formen des Arbeitens und des Umgangs miteinander entwickelt. Die oben genannten Berufsgruppen und auch weitere waren in ihrem Tun auf besondere Weise herausgefordert – physisch und psychisch angesichts der Bedrohung durch Covid-19. Sie haben den »Mantel der Gleichgültigkeit« (siehe oben, S. 34) zerrissen und mehr als nur ihre Pflicht erfüllt.

Ob diese Haltung der Solidarität und Empathie von Dauer sein wird, muss die Zukunft zeigen.

Jeder und jede – auch Eltern, Lehrer und Kinder – wurde aus der gewohnten Bahn des Alltags geworfen und hat sich vor neuen Herausforderungen gestellt gesehen. Sie alle haben das getan, was die Stunde von ihnen verlangt hat (Romano Guardini) und sind so zu Heiligen des Alltags geworden. Ja, wir alle sind Helden!

Dem Ansatz dieses Buches entsprechend sind Helden zu etwas ganz Großem in der Lage, sie beginnen aber meist im Kleinen – dann, wenn die Umstände, die Herausforderungen der Zeit und die Anfragen von außen Räume eröffnen, in denen die Haltung der Achtsamkeit wirksam werden und wachsen kann (vgl. oben S. 33–44). Die Helden des Alltags sorgen durch ihr Tun im Kleinen und Großen dafür, dass die Welt ein bisschen besser wird. Dazu sind wir auf Erden.

Literaturverzeichnis

Bauer, Joachim, Prinzip Menschlichkeit. Warum wir von Natur aus kooperieren, München 2008.

Bauer, Joachim, Warum ich fühle, was du fühlst. Intuitive Kommunikation und das Geheimnis der Spiegelneurone, München 15. A. 2015.

Bauer, Marcel, Pioniere und Propheten. Mission in frühen Fotografien, St. Ottilien 2014.

Benkel, Thorsten/Metzler, Matthias, Game over. Neue ungewöhnliche Grabsteine, Köln 2016.

Bitter, Gottfried, Glauben-Lernen als Leben-Lernen. Einsichten und Möglichkeiten alltäglicher Glaubensvermittlung, in: Katechetische Blätter 112 (1987), 917–930.

Blawat, Katrin, Jeder hilft jedem. Altruismus unter Menschen ist ansteckend, dazu muss jedoch das Umfeld passen, in: Süddeutsche Zeitung 220/24.9.2018, 16.

Buber, Martin, Die Erzählungen der Chassidim, Zürich 1949.

Calmbach, Marc/Borgstedt, Silke/Borchard, Inga/Thomas, Peter Martin/Flaig, Berthold Bodo, Wie ticken Jugendliche 2016? Lebenswelten von Jugendlichen im Alter von 14 bis 17 Jahren in Deutschland, Wiesbaden, 2016.

Deutsche Bischofskonferenz (Hg.), Katholischer Erwachsenenkatechismus. Das Glaubensbekenntnis der Kirche, Kevelaer u. a. 1985.

Ecclesia Catholica, Katechismus der Katholischen Kirche, München u. a. 1993.

Einfach die Welt verändern. 50 kleine Ideen mit großer Wirkung, München und Zürich 2006. – Siehe auch: https://www.besser-machen.de/2008/09/15/we-are-what-we-do/

Erlinger, Rainer, Gewissensfragen. Streitfälle der Alltagsmoral, München 2007

Evangelisch-Lutherische Kirche in Bayern/Katholisches Schulkommissariat in Bayern (Hg.), »Wenn der Notfall eintritt«. Handbuch für den Umgang mit Tod und anderen Krisen in der Schule, Heilsbronn – München 2006.

Fasel, Christoph/Koch, Samuel, Zwei Leben, München 2012.

Focus 9/2002: Zeit für Helden. Warum sich die Menschen nach Idolen sehnen.

Galtung, Johan, Strukturelle Gewalt. Beiträge zur Friedens- und Konfliktforschung, Reinbek bei Hamburg 1975.

Gemeinde creativ. Magazin für engagierte Katholiken, Juli–August 2019, Thema: Helden.

GEOlino-UNICEF-Kinderwertemonitor 2014: https://www.unicef.de/informieren/aktuelles/blog/2014/geolino-unicef-kinderwertemonitor/56972 (24.2.2020)

Gerster, Petra/Gleich, Michael, Die Friedensmacher, München 2005.

Greiner, Lena/Padtberg, Carola, Verschieben Sie die Deutscharbeit – mein Sohn hat Geburtstag! Von Helikopter-Eltern und Premium-Kids, Berlin 2017.

Grünstäudl, Wolfgang/Schiefer Ferrari, Markus (Hg.), Gestörte Lektüre. Disability als hermeneutische Leitkategorie biblischer Exegese, Stuttgart 2012.

Guardini, Romano, Der Heilige der Unscheinbarkeit. In: Katechetische Blätter 102 (1977), 677–678.

Gugel Günther, Peace Counts. Lernen, wie man Frieden macht. Pädagogisches Begleitprogramm zur Ausstellung »Peace Counts. Die Erfolge der Friedensmacher.

Ein Lernzirkel, hg. v. Institut für Friedenspädagogik Tübingen e. V., 2. A. Tübingen 2009.
Haußmann, Werner u. a. (Hg.), Handbuch Friedenserziehung. Interreligiös – interkulturell – interkonfessionell, Gütersloh 2006.
Herder Korrespondenz Spezial 2017 / 2: Komm, süßer Tod. Konflikte am Lebensende.
Hoffmann, Mirjam, Religiosität und psychische Gesundheit, Stuttgart 2019.
Imbach, Josef, Der Heiligen Schein. Heiligenverehrung zwischen Frömmigkeit und Folklore, Würzburg 1999.
Katholischer Katechismus der Bistümer Deutschlands, Freiburg i. Br. 1955.
Keupp, Heiner, Eine Gesellschaft der Ichlinge? Zum bürgerschaftlichen Engagement von Heranwachsenden, München 2000.
Knab, Jakob, Ich schweige nicht. Hans Scholl und die Weiße Rose, Darmstadt 2018.
Krahe, Susanne / Fincke, Eberhard, Organspende – ein Akt der Nächstenliebe? Pro und Contra Transplantationsmedizin, Würzburg 2013.
Krischer, Markus, »Heroismus ist unverzichtbar«. Interview mit Herfried Münkler, in: Fokus 9/2002, 68–70.
Lenz, Siegfried, Das Vorbild, Hamburg 1973.
Littger, Benno, Christliche Hospiz- und Palliativkultur. Grundlagen, Erfahrungen und Herausforderungen, Würzburg 2014.
Lutterbach, Hubertus, So prägt Religion unsere Mitmenschlichkeit. Aktuelle Initiativen gesellschaftlichen Engagements, Kevelaer 2018.
Mendl, Hans, Lernen an fremden Personen für die Eine-Welt. Das Prinzip der Personalisierung im Kontext missionsgeschichtlicher Konzepte, in: Klaus Diepold/ Klaus König (Hg.), Perspektiven der Eine-Welt-Religionspädagogik. Engelbert Groß zum 65. Geburtstag, Münster 2004, 237–266.
Mendl, Hans, Lernen an (außer-)gewöhnlichen Biografien. Religionspädagogische Anregungen für die Unterrichtspraxis, Donauwörth 2005.
Mendl, Hans, Lernen an gebrochenen Biografien, in: Religion. Unterrichtsmaterialien Sek. I, Heft 3/2014.
Mendl, Hans, Modelle – Vorbilder – Leitfiguren. Lernen an außergewöhnlichen Biografien, Stuttgart 2015.
Mendl, Hans, Helden auf Augenhöhe. Didaktische Anregungen zur Ausstellung und zur Datenbank »Local heroes«, Winzer 3., stark erweiterte und überarbeitete Auflage 2017.
Mendl, Hans, Der fremde Andere. Praktische Konturen einer Differenzhermeneutik, in: Büttner, Gerhard/Reis, Oliver/Mendl, Hans/Roose, Hanna (Hg.), Religion lernen. Jahrbuch für konstruktivistische Religionsdidaktik, Bd. 8: Religiöse Pluralität, Babenhausen 2017, 106–118. (Mendl 2017a)
Mendl, Hans, Albert Schweitzer als Vorbild? Differenziertes Vorbildlernen am Beispiel Albert Schweitzer, in: Entwurf. Konzepte, Ideen und Materialien für den Religionsunterricht, 1/2018, 4–7.
Mendl, Hans, Religionsdidaktik kompakt. Für Studium, Prüfung und Beruf, 6., überarbeitete und erweiterte Auflage, München 2018. (Mendl 2018a)
Mendl, Hans, Taschenlexikon Religionsdidaktik, München 2019.
Meyer, Gerd/Dovermann, Ulrich/Frech, Siegfried/Gugel, Günther (Hg.) (2004), Zivilcourage lernen. Analysen, Modelle Arbeitshilfen, Tübingen 2004.
Meyer, Gerd/Frech, Siegfried (Hg,), Zivilcourage. Aufrechter Gang im Alltag, Schwalbach 2012.

Münkler, Herfried/Münkler, Marina, Die neuen Deutschen. Ein Land vor seiner Zukunft, Berlin 2016.
Psychologie heute Juli 2011.
Rauner, Max, Psychologie: Du Held!, in: Zeit-Wissen-Magazin 3/2019, 60–64.
Schießleder, Elfriede, Ellen Ammann, Frauenrechtlerin, Wegbegleiterin der sozialen Arbeit, christliche Politikerin und frühe Gegnerin des Nationalsozialismus, in: Zur Debatte 6/2018. Sonderheft, 16–19.
Schnabel, Ulrich, Die Vermessung des Glaubens. Forscher ergründen, wie der Glaube entsteht und warum er Berge versetzt, 2. Auflage München 2008.
Schreiber, Birgit, Was macht Menschen zu Helfern?, in: Psychologie heute, Juli 2011, 66–69.
Sekretariat der Deutschen Bischofskonferenz (Hg.), Apostolisches Schreiben Gaudete et Exsultate des Heiligen Vaters Papst Franziskus über den Ruf zur Heiligkeit in der Welt von heute (= Verlautbarungen des Apostolischen Stuhls Nr. 213), Bonn 2018.
Shell Deutschland Holding (Hg.), Jugend 2015: Eine pragmatische Generation im Aufbruch, Frankfurt a. M. 2015.
Simonson, Julia/Vogel, Claudia/Tesch-Römer, Clemens (Hg.), Freiwilliges Engagement in Deutschland. Der Deutsche Freiwilligensurvey 2014, Wiesbaden 2017.
The Rolling Stones, Bridges to Babylon, 1997.
Trumpf, Steffen/Kaminsky, Petra/Birschel, Annette, Der Greta-Effekt, in: PNP 33/8.2.2019, 3.
Valentin, Stephan, Ichlinge. Warum unsere Kinder keine Teamplayer sind, München 3. Auflage 2012.
Von Eiff, Miriam Sophia, Star – Heiliger – Vorbild. Eine empirische Untersuchung zum Vorbildverständnis von Kindern im Grundschulalter, Münster 2018.
WiReLex Art. Friedenspädagogik, https://www.bibelwissenschaft.de/stichwort/200366/
Wischhof, Judith, 3 Gründe, warum es uns glücklich macht, anderen zu helfen. https://www.zeitzuleben.de/helfen-macht-gluecklich (24.2.2020)
Witt-Loers, Stephanie, Trauernde Jugendliche in der Schule, Göttingen 2013.
Zoé 2/2019: Stolpern. Vom Hinfallen und Aufstehen Tag für Tag.

Internetadressen

www.72stunden.de
www.aktion-deutschland-hilft.de
www.asf-ev.de (Aktion Sühnedienst)
www.bahnhofsmission.de
www.ball-helden.de
www.bundesfreiwilligendienst.de/
www.dfb.de/fair-playgewaltpraevention
www.dfb.de/preisewettbewerbe/fair-play-medaille
www.dhpv.de (Hospizverein- und Palliativ-Verband)
www.dominik-brunner-stiftung.de
www.dso.de (Deutsche Stiftung Organspende)

www.ehrenamt-deutschland.org
www.foodsharing.de
www.friedenspaedagogik.de

www.kenia-hilfe.com
www.kinderhilfeinternational.com
www.kinderhilfe-holzland.de
www.klinikum-passau.de/patienten-besucher/soziales-angebot/gelbe-engel
www.mein-eine-welt-jahr.de
www.missio.de
www.nepalhilfe-beilngries.de
www.peace-counts.org
www.sportlich-helfen.de
www.sternsinger.de
www.strassenkreuzer.info
www.tafel.de
www.telefonseelsorge.de
www.transplantation-Information.de
www.uni-passau.de/local-heroes
www.weltwärts.de
www.wirgemeinsam.net
www.ziviz.info

Zuletzt wurden alle Internet-Adressen am 28.02.2020 überprüft.